高等职业教育房地产类专业精品教材

房地产基本制度与政策

主　编　裴　玮
副主编　张妍妍　易忠诚
参　编　向小玲　卢文桃
　　　　　余　蕊　张　凯

北京理工大学出版社
BEIJING INSTITUTE OF TECHNOLOGY PRESS

内 容 提 要

本书以我国现行的房地产行业相关法律、法规为基础，系统、精要地阐述了运用于房地产各个阶段的一系列基本制度与政策。全书共分为11个模块，主要内容包括绪论、与房地产相关的法律、建设用地管理制度与政策、城乡规划管理制度与政策、国有土地上房屋征收制度与政策、房地产开发建设管理制度与政策、房地产交易管理制度与政策、不动产登记权属登记制度与政策、房地产中介服务管理制度与政策、房地产税收管理制度与政策、物业管理制度与政策、房地产纠纷处理制度与政策等。

本书可作为高等院校工程管理专业、房地产专业和其他相关专业的教材，也可作为房地产行业培训和执业资格考试、职业水平评价的参考用书。

版权专有　侵权必究

图书在版编目（CIP）数据

房地产基本制度与政策 / 裴玮主编. --北京：北京理工大学出版社，2021.10（2022.1重印）
ISBN 978-7-5763-0607-1

Ⅰ.①房… Ⅱ.①裴… Ⅲ.①房地产业－经济制度－中国 ②房地产法－中国 Ⅳ.①F299.233.1 ②D922.181

中国版本图书馆CIP数据核字（2021）第221161号

出版发行 /	北京理工大学出版社有限责任公司
社　　址 /	北京市海淀区中关村南大街5号
邮　　编 /	100081
电　　话 /	（010）68914775（总编室）
	（010）82562903（教材售后服务热线）
	（010）68944723（其他图书服务热线）
网　　址 /	http://www.bitpress.com.cn
经　　销 /	全国各地新华书店
印　　刷 /	河北鑫彩博图印刷有限公司
开　　本 /	787毫米×1092毫米　1/16
印　　张 /	16.5
字　　数 /	391千字
版　　次 /	2021年10月第1版　2022年1月第2次印刷
定　　价 /	49.00元

责任编辑 / 武君丽
文案编辑 / 武君丽
责任校对 / 周瑞红
责任印制 / 边心超

图书出现印装质量问题，请拨打售后服务热线，本社负责调换

出版说明

Publisher's Note

房地产业是我国经济建设和发展中的重要组成部分,是拉动国民经济持续增长的主导产业之一。改革开放近40年来,我国的房地产业快速发展,取得了巨大成就,尤其在改善广大城镇居民住房条件、改变城镇面貌、促进经济增长、扩大就业等方面,更是发挥了其他行业所无法替代的巨大作用。随着我国经济的发展、居民收入水平的提高、城市化进程的加快以及改善性住房市场需求的增加,房地产消费者对产品的需求由"有"到"优",房地产需求总量不断攀升,房地产行业仍然有着巨大的发展潜力,房地产业需要大量房地产专业人才。

高等职业教育以培养生产、建设、管理、服务第一线的高素质技术技能人才为根本任务,在建设人力资源强国和高等教育强国的伟大进程中发挥着不可替代的作用。为全面推进高等职业教育教材建设工作,将教学改革的成果和教学实践的积累体现到教材建设和教学资源统合的实际工作中去,以满足不断深化的教学改革需要,更好地为学校教学改革、人才培养与课程建设服务,北京理工大学出版社搭建平台,组织国内多所建设类高职院校,包括四川建筑职业技术学院、重庆建筑科技职业学院、广西建设职业技术学院、河南建筑职业技术学院、甘肃建筑职业技术学院、湖南城建职业技术学院、广东建设职业技术学院、山东城市建设职业学院等,共同组织编写了本套"高等职业教育房地产类专业精品教材(房地产经营与管理专业系列)"。该系列教材由参与院校院系领导、专业带头人组织编写团队,参照教育部《高等职业学校专业教学标准》要求,以创新、合作、融合、共赢、整合跨院校优质资源的工作方式,结合高职院校教学实际以及当前房地产行业的形势和发展编写完成。

本系列教材共包括以下分册:

1.《房地产基本制度与政策》
2.《房地产建设项目管理概论(第2版)》
3.《房地产开发经营与管理》
4.《房地产开发与营销(第2版)》

5.《房地产市场营销》

6.《房地产投资分析》

7.《房地产经济学》

8.《房地产估价》

9.《房地产经纪》

10.《房地产金融》

11.《房地产企业会计》

12.《房地产统计》

13.《房地产测绘》

本系列教材,从酝酿、策划到完稿,进行了大量的市场调研和院校走访,很多院校老师给我们提供了宝贵意见和建议,在此特表示诚挚的感谢!教材在编写体例、内容组织、案例引用等,做了一定创新探索。教材编写紧跟房地产行业发展趋势,突出应用,贴近院校教学实践需求。希望本系列教材的出版,能在优化房地产经营与管理及相关专业培养方案、完善课程体系、丰富课程内容、传播交流有效教学方法,培养房地产行业专业人才,为我国房地产业的持续健康发展做出贡献!

北京理工大学出版社

前言

本书以房地产的开发经营管理活动的基本程序和规律为线索，对涉及房地产开发经营活动的相关法律、法规及规章作了全面系统的介绍。本书旨在通过学习房地产领域的基本法律、法规，为规范房地产开发经营活动，保障房地产经营活动参与者的合法权益，提供基本的行为准则和规范及保障措施。

本书本着"必需、够用"的原则对房地产基本制度与政策知识进行了提炼和总结，浓缩了重点；把基本制度的理论与房地产市场的特点相结合，系统阐述房地产基本制度与政策中各项实务的要求。通过房地产基本制度和法规课程的学习，使学生对涉及房地产开发经营活动各环节的相关法律有一个全面系统的了解，并能掌握建设用地法律制度、城市房屋拆迁制度、房地产开发经营管理制度、房地产交易管理制度、房地产权属登记制度、房地产中介服务管理制度、物业管理制度和住房公积金制度等主要法律法规的基本内容。在掌握相关法律的基本理论和基本内容的前提下，能够运用法律知识解决房地产经营活动中遇到的相关问题和纠纷。

本书资料丰富、内容翔实，有较强的针对性与实用性。另外，本书较好地处理了基础课与专业课、理论知识与实践知识之间的关系，注重房地产类专业技术能力的培养，力求做到通俗易懂、易于理解，特别适合现场工作人员随查随用。

本书在编写过程中参阅了大量的文献，在此向这些文献的作者致以诚挚的谢意！由于编写时间仓促，编者的经验和水平有限，书中难免有不妥和错误之处，恳请读者和专家批评指正。

编　者

目录

CONTENTS

绪 论 ········· 1	

模块 1　与房地产相关的法律 ········· 7
- 单元 1　《民法典》总则 ········· 7
- 单元 2　物权 ········· 12
- 单元 3　合同管理 ········· 21

模块 2　建设用地管理制度与政策 ········· 31
- 单元 1　建设用地简介 ········· 31
- 单元 2　建设用地供应 ········· 33
- 单元 3　集体土地征收 ········· 34
- 单元 4　国有土地使用权出让与划拨 ········· 39
- 单元 5　闲置土地的处理 ········· 44

模块 3　城乡规划管理制度与政策 ········· 50
- 单元 1　城乡规划简介 ········· 50
- 单元 2　城乡规划的制定与审批 ········· 53
- 单元 3　城乡规划的实施 ········· 55
- 单元 4　城乡规划的修改与监督检查 ········· 60
- 单元 5　城乡规划控制线管理 ········· 62

模块 4　国有土地上房屋征收制度与政策 ········· 72
- 单元 1　房屋征收简介 ········· 72
- 单元 2　国有土地上房屋征收制度 ········· 73
- 单元 3　国有土地上房屋征收的补偿 ········· 78

模块 5　房地产开发建设管理制度与政策 ········· 84
- 单元 1　房地产开发企业管理 ········· 84
- 单元 2　房地产开发勘察设计 ········· 86
- 单元 3　房地产建设工程报建与施工许可 ········· 91
- 单元 4　房地产建设工程招标投标与监理 ········· 94
- 单元 5　房地产建设工程施工管理 ········· 98
- 单元 6　房地产建设工程安全生产与质量管理 ········· 123

模块 6　房地产交易管理制度与政策 ········· 135
- 单元 1　房地产交易管理简介 ········· 135

目录

单元 2　房地产转让管理 ……………… 137
单元 3　房地产抵押管理 ……………… 142
单元 4　房屋租赁管理 ………………… 148

模块 7　不动产登记权属登记
制度与政策 ………………… 154

单元 1　不动产登记目的与类型 ……… 154
单元 2　不动产登记范围与程序 ……… 158
单元 3　典型不动产权利登记规定 …… 160

模块 8　房地产中介服务管理
制度与政策 ………………… 171

单元 1　房地产中介服务简介 ………… 171
单元 2　房地产咨询机构和人员管理 … 173
单元 3　房地产估价机构和人员管理 … 174
单元 4　房地产经纪机构和人员管理 … 184
单元 5　房地产中介服务行业
　　　　信用档案 …………………… 186

模块 9　房地产税收管理制度与政策 … 190

单元 1　税收制度简介 ………………… 190

单元 2　房地产企业税收 ……………… 193
单元 3　房地产相关税费征收 ………… 196

模块 10　物业管理制度与政策 ……… 206

单元 1　物业管理简介 ………………… 206
单元 2　物业管理主体 ………………… 212
单元 3　业主的建筑物区分所有权 …… 218
单元 4　物业服务合同和管理规约 …… 222
单元 5　物业服务收费 ………………… 225
单元 6　住宅专项维修资金 …………… 229

模块 11　房地产纠纷处理制度与政策 … 237

单元 1　房地产纠纷简介 ……………… 237
单元 2　房地产法律责任 ……………… 240
单元 3　房地产行政复议 ……………… 242
单元 4　房地产行政诉讼 ……………… 245
单元 5　房地产纠纷的仲裁 …………… 248
单元 6　房地产民事诉讼 ……………… 251

参考文献 ……………………………… 256

绪 论

一、法的渊源与适用规则

（一）法的渊源

法的渊源是指法的效力来源，即根据法的效力来源不同，对法所做的基本分类。中国现时成文法的渊源包括宪法、法律、行政法规、地方性法规、自治条例、行政规章、特别行政区法、国际条约。其中宪法、法律、行政法规在中国法的渊源体系中分别居于核心地位和尤为重要的地位。

1. 宪法

宪法是《中华人民共和国宪法》的简称，宪法作为法的渊源，居于最高的、核心的地位，是国家的根本大法。我国宪法由国家最高权力机关全国人民代表大会表决制定和修改，但是全国人民代表大会只是表决通过宪法法案，并不是真正意义的宪法制定机构。宪法的修改须由全国人民代表大会常务委员会（以下简称"全国人大常委会"）或五分之一以上全国人民代表大会代表提议，并由全国人大以全体代表的三分之二以上通过。宪法规定和调整的内容比其他法更重要、更系统。其综合性地规定和调整诸如国家性质、社会经济和政治制度、国家政权的总任务、公民基本权利和义务、国家机构这些带根本性、全局性的关系或事项。《宪法》具有最高的效力等级，是其他法的立法依据或基础。其他法的内容或精神必须符合或不得违背宪法的规定或精神，否则无效。

我国宪法的内容框架和修改历程

一、我国宪法的内容框架

序　言

第一章　总　纲

第二章　公民的基本权利和义务

第三章　国家机构

　　第一节　全国人民代表大会

　　第二节　中华人民共和国主席

绪　论

　　　　第三节　国务院
　　　　第四节　中央军事委员会
　　　　第五节　地方各级人民代表大会和地方各级人民政府
　　　　第六节　民族自治地方的自治机关
　　　　第七节　监察委员会
　　　　第八节　人民法院和人民检察院
　　第四章　国旗、国歌、国徽、首都
二、我国宪法的修改历程
　　我国宪法的修改历程见表0-1。

表0-1　我国宪法的修改历程

时间	内容
1949年9月29日	《中国人民政治协商会议共同纲领》由政协制定，具备临时宪法的作用，但不是真正意义上的宪法
1954年9月20日	第一届全国人民代表大会第一次会议通过第一部《中华人民共和国宪法》，在《中国人民政治协商会议共同纲领》的基础上修改完成
1975年1月17日	第四届全国人民代表大会第一次会议上通过，被称为七五宪法
1978年3月5日	第五届全国人民代表大会第一次会议上通过，被称为七八宪法
1982年12月4日	中华人民共和国第四部宪法在第五届全国人大第五次会议上正式通过并颁布，是我国现行的宪法
1988年4月12日	第七届全国人民代表大会第一次会议通过《中华人民共和国宪法修正案》
1993年3月29日	第八届全国人民代表大会第一次会议通过《中华人民共和国宪法修正案》
1999年3月15日	第九届全国人民代表大会第二次会议通过《中华人民共和国宪法修正案》
2004年3月14日	第十届全国人民代表大会第二次会议通过《中华人民共和国宪法修正案》
2018年3月11日	第十三届全国人大一次会议第三次全体会议经投票表决通过《中华人民共和国宪法修正案》

2. 法律

　　法律是由全国人大及其常委会依法制定和变动的，规定和调整国家、社会和公民生活中某一方面带根本性的社会关系或基本问题的一种法。通常被人们称为狭义上的法律，是中国法的渊源体系的主导。法律的地位和效力低于宪法而高于其他法，是法的形式体系中的二级大法。法律是行政法规、地方性法规和行政规章的立法依据或基础，行政法规、地方性法规和行政规章不得违反法律，否则无效。

　　法律分为基本法律和基本法律以外的法律两种，具有同等效力。全国人大及其常委会有权就有关问题作出规范性决议或决定，它们与法律具有同等地位和效力。

　　(1)基本法律由全国人大制定和修改，在全国人大闭会期间，全国人大常委会也有权对其进行部分补充和修改，但不得同其基本原则相抵触。基本法律规定国家、社会和公民生活中具有重大意义的基本问题。

　　(2)基本法律以外的法律由全国人大常委会制定和修改，规定由基本法律调整以外的国家、社会和公民生活中某一方面的重要问题，其调整面相对较窄，内容较具体。

3. 行政法规

行政法规是指国务院根据宪法和法律，按照法定程序制定的有关行使行政权力，履行行政职责的规范性文件的总称。行政法规的制定主体是国务院，行政法规根据宪法和法律的授权制定，行政法规必须经过法定程序制定，行政法规具有法的效力。行政法规一般以条例、办法、实施细则、规定等形式制定，发布行政法规需要国务院总理签署国务院令。行政法规作为一种法的渊源，在中国法的渊源体系中仅次于宪法、法律，高于部门规章和地方性法规的地位。行政法规要根据宪法、法律来制定，不得与宪法、法律相抵触。而地方性法规亦不得与行政法规相抵触，否则无效。行政法规在中国法的渊源体系中具有纽带作用。行政法规的立法目的是保证宪法和法律的实施，有了行政法规，宪法和法律的原则和精神便能具体化，使其更好地、有效地实现。行政法规又是联结地方性法规与宪法和法律的重要纽带。地方性法规的制定不得与行政法规相抵触，进一步保证了宪法、法律得以实施。

4. 地方性法规、经济特区法规和自治法规

(1) 地方性法规是指法定的地方国家权力机关依法制定和变动的，其效力不超出本行政区域范围，作为地方司法依据之一，在法的渊源体系中具有基础作用的规范性法律文件的总称。地方性法规是低于宪法、法律、行政法规但又具有不可或缺作用的基础性法的渊源。现阶段，省、自治区、直辖市、省级政府所在地的市、经国务院批准的较大市的人大及其常委会，根据本地的具体情况和实际需要，在不同宪法、法律和行政法规相抵触的前提下，制定和颁布地方性法规，报全国人大常委会和国务院备案。地方性法规的效力只限于本行政区域，超出本行政区域即没有约束力。

(2) 经济特区法规是经济特区所在地的省、市的人民代表大会及其常务委员会根据全国人大的授权制定的法规，对法律、行政法规、地方性法规作变通规定的，在经济特区内适用经济特区法规的规定。

(3) 自治法规是民族自治地方的权力机关所制定的特殊的地方规范性法律文件，即自治条例和单行条例的总称。自治条例是民族自治地方根据自治权制定的综合的规范性法律文件；单行条例则是根据自治权制定的调整某一方面事项的规范性法律文件。自治条例和单行条例在中国法的渊源中是低于宪法、法律的一种形式，可以作为民族自治地方的司法依据。

5. 规章

规章是有关行政机关依法制定的事关行政管理的规范性法律文件的总称，分为国务院部门规章和地方政府规章两种。国务院部门规章由部门首长签署命令予以公布，地方政府规章由省长或者自治区主席或者市长签署命令予以公布。

(1) 国务院部门规章是由国务院所属各部、各委员会根据法律和行政法规，在本部门的权限内，所发布的各种行政性的规范性法律文件。其地位低于宪法、法律和行政法规，且不得与其相抵触。

(2) 地方政府规章是有权制定地方性法规的地方的人民政府，根据法律、行政法规制定的规范性法律文件。地方政府规章除不得与宪法、法律和行政法规相抵触外，还不得与上级和同级地方性法规相抵触。

6. 国际条约

国际条约是指两个或两个以上的国家或国际组织间缔结的确定其相互关系中权利和义

务的书面协议,是国际间相互交往的一种最普遍的法的渊源或法的形式。缔约双方或各方即为国际法的主体。国际条约不仅包括以条约为名称的协议,也包括国际法主体间形成的公约、宪章、盟约、规约、协定、议定书、换文、公报、联合宣言、最后决议书等。国际条约本属国际法范畴,但对缔结或加入条约的国家的国家机关、公职人员、社会组织和公民也有法的约束力;在这个意义上,国际条约也是该国的一种法的渊源或法的形式,与国内法具有同等约束力。随着我国对外开放的发展,与别国交往日益频繁,所缔结的条约和加入的条约也日渐增多。这些条约也是我国司法的重要依据。

(二)法的适用规则

根据《中华人民共和国立法法》(以下简称《立法法》)的相关规定,其主要原则如下。

中华人民共和国
立法法

1. 一般不溯及既往

《立法法》第九十三条规定:"法律、行政法规、地方性法规、自治条例和单行条例、规章不溯及既往,但为了更好地保护公民、法人和其他组织的权利和利益而作的特别规定除外。"

2. 上位法优于下位法

《立法法》第八十八条规定:"法律的效力高于行政法规、地方性法规、规章。行政法规的效力高于地方性法规、规章。"第八十九条规定:"地方性法规的效力高于本级和下级地方政府规章。省、自治区人民政府制定的规章的效力高于本行政区域内的设区的市、自治州的人民政府制定的规章。"

3. 特别法优于一般法、新法优于旧法

《立法法》第九十二条规定:"同一机关制定的法律、行政法规、地方性法规、自治条例和单行条例、规章,特别规定与一般规定不一致的,适用新的规定。"

4. 同一事项的新的一般规定与旧的特别规定不一致,提交有关机关裁决

《立法法》第九十四条:"法律之间对同一事项的新的一般规定与旧的特别规定不一致,不能确定如何适用时,由全国人民代表大会常务委员会裁决。行政法规之间对同一事项的新的一般规定与旧的特别规定不一致,不能确定如何适用时,由国务院裁决。"第九十五条规定:"地方性法规、规章之间不一致时,由有关机关依照下列规定的权限作出裁决:(一)同一机关制定的新的一般规定与旧的特别规定不一致时,由制定机关裁决;(二)地方性法规与部门规章之间对同一事项的规定不一致,不能确定如何适用时,由国务院提出意见,国务院认为应当适用地方性法规的,应当决定在该地方适用地方性法规的规定;认为应当适用部门规章的,应当提请全国人民代表大会常务委员会裁决;(三)部门规章之间、部门规章与地方政府规章之间对同一事项的规定不一致时,由国务院裁决。根据授权制定的法规与法律规定不一致,不能确定如何适用时,由全国人民代表大会常务委员会裁决。"

二、房地产业及其业务划分

房地产业是进行房地产投资、开发、经营、服务和管理的行业,属于第三产业,是具有基础性、先导性、带动性和风险性的产业。在国民经济产业分类中,房地产业是为生产和生活服务的部门。房地产业与建筑业的业务对象都是房地产,但在房地产开发活动中,房地产业是房地产开发建设的甲方,而建筑业是乙方;房地产业兼有生产、开发、经营、服务和管理等多种性质,是第三产业,而建筑业是物质生产部门,属第二产业。

房地产业作为新兴的产业,对我国的经济发展起着举足轻重的作用,两者的相互影响也越来越强:一方面,以住宅建设为主的房地产业,在拉动经济增长、扩大就业等方面起到了积极的作用,有力地促进了国民经济的发展,使国民经济持续快速健康发展;另一方面,房地产业的快速发展,也得益于国民经济持续快速的增长、居民可支配收入的提高及城镇化的加快。房地产业作为支柱产业,产业链长,关联度大,能直接或间接带动多个上下游产业的发展。

房地产业可分为房地产开发经营业和房地产服务业。房地产服务业又可分为房地产中介服务业和物业管理业,房地产中介服务业又可分为房地产咨询业、房地产估价业和房地产经纪业。

(1) 房地产开发经营业。房地产开发经营业的主要业务包括:取得待开发房地产,特别是土地,然后进行基础设施建设、场地平整等土地开发或房屋建设,再转让开发完成后的土地、房地产开发项目或销售、出租建成后的房屋。房地产开发经营业具有投资大、周期长、风险高、回报率高、附加值高、产业关联度高、带动力强等特点。房地产开发企业的收入具有不连续性。目前在我国房地产业中,房地产开发经营业占主体地位。

(2) 房地产咨询业。房地产咨询业的主要业务包括:为有关房地产活动的当事人提供法律法规、政策、信息、技术等方面的顾问服务,现实中的具体业务有接受当事人的委托进行房地产市场调查研究、房地产投资项目可行性研究、房地产开发项目策划等。目前,房地产咨询业务主要由房地产估价师和房地产估价机构或房地产经纪人和房地产经纪机构承担。

(3) 房地产估价业。房地产估价业的主要业务包括:分析、测算和判断房地产的价值并提出相关专业意见,为土地使用权出让、转让和房地产买卖、抵押、征收征用补偿、损害赔偿、课税等提供价值参考依据。房地产估价活动主要由房地产估价师来完成。房地产估价业是知识密集型行业。

(4) 房地产经纪业。房地产经纪业的主要业务包括:帮助房地产出售者、出租人寻找到房地产的购买者、承租人,或帮助房地产的购买者、承租人寻找到其欲购买、承租的房地产。房地产经纪业是房地产市场运行的润滑剂。房地产经纪活动由房地产经纪人员来完成,房地产经纪机构主要是为房地产经纪人员提供平台和品牌。房地产经纪业是知识密集和劳动密集型行业。在成熟的房地产市场中,房地产经纪业是房地产业的主体。

(5) 物业管理业。物业管理业的主要业务包括:对已建成并经竣工验收投入使用的各类房屋及配套的设施设备和相关场地进行维修、养护、管理,维护物业管理区域内的环境卫生和相关秩序,并提供相关服务。物业管理业是劳动密集型和知识密集型行业。

三、房地产法及其调整对象

房地产法是由国家制定和认可的、调整房地产关系的法律规范的总称。房地产关系是指人们取得、开发、利用、经营和管理土地、房屋而形成的社会关系。受房地产法调整的社会关系中有着极为广泛的法律关系的主体;在众多的法律关系的主体中,国家和有关国家机关处于特殊的地位,其他法律关系主体的活动,受国家的干预特别多;在各种具体的

绪 论

法律关系中，房地产权属关系处于基础性的地位，其他所有的法律关系的具体法律规定，均是对以权属为基础的房地产权利的限定、规范。房地产关系按其性质可分为民事性质的房地产关系和行政管理性质的房地产关系。民事性质的房地产关系指的是平等主体之间基于土地、房屋而发生的所有、使用、转让、抵押、租赁等经济关系；行政管理性质的房地产关系指的是不平等主体之间基于土地、房屋的征收、拆迁，土地用途管制，建设立项审批，房地产税征收及行政调节有关纠纷等经济关系。

房地产法是用来调整房地产开发、经营、管理和服务等活动中所发生的社会关系的法律规范的总称。这些社会关系及其广泛、复杂，按其性质可以分为三个大类，见表0-2。

表 0-2 房地产法的调整对象

社会关系类别	内容说明
房地产民事法律关系	房地产民事法律关系是指平等主体之间发生的有关房地产的社会关系。具体包括： (1)房地产开发设计关系； (2)房屋拆迁关系； (3)基础设施建设与房屋建设关系； (4)房地产交易关系(包括房地产转让、抵押、租赁等关系)； (5)土地使用与经营关系； (6)房地产相邻关系； (7)与房地产有关的物权关系； (8)房地产融资关系； (9)物业管理与服务关系； (10)房地产中介服务关系； (11)其他与房地产有关的民事法律关系
房地产行政法律关系	房地产行政法律关系是指行政机关基于其行政职权与管理相对人发生的有关房地产的法律关系。具体包括： (1)土地利用规划和房屋建设规划关系； (2)土地使用和房地产开发建设审批关系； (3)土地征收关系； (4)房地产产权产籍管理关系； (5)房地产市场主体管理关系； (6)房地产市场秩序和市场规则管理关系； (7)其他与房地产有关的行政关系
双重性质的房地产法律关系	双重性质的房地产法律关系是指国家(或国家机关)基于国有房地产所有者的身份与法人或公民发生的有关房地产的社会关系。这是一种介于经济行政法律关系和民事法律关系之间的法律关系。具体包括： (1)国有土地使用权的出让和受让关系； (2)公有住房售卖或租赁关系； (3)国有资产(其中有关房地产部分)经营管理关系； (4)其他与房地产有关的双重性质的关系

模块 1 与房地产相关的法律

知识目标

1. 了解房屋征收与征用的异同，熟悉房屋征收的前提与限制条件；
2. 了解国有土地上房屋征收管理体制，掌握国有土地上房屋征收程序、征收实施与监督；
3. 掌握国有土地上房屋征收补偿的内容、方式及补偿程序。

能力目标

能够按制度与政策规定完成国有土地上房屋征收与补偿工作。

单元 1 《民法典》总则

民法调整平等主体的自然人、法人和非法人组织之间的人身关系和财产关系。民法调整的平等主体之间的关系包括财产关系和人身关系。财产关系，包括物权、债权、知识产权。人身关系是人们在社会生活中形成的具有人身属性，与主体的人身不可分离的，不是以经济利益而是以特定精神利益为内容的社会关系。

一、民法的基本原则

《中华人民共和国民法典》(以下简称《民法典》)，确立的基本原则是民事主体从事民事活动和司法机关进行民事司法裁判应当遵循的基本原则，总则确立了以下基本原则。

1. 平等原则

平等原则主要有两层含义，一层含义是法律面前人人平等的宪法原则在民法中的体现，另一层含义是平等保护所有民事主体的合法民事权益。

中华人民共和国民法典

2. 自愿原则

民事主体从事民事活动，应当遵循自愿原则，按照自己的意思设立、变更、终止民事法律关系。意思自治是现代民法的"三大基石"之一。

3. 公平原则

所谓公平就是以利益的均衡作为价值判断标准以调整民事主体之间的经济利益关系，通过利益均衡配置民事主体的权利义务，公平正义是对民事司法活动的基本要求。

4. 诚信原则

诚实守信是市场活动的基本准则，是保障交易秩序的重要法律原则，它和公平原则一样，既是法律原则，又是一种重要的道德规范，它要求全部民事主体诚实不欺，讲究信用，以善意的方式行使权利。值得注意的是，诚实信用原则是一项霸王条款，由于在法律中不可能把民法所需要遵守的规范写全，所以制定了该项原则。

5. 绿色原则

这是《民法总则》新确定的一项法律原则，是具有重大意义的创举，规定民事主体从事民事活动，应当有利于节约资源，保护生态环境。这项原则既传承了天地人和、人与自然和谐相处的传统文化理念，又体现了新的发展思想，有利于缓解我国不断增长的人口与资源生态的矛盾。

6. 公序良俗原则

公序良俗是由"公共秩序"和"善良风俗"两个概念构成的，要求民事主体遵守社会公共秩序，遵循社会主体成员所普遍认可的道德准则。这项原则还有一种含义，凡违反公序良俗的民事法律行为是无效的。

二、民事法律行为

（一）民事法律行为的含义

《民法典》第一百三十三条将民事法律行为定义为"民事主体通过意思表示设立、变更、终止民事法律关系的行为"。民事法律行为作为民事法律事实中行为的一种，具有以下3项特征而区别于其他各类民事法律事实。

(1)民事法律行为是一种产生、变更、消灭民事权利义务关系的行为，在法理学上，民事法律行为作为法律行为的一种，就与行政法律行为、民事诉讼法律行为、刑事诉讼法律行为等相并列。在此，理解民事法律行为的外延就不再着眼于其合法性，而在于其引起的民事法律后果。

(2)民事法律行为是以行为人的意思表示作为构成要素意思表示是指行为人追求民事法律后果的内心意思用一定的方式表示于外部的活动。比如，旅客在饭店将其要下榻某一房间的想法用口头方式告诉前台接待人员的表示就是意思表示。缺少民法所确认的意思表示的行为就不是民事法律行为。

(3)民事法律行为能够实现行为人所预期的民事法律后果民事法律行为是一种目的性行为，即以设立、变更或终止民事法律关系为目的。这一目的是行为人在实施民事法律行为之时所追求的预期后果。基于法律确认和保护民事法律行为的效力，行为人所追求的预期后果必然可以实现。可见，民事法律行为的目的与实际产生的后果是相互一致的。这一特点使得民事法律行为区别于民事违法行为。民事违法行为(如侵权行为)也产生法律后果(侵权责任)。但是,这种法律后果并不是行为人实施民事违法行为时所追求的后果,而是根据法律规定直接产生,并非以当事人的意思表示为根据。

(二)民事法律行为的分类

1. 单方法律行为、双方法律行为和多方法律行为

依民事法律行为的成立须有几个方面的意思表示而作此分类。

单方法律行为指依一方当事人的意思表示而成立的法律行为,大体上可以分为两种:

(1)行使个人权利的行为,而该行为仅仅发生个人的权利变动,如抛弃所有权、他物权的行为等;

(2)涉及他人权利的发生、变更或消灭等,如债务的免除、委托代理的撤销、委托代理的授权、处分权的授予、无权代理的追认、遗嘱的订立、继承权的抛弃等。

双方法律行为指由双方当事人相对应的意思表示的一致而成立的法律行为,一般的合同(契约)都是双方法律行为。

多方法律行为指依两个或两个以上当事人彼此意思表示的一致才能成立的法律行为,如合伙合同、联营合同、订立公司章程的行为等。多方法律行为与双方法律行为的区别在于,前者的当事人所追求的利益与目标是共同的,而后者的当事人的利益与目标恰恰是相对的。

2. 有因行为与无因行为

根据民事法律行为与原因的关系而作此分类。有因行为是指与原因不可分离的行为。所说的原因就是民事法律行为的目的,对于有因行为,原因不存在,行为就不能生效。无因行为是指行为与原因可以分离,不以原因为要素的行为。无因行为并非没有原因,而是指原因无效并不影响行为的效力。例如债权转让或债务承担合同行为即为无因行为,另外,委托代理关系中委托人的授权行为也是无因行为。

3. 财产行为与身份行为

以法律行为发生的效果是财产性还是身份性的而作此分类。财产行为是以发生财产上法律效果为目的的行为,财产行为的后果是在当事人之间发生财产权利与义务的变动,如给付行为、处分行为与负担行为等。身份行为是指直接以发生或丧失身份关系为目的的行为,如结婚、离婚、收养等。

4. 主法律行为与从法律行为

根据法律行为相互间的附属关系而作此分类。主法律行为是指不需要其他法律行为的存在即可独立存在的法律行为;从法律行为是指以其他法律行为的存在为其存在前提的法律行为。

5. 负担行为与处分行为

依据法律行为所产生的效果而作此分类。负担行为是指以发生债权债务为其效力的行为,亦称债权行为或债务行为。处分行为是指直接发生、变更、消灭物权或准物权的行为。

民事法律行为还有几种重要的分类,包括单务行为与双务行为、有偿行为与无偿行为、诺成性行为与实践性行为、要式行为与不要式行为等。因这些分类存在着对应的合同分类,将在合同法中阐述。

(三)民事法律行为的成立与生效

民事法律行为的成立与生效这两个概念既有区别又有联系。在现代民法上,尽管在多

数情形下,"同时成立原则"仍然适用,但在民法理论和民事立法上,已经将二者区分开来,并且在一些场合下,民事法律行为的成立与生效确实不是同时完成的。民事法律行为的成立是指当事人意思表示的完成,其着眼点在于某一民事法律行为是否已经客观存在。而民事法律行为的生效,是指民事法律行为的当事人约定的权利、义务内容产生了法律效力,其着眼点在于法律是否对某一已成事实的民事法律行为的效果给予积极性评价。因此,民事法律行为的生效除了当事人意思表示的一致外,还以意思表示的内容及形式的合法为要件。概而言之,民事法律行为的生效是以民事法律行为的成立为前提的;但已成立的民事法律行为,不一定都能生效,生效与否还要看是否具备法定的生效要件。可见,民事法律行为的成立与否纯属一种事实判断,民事法律行为的生效与否则属于一种价值判断。

三、代理

代理是指代理人以被代理人(又称本人)的名义,在代理权限内与第三人(又称相对人)实施民事行为,其法律后果直接由被代理人承受的民事法律制度。代理人在代理权限范围内实施代理行为。代理人以被代理人的名义实施民事法律行为,被代理人对代理人的行为承担民事责任。

代理的分类见表 1-1。

表 1-1　代理的分类

分类标准	类型	具体说明
以代理权产生根据的不同划分	委托代理	委托代理又称意定代理,即代理人依照被代理人授权进行的代理
	法定代理	法定代理是根据法律的规定而直接产生的代理关系,主要是为保护无民事行为能力人和限制民事行为能力人的合法权益而设定,如父母对未成年子女的代理
以代理是否转托他人划分	本代理	本代理是指代理人的代理权来源于被代理人直接授予代理权的行为,或来源于法律的规定以及有关机关的指定的代理。与复代理相对,由代理人亲自进行的代理则为本代理
	复代理	复代理指代理人为了被代理人的利益,转托他人实施代理的行为

四、民事责任

民事责任是民事主体不履行或不完全履行民事义务的法律后果,是保障民事权利实现的重要措施,也是对不履行民事义务行为的一种制裁。民事主体依照法律规定和当事人约定,履行民事义务,承担民事责任。二人以上依法承担按份责任,能够确定责任大小的,各自承担相应的责任;难以确定责任大小的,平均承担责任。二人以上依法承担连带责任的,权利人有权请求部分或者全部连带责任人承担责任。因不可抗力不能履行民事义务的,不承担民事责任。不可抗力是指不能预见、不能避免且不能克服的客观情况,如战争、罢工、风灾、地震、雷电、流行病等。承担民事责任的方式主要有以下 11 种:

(1)停止侵害;

(2)排除妨碍;

(3)消除危险;

(4)返还财产；

(5)恢复原状；

(6)修理、重做、更换；

(7)继续履行；

(8)赔偿损失；

(9)支付违约金；

(10)消除影响、恢复名誉；

(11)赔礼道歉。

以上承担民事责任方式，可以单独适用，也可以合并适用。

案例分析

紧急避险的法律责任免除

【案情介绍】 张某在某街道遛弯时，被迎面跑过来的一条大型宠物狗追咬，正巧此时住在路边一楼的邱某正推开门准备外出，张某不得已将路边邱某一楼住宅的房门踢开，冲进屋内临时躲避。

【案例分析】 本案例中，张某为躲避狗咬而破门进入邱某房间的行为，属于我国民法所规定的紧急避险行为，不应负民事责任。

所谓紧急避险，是指为了使国家、公共利益、本人或者他人的人身、财产和其他权利免受正在发生的危险，不得已而采取的损害另一较小合法权益的行为。紧急避险的目的在于，当两个合法权益相冲突时，又只能保全其中之一的紧急状态下，法律允许为了保全较大的权益而牺牲较小的权益。虽然造成了较小权益的损害，但从整体上说，它是有益于社会善良风俗和良好秩序的行为，不应承担民事责任。

五、诉讼时效

诉讼时效是指民事权利受到侵害的权利人在法定的时效期间内不行使权利，当时效期间届满时，义务人获得诉讼时效抗辩权，权利人的请求权不受国家强制力保护的法律制度。但不是所有的请求权都适用诉讼时效，《民法典》规定请求停止侵害、排除妨碍、消除危险，不动产物权和登记的动产物权的权利人请求返还财产，请求支付抚养费、赡养费或者扶养费等，不适用诉讼时效的规定。

1. 普通诉讼时效期间

《民法典》规定将现行《民法通则》规定的 2 年一般诉讼时效期间延长为 3 年，以适应交易方式与类型不断创新、权利义务关系更趋复杂的现实情况，有利于更好地保护债权人的合法权益。

2. 最长权利保护期间

《民法典》规定：自权利受到损害之日起超过二十年的，人民法院不予保护；有特殊情况的，人民法院可以根据权利人的申请决定延长。

3. 诉讼时效的中止和中断

在诉讼时效期间的最后六个月内，因下列障碍，权利人不能行使请求权的，诉讼时效中止；自中止时效的原因消除之日起满六个月，诉讼时效期间届满：

(1) 不可抗力；

(2) 无民事行为能力人或者限制民事行为能力人没有法定代理人，或者法定代理人死亡、丧失民事行为能力、丧失代理权；

(3) 继承开始后未确定继承人或者遗产管理人；

(4) 权利人被义务人或者其他人控制；

(5) 其他导致权利人不能行使请求权的障碍。

有下列情形之一的，诉讼时效中断，待中断的事由消除后，诉讼时效期间重新计算：

(1) 权利人向义务人提出履行请求；

(2) 义务人同意履行义务；

(3) 权利人提起诉讼或者申请仲裁；

(4) 与提起诉讼或者申请仲裁具有同等效力的其他情形。

单元2 物权

物权是指权利人直接支配标的物享有其利益并排除他人之干涉的民事财产权。

一、物权的效力

1. 物权的优先效力

物权的优先效力体现在如下两个方面：

(1) 物权对于债权的优先效力。在同一标的物上物权与债权并存时，物权有优先于债权的效力。这一原则有例外，即买卖不破除租赁。

(2) 物权相互间的优先效力。同一个标的物上存在两个以上物权的，先成立的物权优先于后成立的物权。这一原则有两个例外，即

1) 法定物权优先于意定物权，例如留置权无论成立在先还是在后都优先于标的物上的抵押权和质权；

2) 他物权成立在后，但是优先于所有权。

2. 物权的追及效力

所谓物权的追及效力是指不论标的物辗转于何人之手，除法律规定外，物权人均可追及至物之所在行使物权的法律效力。物权的追及效力也有一个例外，即动产的善意取得制度。

3. 物权的妨害排除力

物权作为绝对权、对世权具有对抗任何第三人的效力，因此任何人不得干涉权利人行使其物权。物权的权利人在其权利的实现上遇有某种妨害时，物权人有权对于造成妨害其权利事由发生的人请求排除此等妨害，称为物上请求权。

二、物权法定

物权法定是指物权的种类、物权的内容和效力都只能由法律加以规定，当事人不得任意创设，其具体内容包括：

(1) 类型法定。所谓类型法定，是指物权的类型只能由《民法典》或者其他法律规定，不得由当事人随意创设，即当事人在其协议中不得明确规定其通过合同设定的权利为物权，也不得设定与法定的物权不相符合的物权。当事人创设《民法典》所未规定的物权不能发生物权的效力，但是这并不能否定当事人的约定的效力，当事人的约定仍然有效，只不过只能在当事人之间发生法律效力（作为合同只产生债权效力）。

(2) 物权的内容由法律规定，而不能由当事人通过协议设定。

(3) 物权的效力必须由法律规定，而不能由当事人通过协议加以设定。

(4) 物权的公示方法必须由法律规定，不得由当事人随意确定。物权法定原则与合同自由原则的区别体现了合同法与物权法的不同之处。

物权法定原则不仅仅禁止当事人约定法律所未规定的物权类型和内容，而且限制法律以外的其他法律规范创设《民法典》和其他法律所未规定的物权类型，因此行政法规、地方法规和部门规章等均不能创设物权类型和改变法律所规定的物权内容。

我国现行民法规范确认的物权有所有权，国有、集体土地的使用权，其他自然资源所有权，土地承包经营权，典权，抵押权，质权和留置权。

三、物权的变动

物权的变动是物权的产生、变更和消灭的总称。从权利主体方面观察，即物权的取得、变更和丧失。物权的产生即物权人取得了物权，它在特定的权利主体与不特定的义务主体之间形成了物权法律关系，并使特定的物与物权人相结合。物权取得分原始取得和继受取得。原始取得是不以他人的权利及意思为依据，而是依据法律直接取得物权。继受取得是以他人的权利及意思为依据取得物权，继受取得又分为创设的继受和移转的继受两种方式。其中，创设的继受取得是指所有人在自己的所有物上为他人设定他物权，而由他人取得一定的他物权。移转的继受取得是指物权人将自己享有的物权以一定法律行为移转给他人，由他人取得该物权。物权的变更是指物权的主体、客体或内容的变更。物权的消灭是指物权的丧失，分绝对消灭和相对消灭，绝对消灭即物权本身不存在，如物的毁灭，相对消灭如物的买卖、赠予。

(一) 物权变动的原则

物权是对于物进行直接支配的权利，具有优先权和物上请求权的效力。如果不以一定的可以从外部查知的方式表现物权的产生、变更、消灭，必然纠纷不已，难以确保交易安全。

1. 公示原则

(1) 公示原则要求物权的产生、变更、消灭，必须以一定的可以从外部查知的方式表现出来。这是因为物权有排他的性质，其变动常有排他的后果，如果没有一定的可以从外部查知的方式将其变动表现出来，就会给第三人带来不测的损害，影响交易的安全。

(2) 不动产以登记为不动产物权的公示方法；动产以交付为动产物权的公示方法。

2. 公信原则

(1) 物权的变动以登记和交付为公示方法，当事人如果信赖这种公示而为一定的行为，即使登记或交付所表现的物权状态与真实的物权状态不符，也不能影响物权变动的效力——公信原则的基本要求。

(2)物权的变动之所以要有公信原则,是因为仅贯彻公示原则,在进行物权交易时,固然不必顾虑他人主张未有公示的物权,免受不测的损害。但公示所表现的物权状态与真实的物权状态不相符合的情况在现实生活中也是存在的,如果在物权交易中都得先一一调查,必然十分不便。在物权变动中以公信原则为救济,使行为人交易信赖登记与交付所公示的物状态进行交易,不必担心其实际权利的状况。

(3)对于动产予以交付(占有)公信力,对于不动产以登记公信力。一般说来,物权的变动本来应当是在事实和形式上都是真实的才会产生变动,但由于这两个原则被采用的结果,就会发生即使事实上已经变动,但形式上没有采取公示方法,仍然不发生物权变动的效力;如果形式上已经履行变动手续,但事实上并未变动,仍然发生物权变动的效力。

(二)物权变动的原因

1. 物权的取得

物权可基于民事法律行为而取得,如买卖、互易、遗赠、赠与等;也可非基于民事法律行为而取得,主要有:

(1)因取得时效取得物权。

(2)因征收或没收取得物权。

(3)因法律的规定取得物权(留置权)。

(4)因附合、混合、加工取得所有权。

(5)因继承取得所有权。

(6)因拾得遗失物、发现埋藏物取得所有权。

(7)因合法建造取得所有权。

(8)因人民法院、仲裁委员会的法律文书取得物权。

(9)孳息的所有权取得。

天然孳息由所有权人取得;既有所有权人又有用益物权人的,由用益物权人取得。当事人另有约定的,按照约定。法定孳息当事人有约定的,按照约定取得;没有约定或者约定不明的,按照交易习惯取得。

2. 物权的消灭

(1)民事法律行为的原因:

1)抛弃。权利人一方作出意思表示即生效力,是单方法律行为;他物权的抛弃,须向因抛弃而受利益的人为意思表示。抛弃的意思表示不一定向特定人为之,只要权利人抛弃其占有、表示其抛弃的意思,即生抛弃的效力。不动产物权的抛弃,还需办理注销登记才发生效力。原则上物权一经权利人抛弃即归消灭,但如果因为物权的抛弃会妨害他人的权利时,则物权人不得任意抛弃其权利。

2)合同。这是指当事人之间关于约定物权存续的期间,或约定物权消灭的意思表示一致的民事行为。在合同约定的期限届满或约定物权消灭的合同生效时,物权即归于消灭。例如,债务人将其土地使用权抵押后,经与抵押权人协商,另以价值相当的房产做抵押,消灭原来的土地使用权抵押。

3)撤销权的行使。法律或合同规定有撤销权的,因撤销权的行使会导致物权消灭。例如,承包经营权人没有按承包合同的规定向集体组织交付承包收益时,集体组织可以撤销其承包经营权。

(2)民事法律行为以外的原因：

1)标的物灭失物权的标的物如果在生产中被消耗，在生活中被消费，如油料燃烧、食物被吃掉、汽车报废；或者标的物因其他原因灭失，如地震、大火导致房屋倒塌、烧毁。在这些情况下，由于标的物不存在了，因而该物的物权也就不存在了。应注意的是，标的物虽然毁损，但是对于其残余物，原物的所有人仍然享有所有权。如房屋毁坏，房屋所有权虽然消灭，但所有人基于所有权的效力，取得砖土瓦木等动产所有权。另外，由于担保物权的物上代位性，在担保标的物灭失或毁损时，担保物权续存于保险金、赔偿金等在经济上为该标的物的替代物之上。

2)法定期间的届满在法律对他物权的存续规定了期间时，该期间届满，则物权消灭。

3)混同这是指法律上的两个主体资格归属于一人，无并存的必要，一方为另一方所吸收的关系。混同有债权与债务的混同和物权的混同，这里专指物权的混同。物权的混同，是指同一物的所有权与他物权归属于一人时，其他物权因混同而消灭。例如甲在其房屋上为乙设定抵押权，后来乙购买了该栋房屋取得其所有权，则所有权与抵押权同归于一人，抵押权消灭。另外，物权的混同还指所有权以外的他物权与以该他物权为标的物之权利归属于一人时，其权利因混同而消灭。例如，甲对乙的土地享有使用权，甲在其土地使用权上为丙设定了抵押权，后来丙因某种原因取得了甲的土地使用权，这时土地使用权与以该土地使用权为标的的抵押权归属于一人，抵押权消灭。

四、不动产所有权

(一)土地所有权

1. 国家土地所有权

城市市区的土地属于全民所有即国家所有。农村和城市郊区的土地，除法律规定属于国家所有的以外，属于集体所有。

2. 集体土地所有权

集体土地所有权的主体：

(1)村农民集体。村农业生产合作社等农业集体经济组织或村民委员会对土地进行经营、管理。

(2)如果村范围内的土地已经分别属于村内两个以上农业集体经济组织所有的，可以属于各该农业集体经济组织的农民集体所有。

(3)土地如果已经属于乡(镇)农民集体所有的，可以属于乡(镇)农民集体所有。

(二)建筑物分区所有权

1. 专有部分

数人区分一建筑物而各有的那一部分。

(1)以此专有部分为客体的区分所有权，为各区分所有人单独所有，在性质上与一般所有权并无不同。

(2)区分所有人就专有部分的使用、收益、处分，不得违反各区分所有人的共同利益。

模块 1　与房地产相关的法律

2. 共有部分

区分所有的建筑物及其附属物的共同部分，即专有部分之外的建筑物的其他部分。

(1)建筑物的共有部分，为相关区分所有人所共有，均不得分割。

(2)各区分所有人对共有部分，应按其目的加以使用。

(3)共有部分的修缮费以及其他负担，由各区分所有人按其所有部分的价值分担。

3. 建筑物区分所有权

数人区分一建筑物而各有其专有部分，并就共用部分按其应有部分享有所有权。

案例分析

有关建筑物区分所有权

【案情介绍】张某和刘某为同一栋楼的楼下、楼上相邻业主。张某在楼上楼下的窗户之间钉了一个鸽笼，想在里面养鸽子，心想：这并不影响楼上业主的采光，也不妨碍楼上的通风，上下水、进出道路更是没有关系，肯定没有侵犯楼上业主的相邻权。可是楼上的刘某却偏偏不答应，坚决要求拆除。她说：你的鸽笼超过了两家的地板平面，伸到我的墙壁上面来了，占了我的空间。楼下张某反驳说：我们业主专有就是四壁之内、天花板和地板之间。室外空间怎么能成你的了？双方一直争执不下。后来想委托律师提起诉讼。律师认真听取和分析了本案，认为本案不属于"相邻权纠纷"，而是属于"建筑物区分所有权"。当即予以向人民法院起诉。

【法律依据】依据《民法典》第二百七十一条："业主对建筑物内的住宅、经营性用房等专有部分享有所有权，对专有部分以外的共有部分享有共有和共同管理的权利。"室外空间为共有部分，张某未经业主委员会或业主会议的同意私建鸽笼是不合法的，应该予以拆除。

【诉讼结果】楼下、楼上的业主最后在法官和双方律师的解释和法律宣传下，双方握手言和，冰释前嫌，开庭一结束，楼下的业主李明即撤除了"鸽笼"，小区又恢复了昔日的平静。

(三)相邻关系

两个或两个以上相互毗邻的不动产所有人或使用人，在行使占有、使用、收益、处分权利时的权利义务关系。本质上是一方所有人或使用人的财产权利的延伸，同时又是对他方所有人或使用人的财产权利的限制。处理相邻关系的原则：有利生产，方便生活，团结互助，公平合理。

案例分析

相邻关系

【案情介绍】岳某系紫荆花小区341号房屋业主，王某系该小区331号房屋业主，双方系上下楼相邻关系。原告王某主张，其已出租的331号房屋发现被楼上341号房屋漏水严重浸泡，造成重新装修费用、家具损失、房屋租金损失，要求岳某赔偿。向物业公司及341号房屋使用人进行交涉，但就赔偿事宜协商未果。经向该小区物业公司调查询问，物业公司人员答复称，331号房屋向物业公司报过漏水情况。经现场勘验并经双方确认：331号房屋的卧室门、家具、床垫、墙皮、楼梯等物品或位置有过水痕迹或裂纹。

【法律分析】 法院经审理认为，尽管岳某否认 341 号房屋向 331 号房屋漏水的事实，但根据现场勘验状况，341 号房屋墙壁存在明显水印及流水痕迹，331 号房屋房顶、墙壁、家具等存在被水浸泡痕迹，同时物业公司亦确认王某就漏水事宜向物业公司反映，物业就漏水事件向 341 号居住人进行询问。根据社会常理及日常生活经验，岳某、王某系上下楼相邻关系，上述证据足以证实 331 号房屋财产权益受损系 341 号房屋漏水所致。在 2021 年 1 月 1 日施行的《民法典》第二编物权第二分编所有权第七章相邻关系部分有专门规定。

漏水事故发生时，岳某作为 341 号房屋的权利人，对房屋实际居住使用人及房屋内设备设施未履行审慎的妥善管理职责，故对房屋漏水致使王某财产权益受损应当承担侵权赔偿责任。法院综合 331 号房屋受损现状、修复期限、岳某的过错程度、实际损失等因素，确定岳某赔偿王某因漏水造成房屋及家具的修复损失、租金损失。

（四）共有

共有是指两个或两个以上的人对同一项财产享有所有权。共有人按照约定管理共有的不动产或者动产；没有约定或者约定不明确的，各共有人都有管理的权利和义务。共有分为按份共有和共同共有。

1. 按份共有

按份共有是指两个或两个以上的人对同一项财产按照份额享有所有权。各个共有人对于共有物按照份额享有所有权，各个共有人对于共有物按照各自的份额对共有物分享权利、分担义务。按份共有并不是把共有物分为若干份，各共有人各享有一个所有权，而是共有人对共有物按照各自的份额享有权利和承担义务。各个共有人虽然拥有一定的份额，但共有人的权利并不仅限于共有物的某一部分上，而是及于共有物的全部。共有人按照各自的份额对共有物共享所有权。按份共有人有权处分其份额。共有人对其份额只能进行法律上的处分，即将其份额分出或转让。共有人对其份额可以转让而不必征得其他共有人的同意。出售时，其他共有人在同等条件下，有优先购买的权利。处分共有的不动产或者动产以及对共有的不动产或者动产作重大修缮的，应当经占份额三分之二以上的按份共有人同意，但共有人之间另有约定的除外。

2. 共同共有

共同共有是指两个或两个以上的人基于共同关系，共同享有一物的所有权。

共同共有根据共同关系（由法律直接规定或由合同约定），以共同关系的存在为前提。共同共有没有共有份额。共同共有是不确定份额的共有，只要共同共有关系存在，共有人就不能划分自己对财产的份额。只有在共同共有关系消灭，对共有财产进行分割时，才能确定各个共有人应得的份额。共同共有的共有人平等地享有权利和承担义务。各个共有人对于共有物，平等地享有占有、使用、收益、处分权。处分共有的不动产或者动产以及对共有的不动产或者动产作重大修缮的，应当经全体共同共有人同意，但共有人之间另有约定的除外。

（五）善意取得制度

无处分权人将不动产转让给受让人的，所有权人有权追回，但符合下列情形的，受让人取得该不动产或者动产的所有权：

模块1　与房地产相关的法律

(1)受让人受让该不动产或者动产时是善意的。

(2)以合理的价格转让。

(3)转让的不动产或者动产依照法律规定应当登记的已经登记，不需要登记的已经交付给受让人。

受让人善意取得不动产或者动产的所有权的，原所有权人有权向无处分权人请求赔偿损失。

案例分析

善意取得

【案情介绍】　邱某和徐某是邻居，邱某因为得了癌症，需要一大笔管手术费。于是将自己珍藏的一枚古钱币以高于市场价2 000元的价格卖给徐某。邱某妻子认为卖亏了，向法院起诉要求确认买卖合同无效。

【法律分析】　法院审理后认为，徐某以高于市场评估价购买邱某的古钱币，属于善意取得，驳回了邱某妻子的诉讼请求，买卖合同成立。

五、用益物权

用益物权指对他人所有的物，在一定范围内进行占有、使用、收益、处分的他物权。用益物权人只是在一定方面具有支配标的物的权利，没有完全的支配权。所有人为了充分发挥物的效用，将所有权与其部分权能相分离，由用益物权人享有和行使对物的一定范围的使用、收益权能的结果。用益物权是所有权派生的权利。用益物权一旦产生，其权利人就在设定的范围内独立地支配其标的物，进行使用和收益。用益物权人不仅可以排除一般的人对于其行使用益物权的干涉，而且用益物权人在其权利范围内可以依据用益物权直接对抗物的所有人对其权利的非法妨害。

(一)土地承包经营权

土地承包经营权是承包人因从事种植业、林业、畜牧业、渔业生产或其他生产经营项目而承包使用、收益集体所有或国家所有的土地或森林、山岭、草原、荒地、滩涂、水面的权利。农村集体经济组织实行家庭承包经营为基础、统分结合的双层经营体制。农民集体所有和国家所有由农民集体使用的耕地、林地、草地以及其他用于农业的土地，依法实行土地承包经营制度。耕地的承包期为三十年。草地的承包期为三十年至五十年。林地的承包期为三十年至七十年；特殊林木的林地承包期，经国务院林业行政主管部门批准可以延长。前款规定的承包期届满，由土地承包经营权人按照国家有关规定继续承包。土地承包经营权自土地承包经营权合同生效时设立。县级以上地方人民政府应当向土地承包经营权人发放土地承包经营权证、林权证、草原使用权证，并登记造册，确认土地承包经营权。土地承包经营权人依照农村土地承包法的规定，有权将土地承包经营权采取转包、互换、转让等方式流转。流转的期限不得超过承包期的剩余期限。未经依法批准，不得将承包地用于非农建设。

(二)建设用地使用权

建设用地使用权是因建筑物或其他构筑物而使用国家所有的土地的权利。建设用地使用权人依法对国家所有的土地享有占有、使用和收益的权利，有权利用该土地建造建筑物、构筑物及其附属设施。建设用地使用权可以在土地的地表、地上或者地下分别设立。新设立的建设用地使用权，不得损害已设立的用益物权。设立建设用地使用权，可以采取出让或者划拨等方式。工业、商业、旅游、娱乐和商品住宅等经营性用地以及同一土地有两个以上意向用地者的，应当采取招标、拍卖等公开竞价的方式出让。严格限制以划拨方式设立建设用地使用权。采取划拨方式的，应当遵守法律、行政法规关于土地用途的规定。采取招标、拍卖、协议等出让方式设立建设用地使用权的，当事人应当采取书面形式订立建设用地使用权出让合同。集体所有的土地作为建设用地的，应当依照土地管理法等法律规定办理。

（三）宅基地使用权

宅基地使用权是指农村集体经济组织的成员依法享有的在农民集体所有的土地上建造个人住宅的权利。根据我国《民法典》的规定，宅基地使用权人依法对集体所有的土地享有占有和使用的权利，有权依法利用该土地建造住宅及其附属设施。宅基地使用权的取得、行使和转让，适用土地管理法等法律和国家有关规定。宅基地因自然灾害等原因灭失的，宅基地使用权消灭。对失去宅基地的村民，应当重新分配宅基地。已经登记的宅基地使用权转让或者消灭的，应当及时办理变更登记或者注销登记。

（四）地役权

地役权是以他人土地供自己土地便利而使用的权利。地役权人有权按照合同约定，利用他人的不动产，以提高自己的不动产的效益。地役权的成立，必须有两块土地的存在，为其便利而使用他人的土地为需役地；供他人土地便利而使用的土地为供役地。地役权具有从属性和不可分性，与需役地所有权或使用权共命运，地役权不得与需役地分离而为其他权利的标的，如果在需役地上设定其他权利，则地役权亦包括在内。

地役权自地役权合同生效时设立。当事人要求登记的，可以向登记机构申请地役权登记；未经登记，不得对抗善意第三人。供役地权利人应当按照合同约定，允许地役权人利用其土地，不得妨害地役权人行使权利。地役权人应当按照合同约定的利用目的和方法利用供役地，尽量减少对供役地权利人物权的限制。地役权的期限由当事人约定，但不得超过土地承包经营权、建设用地使用权等用益物权的剩余期限。土地所有权人享有地役权或者负担地役权的，设立土地承包经营权、宅基地使用权时，该土地承包经营权人、宅基地使用权人继续享有或者负担已设立的地役权。土地上已设立土地承包经营权、建设用地使用权、宅基地使用权等权利的，未经用益物权人同意，土地所有权人不得设立地役权。地役权不得单独转让。土地承包经营权、建设用地使用权等转让的，地役权一并转让，但合同另有约定的除外。地役权不得单独抵押。土地承包经营权、建设用地使用权等抵押的，在实现抵押权时，地役权一并转让。需役地以及需役地上的土地承包经营权、建设用地使用权部分转让时，转让部分涉及地役权的，受让人同时享有地役权。供役地以及供役地上的土地承包经营权、建设用地使用权部分转让时，转让部分涉及地役权的，地役权对受让人具有约束力。

六、担保物权

担保物权是为确保债权的实现而设定的，以直接取得或支配特定财产的交换价值为内容的权利。担保物权具有从属性和不可分性。担保物权以主债的成立为前提,随主债的转移而转移,并随主债的消灭而消灭。担保物权所担保的债权的债权人得就担保物的全部行使其权利。

(一)抵押权

抵押权是对于债务人或第三人不转移占有而供担保的不动产及其他财产,优先清偿其债权的权利。抵押权依抵押行为而设立,抵押行为是当事人以意思表示设定抵押权的双方民事法律行为,其具体表现形式为抵押合同。设立抵押权,当事人应当采取书面形式订立抵押合同。抵押权自登记时设立。

债务人或者第三人有权处分的下列财产可以抵押:
(1)建筑物和其他土地附着物。
(2)建设用地使用权。
(3)以招标、拍卖、公开协商等方式取得的荒地等土地承包经营权。
(4)生产设备、原材料、半成品、产品。
(5)正在建造的建筑物、船舶、航空器。
(6)交通运输工具。
(7)法律、行政法规未禁止抵押的其他财产。

下列财产不得抵押:
(1)土地所有权。
(2)耕地、宅基地、自留地、自留山等集体所有的土地使用权,但法律规定可以抵押的除外。
(3)学校、幼儿园、医院等以公益为目的的事业单位、社会团体的教育设施、医疗卫生设施和其他社会公益设施。
(4)所有权、使用权不明或者有争议的财产。
(5)依法被查封、扣押、监管的财产。
(6)法律、行政法规规定不得抵押的其他财产。

(二)质权

质权是指为了担保债权的履行,债务人或第三人将其动产或权力移交债权人占有,当债务人不履行债务时,债权人有就其占有的财产优先受偿的权利。

(三)留置权

留置权是指债权人按照合同约定占有债务人的财产,在债务人逾期不履行债务时,有留置该财产,并就该财产优先受偿的权利。

抵押、质押、留置的区别

抵押权、质押权和留置权是担保物权的三种形式,他们都是指当债务人到期不履行债务,债权人依法享有就担保财产优先受偿的权利。但三者之间既有联系又有区别。

1. 留置权与质权的区别（质押和留置都以占有标的物为前提，但占有的标的物不同）：

（1）留置权为债权未受清偿前扣留他人动产的权利，这种占有、扣留他人动产的权利是由法律规定的（只限于保管合同、运输合同、加工承揽合同和行纪合同），所以，留置权为法定担保物权；质权一般是由当事人约定的。

（2）留置权人占有、扣留动产，是基于债务人不如期履行约定义务；质权人占有质物，是基于担保债权的实现。

（3）留置权的实现，须留置权人给债务人规定一定的期限，并通知债务人在此期限内清偿债务，当债务人不为清偿时，留置权人方可处置该留置物，实现债权；质权的实现，是当债权已届清偿期而未受清偿，质权人通知出质人后，即可处置质物，实现债权，无须给出质人规定清偿债务的期限。

（4）留置物被他人占有时，不能依据留置权请求返还原物，而只能依据占有权请求返还原物；质物被他人占有时，质权人可依质权请求返还质物。

（5）留置权因留置物的丧失或因债务人提供相当的担保而消灭；质权因质物丧失，并不能返还时而消灭。

（6）留置是指债权人因保管合同、运输合同、加工承揽合同依法占有债务人的动产，在债权未能如期获得清偿前，留置该动产作为债权的担保；质押是指债务人或第三人将其动产或权力移交债权人占有，将该动产或权利作为债权的担保。

（7）留置权是法定的，当事人不能任意创设，但允许当事人约定排除留置权；质权由当事人约定创设，不存在约定排除质权。

2. 抵押与质押的区别：（抵押和质押的最主要区别是标的物是否转移）

（1）抵押标的为动产与不动产；质押标的为动产与权利。

（2）抵押物不移转占有；质物移转占有。

（3）当事人可以自愿办理抵押登记的，抵押合同自签订之日起生效；当事人不必办理质押登记的，质押合同自质物或权利凭证交付之日起生效。

（4）当事人办理抵押登记的，登记部门为抵押物的相应管理部门；以股票、知识产权出质的，当事人应向其相应的管理机构办理出质登记。

（5）债务履行期届满，抵押权人未受清偿的，可与抵押人协商以抵押物折价或以拍卖、变卖该抵押物的所得价款受偿，协议不成的，可向人民法院提起诉讼；债务履行期届满，质权人未受清偿的，可与出质人协议以质物折价或依法拍卖、变卖质物清偿债权。

单元3 合同管理

合同是指平等主体的自然人、法人、其他组织之间设立、变更、终止民事权利义务关系的协议。合同是一种民事法律行为，是由当事人在平等基础上意思表示一致而成立。

一、合同订立的基本原则

1. 平等原则

合同当事人的法律地位一律平等，一方不得将自己的意志强加给另一方。

平等原则主要表现为当事人的法律地位是平等的，相互间不存在命令与服从、管理与被管理的关系，当事人必须平等地协商相互间的权利义务，当事人的权利平等地受法律保护。

2. 自愿原则

合同的订立完全由当事人的真实意愿来决定。合同自愿原则是民法上意思自治原则的具体体现及中心内容，它贯彻于合同动态发展的整个过程，包括订约自由、选择合同相对人的自由、决定合同内容的自由、选择合同方式的自由、变更和解除合同的自由等。

3. 公平原则

合同当事人在订立合同时，应依照公平原则确定双方的权利和义务，平等地签订和履行合同条款。公平原则本来是道德上的规则，但作为民法的基本原则就成了法律准则。它坚持正义与效益的统一，既要求当事人按照公平原则设立权利和义务，也要求按照公平原则履行合同，按照公平原则处理当事人之间的纠纷。

4. 诚实信用原则

合同当事人行使权利、履行义务应真诚实在，恪守信用，不滥用权利，不弄虚作假，认真履行合同义务。诚实信用原则与公平原则一样本来都是道德准则，但作为民法的基本原则就成了法律准则，它通常被称为"帝王规则"，可见其重要性。它既要求当事人在行使权利上不得滥用权力，不损害他方的合法利益，也要求在履行义务上不欺诈，严格遵守诺言；要求当事人既依约定履行主义务，也应依要求履行附随义务。

5. 守法和公序良俗原则

合同当事人应遵守法律和行政法规，尊重和维护社会共同利益。即当事人订立、履行合同，不得违反法律、法规的规定，不得违反公序良俗(公共秩序和善良风俗)。社会经济秩序、社会公共利益、社会公德是公序良俗的基本内容。

二、合同的订立

(一)合同订立的主体资格要求

当事人订立合同，应当具有相应的民事权利能力和民事行为能力。

1. 自然人的民事权利能力和民事行为能力

民事权利能力是指法律赋予的享有民事权利和承担民事义务的资格。它始于出生，终于死亡。

民事行为能力是指自然人能够通过自己的行为取得民事权利和承担民事义务的资格。它可分为三类：完全民事行为能力、限制民事行为能力、无民事行为能力。

2. 法人的民事权利能力和民事行为能力

我国的法人可分为企业法人、事业单位法人、机关法人和社会团体法人。法人的民事权利能力和民事行为能力都始于法人的成立，终于法人的终止。

(二)合同订立的内容

合同一般包括以下内容：
(1)当事人的名称或姓名、住所；
(2)标的；
(3)数量；

(4)质量;
(5)价款或者报酬;
(6)履行期限、地点和方式;
(7)违约责任;
(8)解决争议的方法。

(三)合同订立的方式

1. 要约

要约是一方当事人向对方提出订立合同的建议和要求,即希望与他人订立合同的意思表示。发出要约的一方称要约人,对方称受要约人。要约的内容具体确定,表明经受要约人承诺,要约人即受该意思表示约束。要约必须是特定人所作的意思表示。要约一般应向特定的相对人作出。

要约于到达受要约人时生效。要约经受要约人承诺,合同即告成立。要约可以撤回,撤回要约的通知应当在要约到达受要约人之前或者与要约同时到达受要约人。要约可以撤销,撤销要约的通知应当在受要约人发出承诺通知之前到达受要约人。但有下列情形之一的,要约不得撤销:

(1)要约人确定了承诺期限或者以其他形式明示要约不可撤销;
(2)受要约人有理由认为要约是不可撤销的,并已经为履行合同作了准备工作。

要约失效的情形:
(1)拒绝要约的通知到达要约人;
(2)要约人依法撤销要约;
(3)承诺期限届满,受要约人未作出承诺;
(4)受要约人对要约的内容作出实质性变更。

2. 承诺

承诺是受要约人同意要约全部内容的意思表示。承诺生效时,合同成立。承诺必须由受要约人或其代理人作出,承诺的内容必须与要约的内容一致,承诺必须在要约规定的期限内到达要约人。承诺一般应当以通知的方式作出,即以书面或口头形式明确肯定把承诺送达要约人。承诺生效时,合同成立。承诺可以撤回。撤回承诺的通知应当在承诺通知到达要约人之前或者与承诺通知同时到达要约人。

3. 缔约过失责任

缔约过失责任是指在合同订立过程中,由于一方当事人的过错,致使合同不能成立,损害了对方当事人的利益而应承担的赔偿责任。适用的三种情形:

(1)假借订立合同,恶意进行磋商;
(2)故意隐瞒与订立合同有关的重要事实或者提供虚假情况;
(3)有其他违背诚实信用原则的行为。

案例分析

缔约过失责任

【案情介绍】 2010年7月,某省某集团公司对刚建成的新科大厦承包经营权举行招标。

某餐饮有限公司以 300 万元承包费投标额中标。8 月 18 日，双方正式签订了承包经营合同，双方邀请律师在场见证。由于签约单位名称与中标的某有限公司名称不符，集团公司负责人要求延期签字盖章，待董事会讨论再决定。同年 9 月，集团公司决定再次召开承包经营权招标会，另一家餐饮管理公司以 288 万元中标。集团公司当即通知该餐饮管理公司十天后正式签订书面合同，并交纳首期承包费 200 万元。中标次日，该管理公司为了按时交纳承包费，向某民营银行借款 200 万元，并约定借款年利率为 10%。中标后第十天，原告持 200 万现金到被告单位准备签订书面合同并交纳承包款。被告拒绝接收该款，并告知原告，被告已于两天前与原中标的餐饮有限公司正式签约。双方经过交涉达不成一致意见。原告认为，被告的毁标行为不仅导致原告的经济损失，而且侮辱原告的人格，被告应承担原告借款利息 20 万元、投标和订约直接损失 1 万元，同时承担原告的精神损失 5 万元。被告则认为，合同尚未订立，虽然有道德上的责任，但并不需要承担经济赔偿责任。

【法律分析】 本案例涉及缔约过失责任构成要件以及责任范围等问题。

缔约过失是在缔约磋商阶段缔约人故意或有过失地违反缔约过程中应遵守的注意义务，而依法承担的民事责任。该合同义务又称之为先合同义务。它包括相互协助、照顾、保护、通知等义务。它体现了民法上诚实信用原则。缔约过失责任不同于合同责任，前者是对先合同义务的违反，后者是对合同义务的违反。

经过审理，法院认定被告的行为构成缔约过失。并根据《民法典》第五百条的规定，判决被告承担原告投标、定约的损失 8 000 元，同时驳回原告其他诉讼请求。

三、合同的效力

依法成立的合同，对当事人具有法律约束力。依法成立的合同，自成立时生效。法律、行政法规规定应当办理批准、登记等手续方可生效的合同，合同成立后必须经特别手续方能生效。

(一)有效合同

依法成立的合同具有法律效力，受到国家保护。
(1)当事人必须具有相应的民事行为能力。
(2)合同双方当事人意思表示必须真实。
(3)合同必须不违反法律和社会公共利益。

(二)无效合同

无效合同是指国家不予承认和保护的、没有法律效力的合同。无效合同从订立时起就没有法律约束力。

(三)效力未定的合同

效力未定的合同是指合同有效要件的某个方面存在瑕疵，其效力尚处于不确定状态的合同。
(1)限制民事行为能力人订立的合同，经法定代理人追认后，该合同有效。但纯获利益的合同或者与其年龄、智力、精神健康状况相适应而订立的合同，不必经法定代理人追认。若法定代理人拒绝追认，合同无效。

（2）行为人没有代理权、超越代理权或者代理权终止后以被代理人名义订立的合同，未经被代理人追认，合同无效，对被代理人不发生效力，由行为人承担责任。

（3）无处分权的人处分他人财产，其处分行为无效；若经权利人追认或无处分权的人在订立合同后取得处分权的，该处分行为有效。

（四）可撤销的合同

因重大误解订立的合同，显失公平的合同，一方以欺诈、胁迫的手段或乘人之危订立的合同是可撤销的合同。对此类合同，受损害方有权请求人民法院或者仲裁机构予以变更或撤销。被撤销的合同自开始时即没有效力。

合同确认无效或被撤销后，因该合同取得的财产应予以返还。不能返还或没有必要返还的，应当折价补偿。有过错的一方应当赔偿对方因此受到的损失。双方都有过错的，各自承担相应的责任。

四、合同的履行

合同当事人要遵循全面履行和诚实信用的履行原则，切实完成合同义务。

（一）合同履行的一般规则

合同生效后，各方当事人应严格按照合同约定的内容切实全面履行合同义务。如果双方就合同的质量、价款或者报酬、履行地点等内容没有约定或约定不明确的，可以协议补充。不能达成补充协议的，按合同有关条款或依交易习惯确定。

（二）合同履行的特别规则

1. 同时履行抗辩权

同时履行抗辩权是指在没有约定履行顺序的双务合同中，当事人应同时履行自己的义务。如果债务清偿期届满，一方当事人仍未履行义务或履行义务不符合约定要求的，他方当事人有权拒绝其履行要求，暂不履行自己的义务。

2. 后履行抗辩权

后履行抗辩权指在双务合同中，当事人依照合同约定或法律规定，有先后顺序，先履行一方未履行债务或履行债务不符合约定的，后履行一方有权拒绝其相应的履行要求的行为。

3. 不安抗辩权

不安抗辩权是指在双务合同中应当先履行债务的当事人，有确切证据证明后履行义务的当事人出现不能保证其债务履行的法定情形，可以终止履行自己的义务的行为。

适用下列情形：经营状况严重恶化；转移财产、抽逃资金，以逃避债务；丧失商业信誉；有丧失或者可能丧失履行债务能力的其他情形。

当事人没有确切证据中止履行的，应当承担违约责任。当事人中止履行的，应当通知对方。对方提供适当担保时，应当恢复履行。

4. 中止履行

中止履行是指在合同履行过程中，由于某种特定情况的出现而暂停合同履行的行为。

5. 提前履行或部分履行

提前履行或部分履行是指在不损害债权人利益的前提下，债务人可以提前履行债务或部分履行债务。

（三）合同的保全

合同的保全是指为防止债务人财产的不正当减少，给债权人权利带来危害而设置的一种保全形式。

1. 代位权

代位权是指因债务人怠于行使享有的对第三人的到期债权而对债权人造成损害的，债权人可以向人民法院请求以自己的名义代位行使债务人对第三人的债权，以保全自己的利益实现。

代位权的符合条件：

(1)债权人对债务人的债权合法；

(2)债务人怠于行使其到期债权，对债权人造成损害；

(3)债务人的债权已到期；

(4)债务人的债权不是专属于债务人自身的债权。

保证是指保证人与债权人约定，当债务人不履行债务时，保证人按照约定履行债务或承担责任的行为。保证人的资格如下：

(1)具有代为清偿债务能力的法人、其他组织或自然人，可以作保证人，但国家机关不得为保证人；

(2)学校、幼儿园、医院等以公益为目的的事业单位、社会团体不得为保证人；

(3)企业法人的分支机构、职能部门不得为保证人。

保证的方式有一般保证和连带保证。

2. 抵押

抵押是指债务人或者第三人不转移特定财产的占有，将该财产作为债权的担保。

抵押物的范围包括：

(1)抵押人所有的房屋和其他地上定着物；

(2)抵押人所有的机器、交通运输工具和其他财产；

(3)抵押人依法有权处分的国有土地使用权、房屋和其他地上定着物；

(4)抵押人依法有权处分的国有机器、交通运输工具和其他财产；

(5)抵押人依法承包并经发包方同意抵押荒山、荒沟、荒丘、荒滩等荒地的土地使用权等；

(6)依法可以抵押的其他财产。

抵押应当以书面形式订立抵押合同。法律规定必须进行登记的，要办理抵押物登记。

3. 质押

质押分为动产质押和权利质押。动产质押是指债务人或第三人将其动产移交债权人占有，将该动产作为债权的担保。应当订立书面质押合同。质押合同自质物移交于质权人占有时生效。权利质押是指债务人或第三人将其享有的并可依法转让的财产权利凭证交给债权人占有，作为债权的担保。

下列权利可进行质押：
(1)汇票、本票、支票、债券、存款单、仓单、提单；
(2)依法可以转让的股份、股票；
(3)依法可以转让的商标专用权、专利权、著作权中的财产权；
(4)依法可以质押的其他权利。

4. 留置

留置是指债权人按照合同的约定占有债务人的动产，债务人不按照合同约定的期限履行债务的，债权人有权依法留置该财产，以该财产折价或者以拍卖、变卖该财产的价款优先受偿。

留置的符合条件：
(1)债权人须已合法地占有债务人的财产；
(2)该财产须与该合同有关；
(3)债务已届清偿期；
(4)不违反约定。

5. 定金

定金是合同当事人一方为了保证合同的履行，在合同订立时预先给付对方当事人的一定数额的金钱。

定金罚则包括：
(1)给付定金的一方不履行约定的债务的，无权要求返还定金；
(2)收受定金的一方不履行约定的债务的，应当双倍返还定金。

案例分析

定金与订金

【案情介绍】张某某欲转让自己位于市中心的一套138平方米的房屋，经过几天的考虑邻居付某某想要购买此房给其母亲居住。经协商，张某某与付某某签订了房屋买卖协议，约定付某某以112万元的价格一次性支付给张某某，以购买张某某拥有完全产权的房屋一处，并且付某某保证7日内把购房款缴付给张某某，同时张某某交付房屋。协议签订后，付某某预付给张某某3万元，张某某给付某某出具了一份收据，上面注明"收到付某某定金3万元"。按约定期限内付某某携款找到张某某，但得知张某某已将房屋以113万元的价格转让给他人。后两人因退款问题产生争议。双方协商不成，付某某便一纸诉状将张某某告上了法庭，请求法院判令张某某双倍返还定金6万元。

原告认为：自己付的是定金，张某某不履行协议，属于毁约行为，应当双倍返还其定金。被告认为：付某某付的3万元是订金，是自己笔误将订金写成了"定金"，只同意返还3万元。

【法律分析】法院经审理判决，支持原告付某某的诉讼请求，判令被告张某某双倍返还定金6万元。

"定金"和"订金"虽然只有一字之差，但其法律意义与法律后果却大相径庭，"定金"具有担保性质，适用《民法典》第五百八十七条。也就说交付定金一方违约，则无法要求返还定金。如果收受定金一方违约，则要双倍返还定金，定金具有惩罚违约方的性质。定金具有担保作用，而它的担保作用正是通过《民法典》第五百八十七条来实现的。

五、合同的变更、转让及终止

合同的变更是指合同成立后，尚未履行完毕以前，合同当事人协商一致，就合同的内容进行修改和补充的行为。合同的转让是指合同当事人一方依法将其合同全部或部分权利和义务转让给第三人的行为。合同的终止是指合同双方当事人之间的权利义务关系因一定法律事实的出现而归于消灭的行为。合同因债务已经按照约定履行、合同解除、债务互相抵消等情形而终止。

六、违约责任及合同纠纷的解决

1. 违约责任及其构成要件

违约责任是指合同当事人因不履行或不完全履行合同义务所应承担的民事责任。其构成要件，一是要有违约事实存在，二是违约方当事人必须不具备法定或约定的免责条件。合同法确立违约责任的原则，是无过错责任原则，即只要违约方没有法定或约定的免责条件，无论其主观上是否有过错均要承担违约责任。

2. 违约责任的承担方式

违约责任的承担方式主要有解除合同、继续履行、支付违约金、赔偿损失、实际履行、支付延期付款的利息、请求强制履行、承担修理、更换、重做、退货、减少价款或者报酬等。

3. 违约责任的免除

违约责任因不可抗力而免责，因合同约定的免责条件出现而免责。

4. 合同纠纷的解决

合同纠纷是指合同的当事人双方在签订、履行和终止合同的过程中，对所订立的合同是否成立、生效、合同成立的时间、合同内容的解释、合同的履行、合同责任的承担以及合同的变更、解除、转让等有关事项产生的纠纷。尽管合同是在双方当事人意思表示一致的基础上订立的，但由于当事人所处地位的不同，从不同的立场出发，对某些问题的认识往往会得出相对冲突的结论，因此，发生合同争议在所难免。为了及时解决合同纠纷，稳定市场经济秩序，保护合同当事人的合法权益，促进国民经济的发展，合同法对合同争议的处理作出了专门的规定。无论是哪种合同争议，都需要采取适当的方式（或者途径）来解决，根据合同法的规定，发生合同争议时当事人可以通过协商或者调解解决；当事人不愿协商、调解或者协商、调解不成的，可以根据仲裁协议向仲裁机构申请仲裁；当事人没有订立仲裁协议或者仲裁协议无效的，可以向人民法院起诉。

模块小结

民法是调整平等民事主体之间的财产关系、人身关系的法律规范的总和。从房地产角度出看，民法对于约束业主、产权、居住权等方面发挥了极大的作用。物权是指权利人直接支配标的物享有其利益并排除他人之干涉的民事财产权，物权的种类、物权的内容和效力都只能由法律加以规定，当事人不得任意创设。以不动产为标的物的所有权即为不动产所有权，用益物权指对他人所有的物，在一定范围内进行占有、使用、收益、处分的他物权，担保物权是为确保债权的实现而设定的，以直接取得或支配特定财产的交换价值为内容的权利。物权可基于民事法律行为而取得，因抛弃、合同、撤销及其他民事法律行为意外的原因而消灭。

合同是指平等主体的自然人、法人、其他组织之间设立、变更、终止民事权利义务关系的协议。合同是一种民事法律行为，是由当事人在平等基础上意思表示一致而成立。依法成立的合同，自成立时生效。法律、行政法规规定应当办理批准、登记等手续方可生效的合同，合同成立后必须经特别手续方能生效。合同当事人要遵循全面履行和诚实信用的履行原则，切实完成合同义务。合同争议，需要采取协商、调节、仲裁或诉讼的方式来解决。

思考题

一、填空题

1. 民法是调整_____的法律规范的总和。
2. 不需要其他法律行为的存在即可独立存在的法律行为称为_____。
3. _____是指直接发生、变更、消灭物权或准物权的行为。
4. _____是指权利人直接支配标的物享有其利益并排除他人之干涉的民事财产权。
5. 物权的变动是_____的总称。
6. 物权的消灭分为_____和_____。
7. 城市市区的土地属于_____。农村和城市郊区的土地，除法律规定属于国家所有的以外，属于_____。
8. _____是因建筑物或其他构筑物而使用国家所有的土地的权利。
9. 民事行为能力可分为三类：_____、_____、_____。
10. _____是指债务人或者第三人不转移特定财产的占有，将该财产作为债权的担保。
11. 质押分为_____和_____。
12. _____是指合同当事人一方依法将其合同全部或部分权利和义务转让给第三人的行为。

二、选择题

1. 民法调整的平民事主体之间的关系包括（   ）。
   A. 财产关系和人身关系   B. 物权关系和债权关系
   C. 社会关系和人身关系   D. 社会关系和财产关系
2. 所谓（   ），是指不论标的物辗转于何人之手，除法律规定外，物权人均可追及至物之所在行使物权的法律效力。
   A. 物权的优先效力   B. 物权的追及效力
   C. 物权的妨害排除力   D. 物权的法律效力

3. 民法的基本原则不包括(　　)。
A. 平等和自愿原则　　　　　　　　B. 公平和诚实信用原则
C. 守法和公序良俗原则　　　　　　D. 绿色原则
4. 要约失效的情形不包括(　　)。
A. 拒绝要约的通知到达要约人　　　B. 要约人依法撤销要约
C. 受要约人未作出承诺　　　　　　D. 受要约人对要约的内容作出实质性变更
5. (　　)是指债务人或者第三人不转移特定财产的占有,将该财产作为债权的担保。
A. 保证　　　　　B. 质押　　　　　C. 抵押　　　　　D. 留置

三、判断题

1. 主法律行为是指以其他法律行为的存在为其存在前提的法律行为。　　　　(　　)
2. 由代理人亲自进行的代理为本代理。　　　　　　　　　　　　　　　　　(　　)
3. 物权的变更是指物权的主体的变更。　　　　　　　　　　　　　　　　　(　　)
4. 地役权自地役权合同生效时设立。　　　　　　　　　　　　　　　　　　(　　)
5. 合同是调整平等主体之间关于债权债务合同关系的法律规范。　　　　　　(　　)
6. 合同当事人的法律地位是不平等的。　　　　　　　　　　　　　　　　　(　　)
7. 要约经受要约人承诺,合同即告成立。　　　　　　　　　　　　　　　　(　　)
8. 要约是受要约人同意要约全部内容的意思表示。　　　　　　　　　　　　(　　)
9. 被撤销的合同自合同撤销之日起即没有了法律效力。　　　　　　　　　　(　　)
10. 保证的方式有一般保证和连带保证。　　　　　　　　　　　　　　　　　(　　)

四、问答题

1. 简述民法的原则。
2. 承担民事责任的方式有哪些?
3. 物权的优先效力体现在哪里?
4. 债务人或者第三人有权处分那些财产财产进行抵押?
5. 合同无效的情形有哪些?

模块 2 建设用地管理制度与政策

知识目标

1. 熟悉建设用地的概念、特点及分类；
2. 掌握建设用地的供应方式、依据及新地的审批；
3. 熟悉集体土地征收的概念、特征，掌握集体土地的征用程序与补偿措施；
4. 掌握国有土地使用权的出让与划拨；
5. 了解闲置土地产生的原因，掌握闲置土地的处置、利用、预防和监管。

能力目标

能够明确国有土地、集体土地的、闲置土地的取得、利用和处置的相关内容，能够对不同类型土地采取不同的措施加以取得和利用。

单元 1 建设用地简介

一、建设用地的概念及其特点

建设用地是指用于建造建筑物、构筑物的土地，包括城乡住宅和公共设施用地、工矿用地、交通水利设施用地、旅游用地、军事设施用地等。建设用地利用的结果基本上是非生态附着物的形式。

建设用地的特点如下：

(1)非生态利用性。建设用地无须利用土壤的生产功能，属土地的非生态利用性。建设用地的这个特点，要求在农用地转变为建设用地时，一定要慎重行事，严格把关，不要轻易将农用地转变为建设用地。

(2)土地利用的集约性。农用地或未利用地变为建设用地后，就具有利用的高度集约性和资金的高度密集性，可以产生更高的经济效益。

（3）区位选择的重要性。在建设用地的选择中，区位起着非常重要的作用。但区位具有相对性，对一种类型的用地来说是优越的区位，对另外一种用地来说则不一定。区位的优劣可以随着周围环境的改变而改变，经济活动对于区位本身的影响是巨大的。

二、建设用地的分类

建设用地可用多种分类方式，如按其使用土地性质的不同，可分为农业建设用地和非农业建设用地；按其土地权属、建设内容不同，又分为国家建设用地、乡（镇）建设用地、外商投资企业用地和其他建设用地；按其工程投资和用地规模不同，还可分为大型建设项目用地、中型建设项目用地和小型建设项目用地。建设用地的具体分类体系见表2-1。

表2-1　建设用地分类

分类标准	具体内容
按附着物的性质分类	(1)建筑物用地。人们在内进行生产、生活或进行其他活动的房屋或场所。 (2)构筑物用地。人们一般不直接在内进行生产、生活或进行其他活动的建筑物。 建筑物和构筑物又统称建筑
按建设用地的利用方式分类	(1)商服用地。 (2)工矿仓储用地。 (3)公用设施用地。 (4)公共建筑用地。 (5)住宅用地。 (6)交通设施用地。 (7)水利设施用地。 (8)其他建设用地
按土地所有权的归属分类	(1)国有建设用地，包括城市市区的土地、铁路、公路、机场、国有企业、港口等用地。 (2)集体所有建设用地，包括农民宅基地、乡（镇）村公共设施、公益事业、乡村办企业使用农民集体所有的建设用地
按建设用地的用途分类	(1)非农业建设用地，包括城镇、工矿、村庄用地，交通用地，乡镇企业、农村作坊、机械化养殖区、采矿区、废石场、垃圾堆场等3类。 (2)农业建设用地，如作物的暖房、育秧室、农用水泵房、农用道路等建设所需使用的土地
按建设用地的规模分类	(1)大型项目建设用地。 (2)中型项目建设用地。 (3)小型项目建设用地
按建设用地的状况分类	(1)新增建设用地是指新近某一时点以后由其他非建设用地转变而来的建设用地。 (2)存量建设用地是指新近某一时点以前已有的建设用地
按建设用地的使用期限分类	(1)永久性建设用地是指建设用地一经使用就不再恢复原来状态的土地。 (2)临时建设用地是指在实施过程中，需要临时性使用的土地

单元 2　建设用地供应

一、建设用地供应方式

建设用地供应是指国家将土地使用权提供给建设单位使用的过程。

根据我国现行的有关法律法规规定,我国建设用地的供应方式主要是有偿使用和行政划拨两大类。有偿方式又分为土地使用权出让、土地使用权作价出资入股与土地使用权租赁 3 种。出让可按形式不同分为拍卖、招标、挂牌和协议出让。

二、建设用地的供应依据

建设用地的供应应依据国家规定执行,具体如下:

(1)国家鼓励类项目:可以供地,甚至要积极供地。

(2)国家限制类项目:限制供地。凡列入《限制用地项目目录》的建设项目,必须符合目录规定条件,国土资源管理部门和投资管理部门方可办理相关手续。《限制用地项目目录》执行中,国务院发布的产业政策和土地资源管理政策对限制和禁止用地项目另有规定的,按国务院规定办理。《限制用地项目目录》执行中的问题,由国土资源部和国家发展改革委研究处理。

(3)国家禁止类项目:禁止供地。凡列入《禁止用地项目目录》的建设项目或者采用所列工艺技术、装备、规模的建设项目,国土资源管理部门和投资管理部门不得办理相关手续。《禁止用地项目目录》执行中,国务院发布的产业政策和土地资源管理政策对限制和禁止用地项目另有规定的,按国务院规定办理。《禁止用地项目目录》执行中的问题,由国土资源部和国家发展改革委研究处理。

三、新地供应与审批

1. 新地供应

(1)新地的供应应根据有关法律,决定供地方式。供地方式包括划拨方式和有偿使用方式。

(2)新地的供应应根据规划决定供地的具体位置。即根据土地利用总体规划、城市规划、村庄和集镇规划,决定供地的具体位置。

(3)新地供应应根据年度计划决定供地时间。

(4)新地供应应根据用地定额,即国家规定的具体建设用地定额指标,决定供地数量。

2. 新地审批

(1)实行建设用地预审。现行《中华人民共和国土地管理法》(以下简称《土地管理法》)将建设用地的审查程序前置于建设用地项目立项审批阶段,因此,今后建设用地审批将首先取决于土地供应的可行性审查。

(2)强化农用地转用审批。建设用地涉及农用地的,建设单位应申请办理农用地转用审批手续,并提出占用农用地的初步方案,占用耕地的,

中华人民共和国
土地管理法

还应提出补充耕地初步方案,承担占用农用地、补充耕地的相应义务。

(3)规范土地征用审批权。建设项目需要占用农村集体所有土地的,建设单位必须依法办理土地征用审批手续,同时提出征用土地的初步方案,承担补偿相关义务。

(4)集中审批权限。《中华人民共和国土地管理法》规定,将农用地转用及征地审批权上收至省级以上人民政府。其中,省会城市等部分城市的审批权全部上收至国务院。农村村民申请使用宅基地的,改为由乡(镇)人民政府审核,县级人民政府批准;宅基地使用涉及农用地的,也要办理农用建转用审批手续。审批权同样在省级以上人民政府。其中,部分城市的审批权在国务院。

(5)完善报批手续。规划的"圈"内土地,必须先由县级人民政府按照土地利用总体规划分批次报省级以上人民政府办理农用地转用、土地征用审批手续后,方可统筹安排具体建设项目用地,即必须先"批发"后"零售",而"圈"外建设用地,仍以项目为单位上报,由省级以上人民政府审批。

(6)实行项目用地审批。具体建设项目用地审批是建设项目落实到具体地块的最后一个审批环节。其中,"圈"内用地在已批准的农用地转用范围内,由市、县人民政府在省政府规定的权限范围内具体确定;"圈"外具体建设项目用地审批一般由省级以上人民政府审批。

(7)明确供地方式。依据《土地管理法》规定,根据项目性质的不同,实行土地出让等有偿使用、划拨使用等不同方式供地。

单元3 集体土地征收

一、集体土地所有权

根据《中华人民共和国宪法》(以下简称《宪法》)和有关法律规定,我国现有土地所有权有国家(全民)土地所有权和集体土地所有权两种。

(1)国家土地所有权。国家土地所有权是指国家对其所有的土地享有占有、使用、收益、处分的权利。国务院代表国家行使该权利。我国《宪法》第九条第一款规定:"矿藏、水流、森林、山岭、草原、荒地、滩涂等自然资源,都属于国家所有,即全民所有;由法律规定属于集体所有的森林和山岭、草原、荒地、滩涂除外。"《宪法》第十条第一款规定:"城市的土地属于国家所有。"根据《土地管理法》等法律法规的有关规定,我国国有土地所有权的范围包括:

1)城市市区的土地。

2)农村和城市郊区中已经国家依法没收、征收、征购为国有的土地。

3)国家依法征收的原集体所有的土地。

4)依法不属于集体所有的林地、草地、荒地、滩涂及其他土地。

5)农村集体经济组织全部成员转为城镇居民的原属于其成员集体所有的土地。

6)因国家组织移民、自然灾害等原因,农民成建制地集体迁移后不再使用的原属于迁移农民集体所有的土地。

(2)集体土地所有权。集体土地所有权是指农村劳动群众集体经济组织对于依法属于自己所有的土地享有占有、使用、收益和处分的权利。集体所有的土地用作建设用地时，必须经过土地征收程序转为国家所有土地，再通过出让或划拨交付给使用人使用。

1) 我国集体土地所有权的主体及其代表。

① 农民集体所有的土地依法属于村农民集体所有的，由村集体经济组织或者村民委员会作为所有者代表经营、管理。

② 在一个村范围内存在两个以上农村集体经济组织，且农民集体所有的土地已经分别属于该两个以上组织的农民集体所有的，由村内各农村集体经济组织或村民小组作为所有者代表经营、管理。

③ 农民集体所有的土地，已经属于乡（镇）农民集体所有的，由乡（镇）农村集体经济组织作为所有者代表经营、管理。

2) 我国集体土地所有权的范围。根据《宪法》《民法典》《土地管理法》等法律规定，集体土地所有权的范围是国家所有之外的所有土地，即农村乡、村、农工商联合企业、农牧业生产合作社等集体经济组织所有的一切土地，包括农民长期承包使用的山、田及宅基地等。

农村的耕地一般由村集体分配，但是很多农民家里的土地并不完全是由集体分配的，有部分是自家私自开垦出来使用的，像这样的土地没有经过有关部门的审批手续，在面临确权时是不能确权的，还有可能被强制收回。

二、集体土地征收概念和特征

集体土地征收是指国家为了社会公共利益的需要，依据法律规定的程序和批准权限批准，并依法给予农村集体经济组织及农民补偿后，将农民集体所有土地变为国有土地的行政行为。

根据《土地管理法》《民法典》等的有关规定，国家进行经济、文化、国防建设及兴办社会公共事业和列入土地总体规划的土地，依照法律规定的权限、程序，经县以上人民政府批准后可以征收集体所有的土地，其土地所有权为国家所有，用地单位只有土地使用权。

土地征收作为一种行政行为，在法律关系上具有以下几个特征：

(1) 征收集体土地的法律关系的主体双方是特定的，征收方只能是国家，被征收方只能是所征土地的所有者，即农民集体。

(2) 征收集体土地具有一定的强制性，征地是国家的特有行为，被征地单位和农民必须服从国家的需要。

(3) 征收集体土地要妥善安置被征地单位和农民的生产和生活，依法给予被征地单位和农民补偿。

(4) 征收集体土地后，被征收的土地所有权发生转移，即集体所有的土地变为国有土地。原征用土地，只是土地使用权发生了改变，土地征收后其土地所有权仍属于农民集体，待使用土地结束后需要将土地还给农民集体。

三、集体土地征收的情形

为了公共利益的需要，有下列情形之一，确需征收农民集体所有的土地的，可以依法实施征收：

(1)军事和外交需要用地的。

(2)由政府组织实施的能源、交通、水利、通信、邮政等基础设施建设需要用地的。

(3)由政府组织实施的科技、教育、文化、卫生、体育、生态环境和资源保护、防灾减灾、文物保护、社区综合服务、社会福利、市政公用、优抚安置、英烈保护等公共事业需要用地的。

(4)由政府组织实施的扶贫搬迁、保障性安居工程建设需要用地的。

(5)在土地利用总体规划确定的城镇建设用地范围内,经省级以上人民政府批准由县级以上地方人民政府组织实施的成片开发建设需要用地的。

(6)法律规定为公共利益需要可以征收农民集体所有的土地的其他情形。前款规定的建设活动,应当符合国民经济和社会发展规划、土地利用总体规划、城乡规划和专项规划;第(4)项、第(5)项规定的建设活动,还应当纳入国民经济和社会发展年度计划;第(5)项规定的成片开发应当符合国务院自然资源主管部门规定的标准。

四、集体土地征收的审批权限

我国集体土地实行两级审批制,由国务院和省级人民政府对区域内的集体土地实施征收审批权。征收下列土地的,由国务院批准:

(1)永久基本农田;

(2)永久基本农田以外的耕地超过35公顷的;

(3)其他土地超过70公顷的。

征收前款规定以外的土地的,由省、自治区、直辖市人民政府批准。征收农用地的,应当依照《土地管理法》第四十四条的规定先行办理农用地转用审批手续。其中,经国务院批准农用地转用的,同时办理征地审批手续,不再另行办理征地审批;经省、自治区、直辖市人民政府在征地批准权限内批准农用地转用的,同时办理征地审批手续,不再另行办理征地审批,超过征地批准权限的,应当依照本条第一款的规定另行办理征地审批。

五、集体土地征收程序

国家征收土地的,依照法定程序批准后,由县级以上地方人民政府予以公告并组织实施。县级以上地方人民政府拟申请征收土地的,应当开展拟征收土地现状调查和社会稳定风险评估,并将征收范围、土地现状、征收目的、补偿标准、安置方式和社会保障等在拟征收土地所在的乡(镇)和村、村民小组范围内公告至少30日,听取被征地的农村集体经济组织及其成员、村民委员会和其他利害关系人的意见。多数被征地的农村集体经济组织成员认为征地补偿安置方案不符合法律、法规规定的,县级以上地方人民政府应当组织召开听证会,并根据法律、法规的规定和听证会情况修改方案。拟征收土地的所有权人、使用权人应当在公告规定期限内,持不动产权属证明材料办理补偿登记。县级以上地方人民政府应当组织有关部门测算并落实有关费用,保证足额到位,与拟征收土地的所有权人、使用权人就补偿、安置等签订协议;个别确实难以达成协议的,应当在申请征收土地时如实说明。只有在相关前期工作完成后,县级以上地方人民政府方可申请征收土地。

六、土地征收的其他政策规定

(1)建设单位申请征地不得化整为零：一个建设项目需要征收的土地，应当根据总体设计一次申请批准。分期建设的项目，应当分期征地，不得先征待用。

(2)对被征地范围的农民进行安置、补偿和补助。

(3)临时用地必须办理报批手续。临时使用土地的期限，一般不超过2年，并不得改变批准的用途，不得从事生产性、营业性或其他经营性的活动，不得修建永久性建筑。

(4)征收集体土地的，必须依照法定程序批准后，由县级以上地方人民政府予以公告并组织实施。合理使用征地补偿费。

七、征收集体土地的补偿

(1)征收土地应当给予公平、合理的补偿，保障被征地农民原有生活水平不降低、长远生计有保障。

(2)征收土地应当依法及时足额支付土地补偿费、安置补助费及农村村民住宅、其他地上附着物和青苗等的补偿费用，并安排被征地农民的社会保障费用。

(3)征收农用地的土地补偿费、安置补助费标准由省、自治区、直辖市通过制定公布区片综合地价确定。

(4)制定区片综合地价应当综合考虑土地原用途、土地资源条件、土地产值、土地区位、土地供求关系、人口及经济社会发展水平等因素，并至少每3年调整或者重新公布一次。

(5)征收农用地以外的其他土地、地上附着物和青苗等的补偿标准，由省、自治区、直辖市制定。对其中的农村村民住宅，应当按照先补偿后搬迁、居住条件有改善的原则，尊重农村村民意愿，采取重新安排宅基地建房、提供安置房或者货币补偿等方式给予公平、合理的补偿，并对因征收造成的搬迁、临时安置等费用予以补偿，保障农村村民居住的权利和合法的住房财产权益。

(6)县级以上地方人民政府应当将被征地农民纳入相应的养老等社会保障体系。被征地农民的社会保障费用主要用于符合条件的被征地农民的养老保险等社会保险缴费补贴。

(7)被征地农民社会保障费用的筹集、管理和使用办法，由省、自治区、直辖市制定。

土地征收与征用

土地征收的主要特征是：①具有强制性。②土地征收是土地所有权的转移，即由集体的土地转变为国有土地。③征用土地时用地单位必须按规定向被征用单位支付土地补偿费和安置补助费，妥善安置农民的生产和生活。

土地征用亦称"征用土地"，是指国家为了兴建厂矿、铁路、公路、港口、水利、国防工程等建设的需要，依法将集体所有的土地收归国家使用的一项措施。土地征用作为一种行政行为，在法律关系上具有以下几个特征：①土地征用法律关系主体双方是特定的，征用方只能是国家，被征用方只能是所征土地的所有者，即农民集体。②征用土地具有强制性。③征用土地具有补偿性。④征用土地将发生土地使用权转移，土地所有权仍然属于农民集体，征用条件结束需将土地交还给农民集体。

两者的主要区别在于：①征收土地是以转移土地所有权为条件，即集体所有变成国有；征用土地是以暂时转移土地使用权为条件，土地所有权不发生变化，仍然为集体所有。②补偿的项目不一致。征收土地除土地补偿、青苗及地面附着物补偿外，还包括被征地农民的安置补助费，而征用土地只是补偿原土地使用者在征用期间不能从事农业生产的土地补偿和青苗及地上附着物的补偿，没有安置补助费。③审批权限不一样。征收土地的审批权集中在国务院和省级人民政府两级；征用土地的审批权是县级以上人民政府国土资源管理部门。④土地用途的性质不一样。征收土地主要是将被征收土地变为施工建设用地，可以修建永久性的建（构）筑物；而土地征用主要是将土地用于临时性的施工建设场地，地质勘探、抢险救灾、建设施工材料堆场等，不能修建永久性的建（构）筑物，并在使用期满后要恢复土地原状，交还给土地使用者使用。

八、集体经营性建设用地入市

集体经营性建设用地入市，就是赋予集体建设用地与国有建设用地在同一市场上的同等权能，使得作为土地所有者的农民集体可以像城镇国有土地所有者一样直接向市场中的用地者以出让、出租或作价出资入股等方式让渡一定年限的集体经营性建设用地使用权并获取对价收益，而不再需要先行征收为国有土地；同时，依法入市的集体经营性建设用地使用权享有与国有建设用地使用权同等的权能。

2021年实施的《中华人民共和国土地管理法实施条例》规定，鼓励乡村重点产业和项目使用集体经营性建设用地。国土空间规划确定为工业、商业等经营性用途，且已依法办理土地所有权登记的集体经营性建设用地，土地所有权人可以通过出让、出租等方式交由单位或者个人在一定年限内有偿使用。土地所有权人拟出让、出租集体经营性建设用地的，市、县人民政府自然资源主管部门应当依据国土空间规划提出拟出让、出租的集体经营性建设用地的规划条件，明确土地界址、面积、用途和开发建设强度等。市、县人民政府自然资源主管部门应当会同有关部门提出产业准入和生态环境保护要求。地所有权人应当依据集体经营性建设用地出让、出租等方案，以招标、拍卖、挂牌或者协议等方式确定土地使用者，双方应当签订书面合同，载明土地界址、面积、用途、规划条件、使用期限、交易价款支付、交地时间和开工竣工期限、产业准入和生态环境保护要求，约定提前收回的条件、补偿方式、土地使用权届满续期和地上建筑物、构筑物等附着物处理方式，以及违约责任和解决争议的方法等，并报市、县人民政府自然资源主管部门备案。未依法将规划条件、产业准入和生态环境保护要求纳入合同的，合同无效；造成损失的，依法承担民事责任。集体经营性建设用地使用者应当按照约定及时支付集体经营性建设用地价款，并依法缴纳相关税费，对集体经营性建设用地使用权以及依法利用集体经营性建设用地建造的建筑物、构筑物及其附属设施的所有权，依法申请办理不动产登记。通过出让等方式取得的集体经营性建设用地使用权依法转让、互换、出资、赠与或者抵押的，双方应当签订书面合同，并书面通知土地所有权人。集体经营性建设用地的出租，集体建设用地使用权的出让及其最高年限、转让、互换、出资、赠与、抵押等，参照同类用途的国有建设用地执行，法律、行政法规另有规定的除外。

单元 4　国有土地使用权出让与划拨

一、国有土地使用权出让

国有土地使用权出让（以下称土地使用权出让）是指国家将国有土地使用权在一定年限内出让给土地使用者，由土地使用者向国家支付土地使用权出让金的行为。土地使用权出让，是国家作为国有土地所有权人将其所有权权能中的使用权分离出来，让与土地使用者的一种权利转移方式，其实质是国家行使对国有土地财产的处分权。

我国土地使用权出让的法律特征见表 2-2。

表 2-2　我国土地使用权出让的法律特征

法律特征	具体内容
两权分离	土地使用权的出让是以土地所有权与土地使用权的分离为基础的。土地使用权出让事实一经发生，即实现了国有土地所有权与使用权的分离。在土地使用权存续期间，土地使用者在设定的权利范围内，不仅享有对土地的实际占有权，而且享有对土地的使用权、转让权、抵押权等民事权利，其他任何人不得非法干预。土地使用权出让的发生，一般以出让方与受让方签订土地使用权出让合同并产生法律效力为发生根据
期限规定	土地使用权出让是有年限的。作为受让人的土地使用者享有权利的期限以出让年限为限。最高出让年限由国家法律根据土地的不同用途而定，实际出让年限则由土地使用权出让合同约定。合同约定的出让年限，不得超过法律限定的最高年限。合同约定的土地使用年限届满，除土地使用者申请续期使用以外，国家将无偿收回土地使用权
有偿出让	土地使用权出让是有偿的。土地使用者取得一定年限内的土地使用权须向土地所有者（国家）支付土地使用权出让金为代价。出让金的本质是土地所有者（国家）凭借土地所有权取得的经济利益，表现为一定年限内的地租，一般以土地使用者向土地所有者（国家）支付一定数额的货币为表现形式。土地使用者只有支付了全部土地使用权出让金后，才能领取土地使用权证书，土地使用者才能享有受让的土地使用权。在实践中，土地使用权出让金的构成除一定年限内的地租外，还包括土地出让前国家对土地开发成本及有关的征地拆迁补偿安置等费用
权利限制	土地使用者获取土地使用权后，并不意味着对该幅地块下的各类自然资源、矿产、埋藏物、隐藏物和市政公共设施等拥有权利，即土地使用者享有权利的效力不及于地下之物，土地使用者对地下的资源及市政公共设施等，不因其享有土地的使用权而同时对其享有权利。土地使用权出让制度的建立，既从经济意义和法律意义上保证了国家对城市土地的所有权，又确定了土地这一生产要素在经济活动中具有的商品属性和必要地位，这对于促进完整、统一的房地产市场发育，推动住房制度改革具有十分重要的作用，反映了社会主义市场经济发展的必然要求

1. 土地使用权出让的条件

按照有关法律、行政法规的规定，我国的土地使用权出让必须符合一定的条件。

（1）土地使用权出让必须是国有土地。《民法典》规定，国家严格限制农用地转为建设用地。城市规划区内的集体所有的土地须依法征收转为国有土地后，方可出让。即城市规划区内的集体所有的土地在未经依法征收转为国有土地之前，不得出让。农村集体经济组织不得利用集体所有土地直接开发经营房地产。

(2)土地使用权出让必须符合土地利用的总体规划、城市规划和年度建设用地计划。总体规划是指国家关于土地利用的全面的、长远的、宏观指导和战略性的计划。城市规划是指国家为了达到一定发展时期内城市的经济和社会发展的目标，确定城市性质、规模和发展方向，合理利用土地，协调城市空间布局和各项建设的综合部署和具体安排。年度建设用地计划是指为了保证土地利用总体规划的落实而编制的一年内具体用地计划。《中华人民共和国城市房地产管理法》（以下简称《城市房地产管理法》）规定土地使用权出让必须符合上述规划或者计划，是为了保证国有土地合理、有计划地使用。

(3)土地使用权用于房地产开发必须经过批准。这一项条件的具体内容是指县级以上地方人民政府出让土地使用权用于房地产开发的，须根据省级人民政府下达的控制指标拟订年度出让国有土地使用权总面积方案，即年度建设用地计划，按照国务院的规定，报有批准权的人民政府批准。

(4)出让每幅地块、用途、年限等必须符合政府批准的条件。按照《城市房地产管理法》的规定，出让每一幅地块、用途和其他条件，由市、县人民政府土地管理部门会同城市规划、建设、房产管理部门共同拟订方案，按照国务院的规定，报经有批准权的人民政府批准后，由市、县人民政府土地管理部门实施。直辖市的县人民政府及有关部门行使上述规定的权限，由直辖市人民政府决定。

2. 土地使用权出让方式

土地使用权出让可以采取拍卖、挂牌、招标或者双方协议的方式。根据《招标拍卖挂牌出让国有建设用地使用权规定》（原国土资源部令第39号），工业、商业、旅游、娱乐和商品住宅用地以及同一宗地有两个以上意向用地者的，应当采取拍卖、招标或者挂牌方式出让。工业用地包括仓储用地，但不包括采矿用地。

(1)招标出让方式。以招标方式出让土地使用权，是指由市、县土地管理部门向符合规定条件的单位发出招标邀请书或者向社会发布招标公告，邀请特定或不特定的自然人、法人和其他组织参加土地使用权投标，通过合法的程序择优确定中标者，向其出让土地使用权的行为。招标方式一般包括邀请招标和公开招标。招标出让方式的特点是有利于公平竞争，它主要适用于一些大型或关键性的发展计划与投资项目，或需要优化土地布局、重大工程的较大地块的出让。

(2)拍卖出让方式。以拍卖出让国有土地使用权，是指出让人(市、县土地管理部门或其委托的拍卖机构)发布拍卖公告，由竞买人在指定时间、地点进行公开竞价，以出价最高者为受让人出让土地使用权的行为。拍卖出让方式引进了竞争机制，排除了人为干扰，政府也可获得最高收益，较大幅度地增加财政收入。这种方式的特点是有利于公平竞争，主要适用于投资环境好、盈利大、竞争性强的商业、金融业、旅游业和娱乐业用地，特别是大、中城市的黄金地段。

(3)挂牌出让方式。以挂牌方式出让土地使用权是指市、县人民政府土地管理部门或者其委托的中介机构就国有土地使用权发出挂牌公告，按公告规定的期限将拟出让宗地的交易条件在指定土地交易场所挂牌公布，接受竞买人的报价申请并更新挂牌价格，根据挂牌期限截止时的出价结果确定土地使用者的行为。挂牌出让方式的特点是方式简便，费用低，但仍具有很强的公开性，特别适用于那些地块较小、起价较低、参加竞买者较少的项目。

(4)协议出让方式。以协议方式出让土地使用权是指由市、县人民政府土地管理部门根据土地用途、建设规划要求、土地开发程度等情况,与受让申请人协商用地条件和土地使用权出让金的行为,双方经过协商达成协议后,受让方便依据协议取得土地使用权。协议出让方式的特点是自由度大,不利于公平竞争。这种方式适用于公共福利事业和非营利性的社会团体、机关单位用地和某些特殊用地。

招标、拍卖、挂牌、协议是法定的4种使用权的出让方式。在具体实施土地使用权出让时,由国有土地代表根据法律规定,并根据实际情况决定采用哪种方式,一般对地理位置优越、投资环境好、预计投资回报率高的地块,应当采用招标或拍卖方式;反之,可适当采用协议方式。

3. 土地使用权的出让年限

(1)土地使用权出让的最高年限。土地使用权出让的期限应在法律规定的年限内确定。《中华人民共和国城镇国有土地使用权出让和转让暂行条例》规定了出让最高年限如下:

1)居住用地70年;

2)工业用地50年;

3)教育、科技、文化卫生、体育用地50年;

4)商业、旅游、娱乐用地40年;

5)综合或其他用地50年。

根据我国《民法典》的规定,住宅建设用地使用期限届满的,自动续期。

(2)土地使用权出让合同约定的出让年限。土地使用权出让合同约定的出让年限是指出让方与受让方在出让合同中具体约定的受让方得以使用土地的期限。合同约定的土地使用权出让年限不得超过法律规定的土地使用权出让的最高年限,在法律规定的土地使用权出让的最高年限内,出让方和受让方可自由约定土地使用权出让的年限。

(3)土地使用权出让年限的计算应符合下列要求:

1)一般而言,土地使用权出让年限,以领取土地使用证之日为期间的起算点。

2)划拨土地使用权补办出让合同的出让年限,按出让合同双方当事人约定的时间计算。

3)通过转让方式取得的土地使用权,其使用年限为土地使用权出让合同约定的使用年限减去原土地使用者已使用年限后的剩余年限。

(4)土地使用权出让年限届满与续展。土地使用权出让是一种附终期的民事法律行为,在期限未届满前,其效果效力不终止,而期限届满时则效果效力终止。土地使用权的续展是指土地使用权出让年限的延续。《城市房地产管理法》规定:土地使用权出让合同约定的使用年限届满,土地使用者需要继续使用土地的,应当至迟于届满前一年申请续期,除根据社会公共利益需要收回该幅土地的,应当予以批准。经批准准予续期的,应当重新签订土地使用权出让合同,依照规定支付土地使用权出让金。

《民法典》中,对土地使用权年限届满的处理方式进行了进一步的明确,住宅建设用地使用权期限届满的,自动续期,续期费用的缴纳或者减免,依照法律、行政法规的规定办理。非住宅建设用地使用权期限届满后的续期,依照法律规定办理。该土地上的房屋以及其他不动产的归属,有约定的,按照约定;没有约定或者约定不明确的,依照法律、行政法规的规定办理。

4. 国有土地使用权的收回和终止

(1)国有土地使用权的收回。国家收回土地使用权有多种原因，如提前收回、使用期限届满、没收等。

1)社会公共利益的需要。《民法典》第三百五十八条规定："建设用地使用权期限届满前，因公共利益需要提前收回该土地的，应当依照本法第二百四十三条的规定对该土地上的房屋及其他不动产给予补偿，并退还相应的出让金。"

2)建设用地使用权届满。《民法典》第三百五十九条规定："住宅建设用地使用权期间届满的，自动续期。续期费用的缴用或者减免，依照法律、行政法规的规定办理。非住宅建设用地使用权期间届满后的续期，依照法律规定办理。该土地上的房屋及其他不动产的归属，有约定的，按照约定；没有约定或者约定不明确的，依照法律、行政法规的规定办理。"由于住宅建设用地使用权届满自动续期，所以，建设用地使用权届满收回是对非住宅建设用地而言的。《城市房地产管理法》第二十二条规定："土地使用权出让合同约定的使用年限届满，土地使用者未申请续期或虽申请续期但依照前款规定未获批准的，土地使用权由国家无偿收回。"

3)各级司法部门没收其财产而收回的建设用地使用权。因土地使用者触犯国家法律法规，不能继续履行合同或司法机关决定没收其全部财产，收回土地使用权。

4)以出让方式取得建设用地使用权进行房地产开发，满 2 年未动工开发的，可以无偿收回建设用地使用权；但是，因不可抗力或者政府有关部门的行为或者动工开发必需的前期工作造成动工开发迟延的除外。

(2)国有土地使用权终止。

1)因土地灭失而终止。土地灭失主要是指由于非人力和自然力量，如地震等，造成原土地性质的彻底改变或原土地面貌的彻底改变。由于土地使用权应以土地的存在或土地能满足某种需要为前提，因土地灭失而导致使用人实际上不能继续享用土地，使用权自然终止。

2)由于土地使用者抛弃而终止。由于政治、经济、行政等，土地使用者抛弃使用的土地，致使土地使用合同失去意义或无法履行，也造成土地使用权的终止。

(3)国有建设用地使用权收回和终止的法律后果。自建设用地使用权收回或终止之日起，土地使用者即丧失了该幅建设用地使用权。国有建设用地使用权终止产生下列方面的法律后果：

1)土地使用者不再享有该幅土地的使用权，建设用地使用权受让人与土地所有者或其代表之间关于在该幅土地上的权利和义务随之解除。

2)地上建筑物和其他附着物随建设用地使用权的终止而由国家无偿取得。

3)出让合同规定必须拆除的设备等，土地使用者必须在规定的期限内拆除。

二、国有土地使用权划拨

划拨国有土地使用权是指经县级以上人民政府依法批准，在土地使用者缴纳补偿、安置等费用后，取得的国有土地使用权，或经县级以上人民政府依法批准后无偿取得的国有土地使用权。由此可见，划拨国有土地使用权有两种基本形式：

(1)经县级以上人民政府依法批准，土地使用者缴纳补偿、安置等费用后取得的国有土地使用权。

(2)经县级以上人民政府依法批准后，土地使用者无偿取得的土地使用权。

土地使用权划拨的主要特征见表2-3。

表2-3 土地使用权划拨的主要特征

特点	具体内容
不发生土地所有权的改变	在我国，城市规划区内的国有土地属国家所有，除此之外的任何人都不得拥有国有土地的所有权。土地使用权划拨即是国家将土地确定给他人使用的一种方式。土地使用权划拨后，土地的使用权由土地使用者行使，但并不影响国家对土地的所有权，经划拨取得土地使用权的人，并没有取得土地所有权，土地所有权仍然属于国家。因此，土地使用权划拨不发生土地所有权人的改变
公益目的	划拨土地使用权只适用于公益事业或国家重点工程项目
行政行为性	《城市房地产管理法》规定，"土地使用权划拨，是指县级以上人民政府依法批准，在土地使用者缴纳补偿、安置等费用后将该幅土地交付其使用，或者将土地使用权无偿交付给土地使用者使用的行为。"
无偿性	划拨土地使用权直接由政府的批准行为产生，在交纳征用补偿安置费后即可取得土地使用权，不需要向国家交纳出让金和签订任何合同，只需要进行登记以确定土地使用权的范围并表明取得划拨土地使用权
无期限性	《城市房地产管理法》规定，"依照本法规定以划拨方式取得土地使用权的，除法律、行政法规另有规定外，没有使用期限的限制。"土地使用权是有期限的，住房用地70年，到期限后有偿使用
依法性	由于土地使用权划拨是一种行政行为，所以，土地使用权划拨必须依法经批准，即只有县级以上人民政府根据国家法律的规定，在其权限范围内，批准某幅土地使用权的划拨，该幅土地使用权才能划拨。未经县级以上人民政府批准的，任何政府部门都不得划拨土地使用权，任何人也不能以划拨的方式取得土地使用权

1. 国有土地使用权的划拨范围

《城市房地产管理法》明确规定：下列建设用地的土地使用权，确属必需的，可以由县级以上人民政府依法批准划拨：

(1)国家机关用地和军事用地；

(2)城市基础设施用地和公益事业用地；

(3)国家重点扶持的能源、交通、水利等项目用地；

(4)法律、行政法规规定的其他用地。

根据上述规定，建设用地使用权划拨的范围可细化为以下几种：

1)国家机关用地。包括国家权力机关用地、国家行政机关用地、国家审判机关用地、国家检察机关用地、国家军事机关等用地。

2)军事用地。指军事机关和军事设施用地，包括军用机场、港口、码头、营区、训练场、试验场、军用公路、铁路专用线等用地。

3)城市基础设施用地。指城市供水、排水、污水处理、供电、通信、煤气、热力、道路、桥涵、市内公共交通、园林绿化、环境卫生及消防、路标、路灯等设施用地。

4)城市公益事业用地。指城市内各种学校、医院、体育场馆、图书馆、文化馆、幼儿园、托儿所、敬老院、戏剧院等文体、卫生、教育、福利事业用地。

5)国家重点扶持的能源、交通、水利等基础设施用地。

2. 国有土地使用权划拨的管理

(1)划拨土地的转让。划拨土地的转让有两种规定：

1) 报有批准权的人民政府审批准予转让的，应当由受让方办理土地使用权出让手续，并依照国家有关规定缴纳土地使用权出让金；

2) 可不办理出让手续，但转让方应将所获得收益中的土地收益部分上缴国家。

（2）划拨土地使用权的出租。

1) 房产所有权人以营利为目的，将划拨土地使用权的地上建筑物出租的，应当将租金中所含土地收益上缴国家。

2) 用地单位因发生转让、出租、企业改制和改变土地用途等不宜办理土地出让的，可实行租赁。

3) 租赁时间超过6个月的，租赁双方应签订租赁合同，合同期限不得超过出让年限。

（3）划拨土地使用权的抵押。划拨土地使用权抵押时，其抵押的金额不应包括土地价格，因抵押划拨土地使用权造成土地使用权转移的，应办理土地出让手续并向国家缴纳土地使用权出让金才能变更土地权属。

（4）对未经批准擅自转让、出租、抵押划拨土地使用权的单位和个人，县级以上人民政府土地管理部门应当没收其非法收入，并根据情节处以罚款。

（5）国有企业改革中的划拨土地。对国有企业改革中涉及的划拨土地使用权，可分别采取国有土地出让、租赁、作价出资（入股）和保留划拨土地使用权等方式予以处置。

（6）划拨土地使用权的收回。划拨土地使用权的收回。有下列情形之一的，由有关人民政府行政主管部门报经原批准用地的人民政府或有批准权的人民政府批准，可以收回划拨土地使用权。

1) 使用者因迁移、解散、撤销、破产或其他原因而停止使用土地的；

2) 国家根据城市建设发展的需要和城市规划的要求收回土地使用权的；

3) 为公益利益而需要收回使用土地的；

4) 土地使用者自动放弃土地使用权的；

5) 未经原批准机关同意，连续2年未使用的土地；

6) 不按批准用途使用土地的；

7) 铁路、公路、机场、矿场等核准报废的土地；

8) 土地使用合同约定的使用期限届满，土地使用者未申请续期或者申请续期未获批准的；

9) 各级司法部门没收其所有财产而收回土地使用权的。

国家无偿收回划拨土地使用权时，对其地上建筑物、其他附着物，市、县人民政府应当根据实际情况对原土地使用者给予适当补偿。

单元5 闲置土地的处理

闲置土地是指国有建设用地使用权人超过国有建设用地使用权有偿使用合同或划拨决定书的约定、规定的动工开发日期满一年未动工开发的国有建设用地。对于已动工开发建设用地面积占应动工开发建设用地总面积不足1/3或已投资额占总投资额不足25％，中止开发建设满一年的国有建设用地，即认定为闲置土地。

模块 2　建设用地管理制度与政策

一、闲置土地产生的原因

（1）属于政府、政府有关部门的行为造成动工开发延迟的土地。包括：

1）延长动工开发期限。从补充协议约定的动工开发日起，延长动工开发期限最长不得超过一年。

2）调整土地用途、规划条件。

3）由政府安排临时使用。从安排临时使用之日起临时使用期限最长不得超过两年。

4）协议有偿收回国有建设用地使用权。

5）置换土地。

6）市、县国土资源主管部门还可以根据实际情况规定其他处置方式。

除4）外，动工开发时间按照新约定、规定的时间重新起算。

（2）未动工开发满一年的，由市、县自然资源主管部门按照土地出让或者划拨价款的20%征缴土地闲置费。土地闲置费不得列入生产成本。

（3）未动工开发满两年的，由市、县自然资源主管部门无偿收回国有建设用地使用权。闲置土地设有抵押权的，同时抄送相关土地抵押权人。

二、闲置土地的处置和利用

（1）属于政府、政府有关部门的行为造成动工开发延迟的，国有建设用地使用权人应当向市、县自然资源主管部门提供土地闲置原因说明材料，经审核属实的，市、县自然资源主管部门应当与国有建设用地使用权人协商，选择下列方式处置：

1）延长动工开发期限。签订补充协议，重新约定动工开发、竣工期限和违约责任。从补充协议约定的动工开发日期起，延长动工开发期限最长不得超过1年。

2）调整土地用途、规划条件。按照新用途或新规划条件重新办理相关用地手续，并按照新用途或新规划条件核算、收缴或退还土地价款。改变用途后的土地利用必须符合土地利用总体规划和城乡规划。

3）由政府安排临时使用。待原项目具备开发建设条件，国有建设用地使用权人重新开发建设。从安排临时使用之日起，临时使用期限最长不得超过2年。

4）协议有偿收回国有建设用地使用权。

5）置换土地。对已缴清土地价款、落实项目资金，且因规划依法修改造成闲置的，可以为国有建设用地使用权人置换其他价值相当、用途相同的国有建设用地进行开发建设。涉及出让土地的，应当重新签订土地出让合同，并在合同中注明为置换土地。

6）市、县自然资源主管部门还可以根据实际情况规定其他处置方式。

（2）除上述（1）的情形外，闲置土地按照下列方式处理：

1）未动工开发满一年的，由市、县自然资源主管部门报经本级人民政府批准后，向国有建设用地使用权人下达《征缴土地闲置费决定书》，按照土地出让或者划拨价款的20%征缴土地闲置费。土地闲置费不得列入生产成本。

2）未动工开发满两年的，由市、县自然资源主管部门按《土地管理法》和《城市房地产管理法》的规定，报经有批准权的人民政府批准后，向国有建设用地使用权人下达《收回国有建设用地使用权决定书》，无偿收回国有建设用地使用权。闲置土地设有抵押权的，同时抄送相关土地抵押权人。

（3）市、县自然资源主管部门在依法作出征缴土地闲置费、收回国有建设用地使用权决定前，应当书面告知国有建设用地使用权人有申请听证的权利。国有建设用地使用权人要求举行听证的，市、县自然资源主管部门应当依照《国土资源听证规定》依法组织听证。

（4）国有建设用地使用权人应当自《征缴土地闲置费决定书》送达之日起30日内，按照规定缴纳土地闲置费；自《收回国有建设用地使用权决定书》送达之日起30日内，到市、县自然资源主管部门办理国有建设用地使用权注销登记，交回土地权利证书。

国有建设用地使用权人对《征缴土地闲置费决定书》和《收回国有建设用地使用权决定书》不服的，可以依法申请行政复议或提起行政诉讼。

（5）国有建设用地使用权人逾期不申请行政复议、不提起行政诉讼，也不履行相关义务的，市、县自然资源主管部门可以采取下列措施：

1）逾期不办理国有建设用地使用权注销登记，不交回土地权利证书的，直接公告注销国有建设用地使用权登记和土地权利证书；

2）申请人民法院强制执行。

（6）对依法收回的闲置土地，市、县自然资源主管部门可以采取下列方式利用：

1）依据国家土地供应政策，确定新的国有建设用地使用权人开发利用；

2）纳入政府土地储备；

3）对耕作条件未被破坏且近期无法安排建设项目的，由市、县自然资源主管部门委托有关农村集体经济组织、单位或个人组织恢复耕种。

（7）闲置土地依法处置后土地权属和土地用途发生变化的，应当依据实地现状在当年土地变更调查中进行变更，并依照有关规定办理土地变更登记。

三、闲置土地的预防和监管

（1）市、县自然资源主管部门供应土地应当符合下列要求，防止因政府、政府有关部门的行为造成土地闲置：

1）土地权利清晰。

2）安置补偿落实到位。

3）没有法律经济纠纷。

4）地块位置、使用性质、容积率等规划条件明确。

5）具备动工开发所必需的其他基本条件。

（2）国有建设用地使用权有偿使用合同或者划拨决定书应当就项目动工开发、竣工时间和违约责任等作出明确约定、规定。约定、规定动工开发时间应当综合考虑办理动工开发所需相关手续的时限规定和实际情况，为动工开发预留合理时间。

因特殊情况，未约定、规定动工开发日期，或者约定、规定不明确的，以实际交付土地之日起一年为动工开发日期。实际交付土地日期以交地确认书确定的时间为准。

（3）国有建设用地使用权人应当在项目开发建设期间，及时向市、县自然资源主管部门报告项目动工开发、开发进度、竣工等情况。

国有建设用地使用权人应当在施工现场设立建设项目公示牌，公布建设用地使用权人、建设单位、项目动工开发、竣工时间和土地开发利用标准等。

（4）国有建设用地使用权人违反法律法规规定和合同约定、划拨决定书规定恶意囤地、炒地的，依照本办法规定处理完毕前，市、县国土资源主管部门不得受理该国有建设用地使用权人新的用地申请，不得办理被认定为闲置土地的转让、出租、抵押和变更登记。

（5）市、县自然资源主管部门应当将本行政区域内的闲置土地信息按宗录入土地市场动态监测与监管系统备案。闲置土地按照规定处置完毕后，市、县国土资源主管部门应当及时更新该宗土地相关信息。

闲置土地未按照规定备案的，不得采取《闲置土地处置办法》（2012修订）第十二条规定的方式处置。

（6）市、县自然资源主管部门应当将国有建设用地使用权人闲置土地的信息抄送金融监管等部门。

（7）省级以上自然资源主管部门可以根据情况，对闲置土地情况严重的地区，在土地利用总体规划、土地利用年度计划、建设用地审批、土地供应等方面采取限制新增加建设用地、促进闲置土地开发利用的措施。

模块小结

建设用地是指用于建造建筑物、构筑物的土地，包括城乡住宅和公共设施用地、工矿用地、交通水利设施用地、旅游用地、军事设施用地等。建设用地利用的结果，基本上是非生态附着物的形式。集体土地征收是指国家为了社会公共利益的需要，依据法律规定的程序和批准权限批准，并依法给予农村集体经济组织及农民补偿后，将农民集体所有土地变为国有土地的行政行为。我国集体土地征收实行两级审批制，由国务院和省级人民政府对区域内的集体土地实施征收审批权。国有土地使用权出让是指国家将国有土地使用权在一定年限内出让给土地使用者，由土地使用者向国家支付土地使用权出让金的行为，国有土地使用权出让可以采取拍卖、挂牌、招标或者双方协议的方式。划拨土地使用权是指经县级以上人民政府依法批准，在土地使用者缴纳补偿、安置等费用后，取得的国有土地使用权，或者经县级以上人民政府依法批准后无偿取得的国有土地使用权。划拨土地使用权有两种基本形式：一种是经县级以上人民政府依法批准，土地使用者缴纳补偿、安置等费用后取得的国有土地使用权；另一种是经县级以上人民政府依法批准后，土地使用者无偿取得的土地使用权。闲置土地指国有建设用地使用权人超过国有建设用地使用权有偿使用合同或者划拨决定书的约定、规定的动工开发日期满一年未动工开发的国有建设用地。闲置土地应根据其不同情形按规定进行处置和利用。

思 考 题

一、填空题

1. 建设用地包括_____等。

模块 2　建设用地管理制度与政策

2. 我国建设用地的供应方式主要有＿＿＿＿＿＿＿＿＿和＿＿＿＿＿＿＿＿＿＿两大类。
3. 国家征收土地的依照法定程序批准后，由＿＿＿＿＿＿＿＿＿予以公告并组织实施。
4. ＿＿＿＿＿＿＿指人们一般不直接在内进行生产、生活或进行其他活动的建筑物。
5. ＿＿＿＿＿＿＿＿＿＿＿＿应当将被征地农民纳入相应的养老等社会保障体系。
6. 被征地农民社会保障费用的筹集、管理和使用办法，由＿＿＿＿＿＿＿＿＿＿＿＿制定。
7. ＿＿＿＿＿＿＿＿＿＿是指国家将国有土地使用权在一定年限内出让给土地使用者，由土地使用者向国家支付土地使用权出让金的行为。
8. 土地使用权出让可以采取＿＿＿＿＿＿＿＿＿＿＿＿＿＿＿＿＿＿的方式。
9. 国家收回土地使用权有多种原因，如＿＿＿＿＿＿＿＿＿＿＿＿＿＿＿等。
10. ＿＿＿＿＿＿＿指国有建设用地使用权人超过国有建设用地使用权有偿使用合同或划拨决定书的约定、规定的动工开发日期满一年未动工开发的国有建设用地。

二、选择题

1. 我国建设用地的有偿方式不包括（　　）。
   A. 土地使用权出让　　　　　　　　B. 土地使用权作价出资入股
   C. 土地使用权租赁　　　　　　　　D. 土地使用权划拨
2. 下列不属于国有建设用地的是（　　）。
   A. 铁路　　　　B. 公路　　　　C. 机场　　　　D. 乡（镇）村公共设施
3. 下列属于集体所有建设用地的是（　　）。
   A. 农民宅基地　　B. 城市市区的土地　　C. 国有企业用地　　D. 港口用地
4. 下列不属于土地征收特点的是（　　）。
   A. 征收集体土地具有一定的强制性，征地是国家的特有行为，被征地单位和农民必须服从国家的需要
   B. 征收集体土地的法律关系的主体双方是特定的，征收方只能是国家，被征收方只能是所征土地的所有者，即农民集体
   C. 征收集体土地无须给予被征地单位和农民补偿
   D. 征收集体土地后被征收的土地所有权发生转移，即集体所有的土地变为国有土地
5. 我国土地使用权出让的法律特征不包括（　　）。
   A. 两权分离　　　B. 期限规定　　　C. 无偿出让　　　D. 权利限制
6. 下列关于国有土地使用权出让的最高年限的描述错误的是（　　）。
   A. 教育、科技、文化卫生、体育用地 70 年
   B. 综合或其他用地 50 年
   C. 工业用地 50 年
   D. 商业、旅游、娱乐用地 40 年

三、判断题

1. 建设用地供应是指国家将土地使用权提供给公民使用的过程。（　　）
2. 国家土地所有权是指国家对其所有的土地享有占有、使用、收益、处分的权利。（　　）

3. 建筑物和构筑物又统称建筑。　　　　　　　　　　　　　　　　　（　　）
4. 构筑物用地是指人们在内进行生产、生活或进行其他活动的房屋或场所。（　　）
5. 农村作坊属于农业建设用地。　　　　　　　　　　　　　　　　　（　　）
6. 集体所有的土地用作建设用地时，必须经过土地征收程序转为国家所有土地，再通过出让或划拨交付给使用人使用。　　　　　　　　　　　　　　　　　（　　）
7. 征收农用地的应按规定先行办理农用地转用审批。　　　　　　　　（　　）
8. 建设单位申请征地可以化整为零。　　　　　　　　　　　　　　　（　　）
9. 临时用地征收无须办理报批手续。　　　　　　　　　　　　　　　（　　）
10. 协议、招标、拍卖、挂牌是法定的4种使用权的出让方式。　　　　（　　）

四、问答题

1. 建设用地的特点是什么？
2. 土地征收的特点是什么？
3. 新地审批应符合哪些要求？
4. 简述国有土地使用权的划拨范围。
5. 哪些土地征收时需由国务院批准？
6. 建设用地使用权终止会产生哪些法律后果？

模块 3　城乡规划管理制度与政策

知识目标

1. 了解城乡规划原则，掌握城乡规划的内容；
2. 熟悉城乡规划的制定与审批机构，掌握城乡规划的制定与审批要求；
3. 掌握城乡规划的实施条件与要求；
4. 掌握城乡规划修改与监督检查；
5. 掌握城乡规划红、绿、紫、蓝、黄线管理。

能力目标

能够按规定进行城乡规划的制定、审批、实施、修改与监督管理。

单元 1　城乡规划简介

一、城乡规划与规划区

城乡规划是以促进城乡经济社会全面协调可持续发展为根本任务、促进土地科学使用为基础、促进人居环境根本改善为目的，涵盖城乡居民点的空间布局规划；是各级政府统筹安排城乡发展建设空间布局，保护生态和自然环境，合理利用自然资源，维护社会公正与公平的重要依据。其具有重要公共政策的属性。城乡规划是一项全局性、综合性、战略性的工作，涉及政治、经济、文化和社会生活等各个领域。制定好城乡规划，要按照现代化建设的总体要求，立足当前，面向未来，统筹兼顾，综合布局。通过加强和改进城乡规划工作，促进城乡健康发展，为人民群众创造良好的工作和生活环境。

城乡规划包括城镇体系规划、城市规划、镇规划、乡规划和村庄规划。城市规划、镇规划分为总体规划和详细规划。详细规划分为控制性详细规划和修建性详细规划。制定和

模块 3　城乡规划管理制度与政策

实施城乡规划，应当遵循城乡统筹、合理布局、节约土地、集约发展和先规划后建设的原则，改善生态环境，促进资源、能源节约和综合利用，保护耕地等自然资源和历史文化遗产，保持地方特色、民族特色和传统风貌，防止污染和其他公害，并符合区域人口发展、国防建设、防灾减灾和公共卫生、公共安全的需要。

在规划区内进行建设活动，应当遵守土地管理、自然资源和环境保护等法律、法规的规定。规划区是指城市、镇和村庄的建成区及因城乡建设和发展需要，必须实行规划控制的区域。规划区的具体范围由有关人民政府在组织编制的城市总体规划、镇总体规划、乡规划和村庄规划中，根据城乡经济社会发展水平和统筹城乡发展的需要划定。

二、城乡规划的原则

制定和实施城乡规划必须遵循城乡统筹原则、合理布局原则、节约土地原则、集约发展原则、先规划后建设原则 5 个基本原则。

中共中央、国务院印发的《关于进一步加强城市规划建设管理工作的若干意见》，主要包括以下内容：

（1）认真落实城市总体规划由本级政府编制、社会公众参与、同级人大常委会审议、上级政府审批的有关规定。

（2）经依法批准的城市规划，是城市建设和管理的依据，必须严格执行。城市政府应当定期向同级人大常委会报告城市规划实施情况。城市总体规划的修改，必须经原审批机关同意，并报同级人大常委会审议通过，从制度上防止随意修改规划等现象。控制性详细规划是规划实施的基础，未编制控制性详细规划的区域，不得进行建设。控制性详细规划的编制、实施以及对违规建设的处理结果，都要向社会公开。

（3）加强空间开发管制，划定城市开发边界，根据资源禀赋和环境承载能力，引导调控城市规模，优化城市空间布局和形态功能，确定城市建设约束性指标。按照严控增量、盘活存量、优化结构的思路，逐步调整城市用地结构，把保护基本农田放在优先地位，保证生态用地，合理安排建设用地，推动城市集约发展。

（4）新建住宅要推广街区制，原则上不再建设封闭住宅小区。已建成的住宅小区和单位大院要逐步打开，实现内部道路公共化，解决交通路网布局问题，促进土地节约利用。

三、城乡规划基本内容

全国城镇体系规划用于指导省域城镇体系规划、城市总体规划的编制。

1. 省域城镇体系规划

省域城镇体系规划的内容应当包括城镇空间布局和规模控制，重大基础设施的布局，为保护生态环境、资源等需要严格控制的区域。

城市总体规划、镇总体规划的内容应当包括城市、镇的发展布局，功能分区，用地布局，综合交通体系，禁止、限制和适宜建设的地域范围，各类专项规划等。规划区范围、规划区内建设用地规模、基础设施和公共服务设施用地、水源地和水系、基本农田和绿化用地、环境保护、自然与历史文化遗产保护以及防灾减灾等内容，应当作为城市总体规划、镇总体规划的强制性内容。

城市总体规划应当综合研究和确定城市的性质、规模和空间发展形态，统筹安排城市建设用地，合理配置城市基础设施，并保证城市不同发展阶段的发展目标、发展措施的优化和布局结构的科学性，引导城市的合理发展。城市、镇总体规划一般包括下列内容。

(1)城市、镇的发展布局，禁止、限制和适宜建设的地域范围，各类专项规划等。划定规划区范围，确定城市性质和发展方向；确定旧区改建、用地调整原则、方法和步骤，提出改善旧城区生产、生活环境的要求和措施。

(2)城市、镇的功能分区，用地布局。提出规划期内城市人口及用地发展规模，确定城市建设与发展用地的空间布局、功能分区及市中心、区中心位置。

(3)城市、镇综合交通体系。确定对外交通系统布局及车站、铁路枢纽、路口、机场等主要交通设施规模、位置，确定城市主、次干道系统走向、断面、主要交叉口形式，确定主要广场、停车场位置、容量。

(4)除上述内容外，城市、镇总体规划内容还包括禁止、限制和适宜建设的地域范围，各类专项规划(表 3-1)等。

表 3-1 专项规划内容

项目	具体内容
规划区范围水源地和水系规划	河湖水系治理目标和总体布局，分配沿海、沿江岸线
规划区范围绿化用地规划	确定城市园林绿地系统发展目标及总体布局
规划区范围环境保护规划	确定城市环境保护目标，提出防治污染措施
规划区范围防灾减灾规划	根据城市防灾要求，提出人防建设、抗震减灾规划目标和总体布局
规划区范围自然与历史文化遗产保护规划	确定需要保护的风景名胜、文物古迹、传统街区，划定保护和控制范围，提出保护措施。历史文化名城要编制专门的保护规划
规划区范围基本农田规划	综合协调市区与近郊区村庄、集镇的各项建设，统筹安排近郊区村庄、集镇的居住用地、公共服务设施、乡镇企业、基础设施和菜地、园地、牧草地、副食品基地，划定需要保留和控制的绿色空间

规划区范围、规划区内建设用地规模、基础设施和公共服务设施用地、水源地和水系、基本农田和绿化用地、环境保护、自然与历史文化遗产保护以及防灾减灾等内容，应当作为城市总体规划、镇总体规划的强制性内容。

城市总体规划、镇总体规划的规划期限一般为 20 年。城市总体规划还应当对城市更长远的发展作出预测性安排。

2. 城市详细规划的内容

城市详细规划是以总体规划和分区规划为依据，详细规定建设用地的各项控制指标和规划管理要求，或直接对建设项目作出具体的安排和规划设计。城市详细规划可分为控制性详细规划和修建性详细规划，而城市规划行政管理的重点是控制性详细规划。

控制性详细规划是城市、乡镇人民政府城乡规划主管部门根据城市、镇总体规划的要求，用以控制建设用地性质、使用强度和空间环境的规划。控制性详细规划主要以对地块的用地使用控制和环境容量控制、建筑建造控制和城市设计引导、市政工程设施和公共服务设施的配套，以及交通活动控制和环境保护规定为主要内容，并针对不同地块、不同建设项目和不同开发过程，应用指标量化、条文规定、图则标定等方式对各控制要素进行定性、定量、定位和定界的控制和引导。控制性详细规划是城乡规划主管部门作出规划行政许可、实施规划管理的依据，并指导修建性详细规划的编制。修建性详细规划是以城市总体规划、分区规划或控制性详细规划为依据，制订用以指导各项建筑和工程设施的设计和施工的规划设计，是城市详细规划的一种，内容包括：建设条件分析及综合技术经济论证，建筑、道路和绿地等的空间布局和景观规划设计，布置总平面图，对住宅、医院、学校和托幼等建筑进行日照分析，根据交通影响分析，提出交通组织方案和设计，市政工程管线规划设计和管线综合，竖向规划设计，估算工程量、拆迁量和总造价，分析投资效益等。

3. 乡规划、村庄规划的内容

乡规划、村庄规划应当从农村实际出发，尊重村民意愿，体现地方和农村特色。乡规划、村庄规划的内容应当包括规划区范围，住宅、道路、供水、排水、供电、垃圾收集、畜禽养殖场所等农村生产、生活服务设施、公益事业等各项建设的用地布局、建设要求，以及对耕地等自然资源和历史文化遗产保护、防灾减灾等的具体安排。乡规划还应当包括本行政区域内的村庄发展布局。

单元2　城乡规划的制定与审批

一、城乡规划制定与审批机构

国务院城乡规划主管部门会同国务院有关部门组织编制全国城镇体系规划，用于指导省域城镇体系规划、城市总体规划的编制。

（1）全国城镇体系规划由国务院城乡规划主管部门报国务院审批。

（2）省、自治区人民政府组织编制省域城镇体系规划，报国务院审批。省、自治区人民政府所在地的城市以及国务院确定的城市的总体规划，由省、自治区人民政府审查同意后，报国务院审批。

（3）城市人民政府组织编制城市总体规划。直辖市的城市总体规划由直辖市人民政府报国务院审批。其他城市的总体规划，由城市人民政府报省、自治区人民政府审批。

（4）县人民政府组织编制县人民政府所在地镇的总体规划，报上一级人民政府审批。其他镇的总体规划由镇人民政府组织编制，报上一级人民政府审批。

（5）省、自治区人民政府组织编制的省域城镇体系规划，城市、县人民政府组织编制的总体规划，在报上一级人民政府审批前，应当先经本级人民代表大会常务委员会审议，常务委员会组成人员的审议意见交由本级人民政府研究处理。

（6）镇人民政府组织编制的镇总体规划，在报上一级人民政府审批前，应当先经镇人民代表大会审议，代表的审议意见交由本级人民政府研究处理。

（7）规划的组织编制机关报送审批省域城镇体系规划、城市总体规划或者镇总体规划，应当将本级人民代表大会常务委员会组成人员或者镇人民代表大会代表的审议意见和根据审议意见修改规划的情况一并报送。

二、城乡规划制定与审批要求

（1）城市人民政府城乡规划主管部门根据城市总体规划的要求，组织编制城市的控制性详细规划，经本级人民政府批准后，报本级人民代表大会常务委员会和上一级人民政府备案。

（2）镇人民政府根据镇总体规划的要求，组织编制镇的控制性详细规划，报上一级人民政府审批。县人民政府所在地镇的控制性详细规划，由县人民政府城乡规划主管部门根据镇总体规划的要求组织编制，经县人民政府批准后，报本级人民代表大会常务委员会和上一级人民政府备案。

（3）城市、县人民政府城乡规划主管部门和镇人民政府可以组织编制重要地块的修建性详细规划。修建性详细规划应当符合控制性详细规划。

（4）乡、镇人民政府组织编制乡规划、村庄规划，报上一级人民政府审批。村庄规划在报送审批前，应当经村民会议或者村民代表会议讨论同意。

（5）首都的总体规划、详细规划应当统筹考虑中央国家机关用地布局和空间安排的需要。

（6）城乡规划组织编制机关应当委托具有相应资质等级的单位承担城乡规划的具体编制工作。

（7）从事城乡规划编制工作应当具备下列条件，并经国务院城乡规划主管部门或者省、自治区、直辖市人民政府城乡规划主管部门依法审查合格，取得相应等级的资质证书后，方可在资质等级许可的范围内从事城乡规划编制工作：

1）有法人资格；

2）有规定数量的经相关行业协会注册的规划师；

3）有规定数量的相关专业技术人员；

4）有相应的技术装备；

5）有健全的技术、质量、财务管理制度。

（8）编制城乡规划必须遵守国家有关标准。

（9）编制城乡规划，应当具备国家规定的勘察、测绘、气象、地震、水文、环境等基础资料。

（10）县级以上地方人民政府有关主管部门应当根据编制城乡规划的需要，及时提供有关基础资料。

（11）城乡规划报送审批前，组织编制机关应当依法将城乡规划草案予以公告，并采取论证会、听证会或者其他方式征求专家和公众的意见。公告的时间不得少于30日。

(12)组织编制机关应当充分考虑专家和公众的意见,并在报送审批的材料中附具意见采纳情况及理由。

(13)省域城镇体系规划、城市总体规划、镇总体规划批准前,审批机关应当组织专家和有关部门进行审查。

单元3 城乡规划的实施

一、城乡规划实施的"一书两证"

地方各级人民政府组织实施城乡规划。在城市总体规划、镇总体规划确定的建设用地范围以外,不得设立各类开发区和城市新区。城市、县、镇人民政府制定近期建设规划,报总体规划审批机关备案。近期建设规划的规划期限为5年。

在城市、镇规划区内进行临时建设的,应当经城市、县人民政府城乡规划主管部门批准。城乡规划主管部门根据城乡规划及其有关法律法规对于在城市、镇规划区内建设项目用地提供规划条件,确定建设用地定点位置、面积、范围、审核建设工程总平面,核发建设用地规划许可证等进行各项行政管理并依法实施行政许可。

城市规划的实施管理主要是报建审批管理和批后管理两部分内容。报建审批管理主要包括对建设项目选址审批核发项目选址意见书、对城市用地审批核发建设用地规划许可证及对建设工程审批核发建设工程规划许可证。批后管理主要是按照规划实施监督检查体系对违章占地和违章建设的查禁工作。

1. 建设项目选址意见书

《城乡规划法》规定,按照国家规定需要有关部门批准或者核准的建设项目,以划拨方式提供国有土地使用权的,建设单位在报送有关部门批准或者核准前,应当向城乡规划主管部门申请核发选址意见书。其他的建设项目不需要申请选址意见书。

建设项目选址意见书是指建设项目(主要指新建大、中型工业与民用项目)在立项过程中,城乡规划行政主管部门对提出的关于建设项目选建具体用地地址的批复意见等具有法律效力的文件。国家对建设项目,特别是大、中型项目的宏观管理,在可行性研究阶段,主要是通过计划管理和规划管理来实现。规定选址意见书制度,是为了保证建设项目有计划、按规划的程序进行建设。

建设项目选址意见书的内容见表3-2。

表3-2 建设项目选址意见书的内容

项目	具体内容
建设项目的基本情况	它主要指建设项目的名称、性质、建设规模、市场需求预测、水源及其他能源的需求量,原材料及产品的运输方式与运输量,生产配套设施,以及废水、废气、废渣的排放及处理方案

续表

项目	具体内容
建设项目选址的依据	建设项目选址的主要依据有经批准的项目建议书，建设项目所在城市总体规划、分区规划，建设项目所在城市的交通、通信、能源、市政、防灾规划，建设项目所在城市生活居住及公共设施规划，建设项目所在城市的环境保护规划和风景名胜、文物古迹管理规划等

建设项目选址意见书，按建设项目计划审批权限实行分级规划管理。

(1)县级人民政府计划行政主管部门审批的建设项目，由县人民政府城乡规划行政主管部门核发选址意见书。

(2)地级、县级市人民政府计划行政主管部门审批的建设项目，由该市人民政府城乡规划行政主管部门核发选址意见书。

(3)直辖市、计划单列市人民政府计划行政主管部门审批的建设项目，由直辖市、计划单列市人民政府城乡规划行政主管部门核发选址意见书。

(4)省、自治区人民政府计划行政主管部门审批的建设项目，由项目所在地县、市人民政府城乡规划行政主管部门提出审查意见，报省、自治区人民政府城市规划行政主管部门核发选址意见书。

(5)中央各部门、公司审批的小型和限额以下的建设项目，由项目所在地县、市人民政府城乡规划行政主管部门核发选址意见书。

(6)国家审批的大、中型和限额以上的建设项目，由项目所在地县、市人民政府城乡规划行政主管部门提出审查意见，报省、自治区、直辖市、计划单列市人民政府城乡规划行政主管部门核发选址意见书，并报国务院城乡规划行政主管部门备案。

2. 建设用地规划许可证

建设用地规划许可证是由建设单位或个人向土地管理部门提出建设用地申请，城乡规划行政主管部门审查批准的建设用地位置、面积、界限的法定凭证，是建设单位用地的法律凭证。

(1)在城市、镇规划区内以划拨方式提供国有土地使用权的建设项目，经有关部门批准、核准、备案后，建设单位应当向城市、县人民政府城乡规划主管部门提出建设用地规划许可申请，由城市、县人民政府城乡规划主管部门依据控制性详细规划核定建设用地的位置、面积、允许建设的范围，核发建设用地规划许可证。

建设单位在取得建设用地规划许可证后，方可向县级以上地方人民政府土地主管部门申请用地，经县级以上人民政府审批后，由土地主管部门划拨土地。

(2)在城市、镇规划区内以出让方式提供国有土地使用权的，在国有土地使用权出让前，城市、县人民政府城乡规划主管部门应当依据控制性详细规划，提出出让地块的位置、使用性质、开发强度等规划条件，作为国有土地使用权出让合同的组成部分。未确定规划条件的地块，不得出让国有土地使用权。

以出让方式取得国有土地使用权的建设项目，在签订国有土地使用权出让合同后，建设单位应当持建设项目的批准、核准、备案文件和国有土地使用权出让合同，向城市、县人民政府城乡规划主管部门领取建设用地规划许可证。

城市、县人民政府城乡规划主管部门不得在建设用地规划许可证中，擅自改变作为国有土地使用权出让合同组成部分的规划条件。

建设用地规划许可证制度的内容见表 3-3。

表 3-3 建设用地规划许可证制度的内容

项目	具体内容
建设用地的一般审批程序	1. 现场踏勘。城乡规划主管部门受理了建设单位用地申请后，应与建设单位会同有关部门到选址地点进行现场调查和踏勘。这是一项直观的、感性的审查工作，可以及时发现问题，避免纸上谈兵可能带来的弊端。 2. 征求意见。在城市规划区安排建设项目，占用土地一般会涉及许多单位和部门。城乡规划主管部门在审批建设用地前，应征求占用土地单位和部门及环境保护、消防安全、文物保护、土地管理等部门的意见。 3. 提供设计条件。城乡规划主管部门初审通过后，应向建设单位提供建设用地地址与范围的红线图，红线图上应当标明现状和规划道路，并提出用地规划设计条件和要求。建设单位可以依据城乡规划主管部门下达的红线图委托项目规划方案设计。 4. 审查总平面图及用地面积。建设单位根据城乡规划主管部门提供的设计条件完成项目规划设计后，应将总平面图及其相关文件报送城市规划主管部门进行审查批准，并根据城市规划设计用地定额指标和该地块具体情况，审核用地面积。 5. 核发建设用地规划许可证。经审查合格后，城乡规划行政主管部门即向建设单位或个人核发建设用地规划许可证。建设用地规划许可证是建设单位在向土地管理主管部门申请征收、划拨前，经城市规划主管部门确认建设项目位置和范围的法律凭证。核发建设用地规划许可证的目的在于确保土地利用符合城市规划，维护建设单位按照规划使用土地的合法权益，同时也为土地管理部门在城市规划区内行使权属管理职能提供必要的法律依据。土地管理部门在办理征收、划拨土地过程中，若确需改变建设用地规划许可证核定的位置和界限必须与城乡规划主管部门协商并取得一致意见，以保证修改后的位置和范围符合相应规划的要求
建设用地审批后的管理	建设用地批准后，城乡规划行政主管部门应当加强监督、检查工作。监督、检查的内容包括建设项目征收土地的复核和用地情况监督检查。用地范围复核主要是指城乡规划行政主管部门对征收、划拨的土地地界进行验核，杜绝违章占地情况的发生。用地性质检验主要是指城乡规划行政主管部门根据城市规划的要求，对征收土地的用途进行监督检查，纠正随意改变征地用途等违法行为

3. 建设工程规划许可证

建设工程规划许可证是由城乡规划行政主管部门核发，用于确认建设工程是否符合城市规划要求的法律凭证。建设工程规划许可证能够确认建设单位和个人有关建设活动的合法地位。建设工程规划许可证能够作为建设活动过程中接受监督检查时的法律依据，也能够作为城市建设活动的重要历史资料和城市建设档案的重要内容。

在城市、镇规划区内进行建筑物、构筑物、道路、管线和其他工程建设的，建设单位或个人应当向城市、县人民政府城乡规划主管部门或者省、自治区、直辖市人民政府确定的镇人民政府申请办理建设工程规划许可证。

申请办理建设工程规划许可证，应当提交规定的有关证明文件及相关等材料。需要建设单位编制修建性详细规划的建设项目，还应当提交修建性详细规划。对符合控制性详细规划和规划条件的，由城市、县人民政府城乡规划主管部门或者省、自治区、直辖市人民政府确定的镇人民政府核发建设工程规划许可证。

城市、县人民政府城乡规划主管部门或者省、自治区、直辖市人民政府确定的镇人民政府应当依法将经审定的修建性详细规划、建设工程设计方案的总平面图予以公布。

建设工程规划许可证制度的内容见表3-4。

表3-4 建设工程规划许可证制度的内容

项目	具体内容
建设工程规划许可证的审批程序	1. 申请。建设单位应当持设计任务书、建设用地规划许可证和土地使用证等有关批准文件向城乡规划主管部门提出建设工程规划许可证核发申请。城乡规划主管部门对申请进行审查，确定建设工程的性质、规模等是否符合城市规划的布局和发展要求。对于建设工程涉及相关主管部门的，则应根据实际情况和需要，征求有关行政主管部门的意见，进行综合协调。 2. 初步审查。城乡规划主管部门受理申请后，应对建设工程的性质、规模、建设地点等是否符合城市规划要求进行审查，并应征求环境保护、环境卫生、交通、通信等相关部门的意见，以便使规划更合理、完善。 3. 核发规划设计要点意见书。城乡规划主管部门根据对申请的审查结果和工程所在地段详细规划的要求，向建设单位或个人核发规划设计要点意见书，提出建设高度限制、城市规划红线的边界限制、与四周已有工程的关系限制等规划设计要求。建设单位按照规划设计要点意见书的要求，委托设计部门进行方案设计工作。 4. 方案审查。建设单位或个人根据规划设计要点意见书完成方案设计后，应将设计方案（应不少于2个）的有关图纸、模型、文件报送城乡规划行政主管部门。城乡规划行政主管部门对各个方案的总平面布置、工程周围环境关系和个体设计体量、层次、造型等进行审查比较后，核发设计方案通知书，并提出规划修改意见。建设单位据此委托设计单位进行施工图设计。 5. 核发建设工程规划许可证。建设单位或个人按照设计方案通知书的要求完成施工图设计后，将注明勘察设计证号的初步设计文件（总平面图、个体建筑设计的平面图、立面图、剖面图、基础图、地下室平面图及其剖面图等施工图、相关设计说明）报城乡规划行政主管部门审查。经审查批准后，核发建设工程规划许可证。
建设工程审批后的管理	1. 验线。建设单位应当按照建设工程规划许可证的要求放线并经城乡规划行政主管部门验线后方可施工。对临近城市规划红线的工程，应首先请城乡规划勘测部门确定红线位置及定位坐标，然后再进行个体工程的放线。 2. 现场检查。它是指城乡规划管理工作人员进入有关施工现场，了解建设工程的位置、施工等情况是否符合规划设计条件。工程定位、建筑面积、建筑功能及建筑外观是重要的检查内容。 3. 竣工验收。它是工程项目建设程序中的最后一项。规划部门参加竣工验收，是对建设工程是否符合规划设计条件进行的最后把关，以保证城市规划区内各项建设符合城市规划

二、城乡规划实施要求

（1）地方各级人民政府应当根据当地经济社会发展水平，量力而行，尊重群众意愿，有计划、分步骤地组织实施城乡规划。

（2）城市的建设和发展，应当优先安排基础设施及公共服务设施的建设，妥善处理新区开发与旧区改建的关系，统筹兼顾进城务工人员生活和周边农村经济社会发展、村民生产与生活的需要。镇的建设和发展，应当结合农村经济社会发展和产业结构调整，优先安排供水、排水、供电、供气、道路、通信、广播电视等基础设施和学校、卫生院、文化站、幼儿园、福利院等公共服务设施的建设，为周边农村提供服务。乡、村庄的建设和发展，应当因地制宜、节约用地，发挥村民自治组织的作用，引导村民合理进行建设，改善农村生产、生活条件。

（3）城市新区的开发和建设，应当合理确定建设规模和时序，充分利用现有市政基础设施和公共服务设施,严格保护自然资源和生态环境,体现地方特色。在城市总体规划、镇总体规划确定的建设用地范围以外,不得设立各类开发区和城市新区。

(4)旧城区的改建,应当保护历史文化遗产和传统风貌,合理确定拆迁和建设规模,有计划地对危房集中、基础设施落后等地段进行改建。历史文化名城、名镇、名村的保护及受保护建筑物的维护和使用,应当遵守有关法律、行政法规和国务院的规定。

(5)城乡建设和发展,应当依法保护和合理利用风景名胜资源,统筹安排风景名胜区及周边乡、镇、村庄的建设。风景名胜区的规划、建设和管理,应当遵守有关法律、行政法规和国务院的规定。

(6)城市地下空间的开发和利用,应当与经济和技术发展水平相适应,遵循统筹安排、综合开发、合理利用的原则,充分考虑防灾减灾、人民防空和通信等需要,并符合城市规划,履行规划审批手续。

(7)城市、县、镇人民政府应当根据城市总体规划、镇总体规划、土地利用总体规划和年度计划及国民经济和社会发展规划,制定近期建设规划,报总体规划审批机关备案。近期建设规划应当以重要基础设施、公共服务设施和中低收入居民住房建设及生态环境保护为重点内容,明确近期建设的时序、发展方向和空间布局。近期建设规划的规划期限为5年。

(8)城乡规划确定的铁路、公路、港口、机场、道路、绿地、输配电设施及输电线路走廊、通信设施、广播电视设施、管道设施、河道、水库、水源地、自然保护区、防汛通道、消防通道、核电站、垃圾填埋场及焚烧厂、污水处理厂和公共服务设施的用地及其他需要依法保护的用地,禁止擅自改变用途。

(9)按照国家规定需要有关部门批准或者核准的建设项目,以划拨方式提供国有土地使用权的,建设单位在报送有关部门批准或者核准前,应当向城乡规划主管部门申请核发选址意见书。除此以外的建设项目不需要申请选址意见书。

(10)在城市、镇规划区内以划拨方式提供国有土地使用权的建设项目,经有关部门批准、核准、备案后,建设单位应当向城市、县人民政府城乡规划主管部门提出建设用地规划许可申请,由城市、县人民政府城乡规划主管部门依据控制性详细规划核定建设用地的位置、面积、允许建设的范围,核发建设用地规划许可证。建设单位在取得建设用地规划许可证后,方可向县级以上地方人民政府土地主管部门申请用地,经县级以上人民政府审批后,由土地主管部门划拨土地。

(11)在城市、镇规划区内以出让方式提供国有土地使用权的,在国有土地使用权出让前,城市、县人民政府城乡规划主管部门应当依据控制性详细规划,提出出让地块的位置、使用性质、开发强度等规划条件,作为国有土地使用权出让合同的组成部分。未确定规划条件的地块,不得出让国有土地使用权。以出让方式取得国有土地使用权的建设项目,建设单位在取得建设项目的批准、核准、备案文件和签订国有土地使用权出让合同后,向城市、县人民政府城乡规划主管部门领取建设用地规划许可证。城市、县人民政府城乡规划主管部门不得在建设用地规划许可证中,擅自改变作为国有土地使用权出让合同组成部分的规划条件。

(12)规划条件未纳入国有土地使用权出让合同的,该国有土地使用权出让合同无效;对未取得建设用地规划许可证的建设单位批准用地的,由县级以上人民政府撤销有关批准

文件；占用土地的，应当及时退回；给当事人造成损失的，应当依法给予赔偿。

（13）在城市、镇规划区内进行建筑物、构筑物、道路、管线和其他工程建设的，建设单位或个人应当向城市、县人民政府城乡规划主管部门或者省、自治区、直辖市人民政府确定的镇人民政府申请办理建设工程规划许可证。申请办理建设工程规划许可证，应当提交使用土地的有关证明文件、建设工程设计方案等材料。需要建设单位编制修建性详细规划的建设项目，还应当提交修建性详细规划。对符合控制性详细规划和规划条件的，由城市、县人民政府城乡规划主管部门或者省、自治区、直辖市人民政府确定的镇人民政府核发建设工程规划许可证。城市、县人民政府城乡规划主管部门或者省、自治区、直辖市人民政府确定的镇人民政府应当依法将经审定的修建性详细规划、建设工程设计方案的总平面图予以公布。

（14）在乡、村庄规划区内进行乡镇企业、乡村公共设施和公益事业建设的，建设单位或个人应当向乡、镇人民政府提出申请，由乡、镇人民政府报城市、县人民政府城乡规划主管部门核发乡村建设规划许可证。在乡、村庄规划区内使用原有宅基地进行农村村民住宅建设的规划管理办法，由省、自治区、直辖市制定。在乡、村庄规划区内进行乡镇企业、乡村公共设施和公益事业建设以及农村村民住宅建设，不得占用农用地；确需占用农用地的，应当依照《中华人民共和国土地管理法》有关规定办理农用地转用审批手续后，由城市、县人民政府城乡规划主管部门核发乡村建设规划许可证。建设单位或个人在取得乡村建设规划许可证后，方可办理用地审批手续。

（15）城乡规划主管部门不得在城乡规划确定的建设用地范围以外作出规划许可。

（16）建设单位应当按照规划条件进行建设。确需变更的，必须向城市、县人民政府城乡规划主管部门提出申请。变更内容不符合控制性详细规划的，城乡规划主管部门不得批准。城市、县人民政府城乡规划主管部门应当及时将依法变更后的规划条件通报同级土地主管部门并公示。建设单位应当及时将依法变更后的规划条件报有关人民政府土地主管部门备案。

（17）在城市、镇规划区内进行临时建设的，应当经城市、县人民政府城乡规划主管部门批准。临时建设影响近期建设规划或者控制性详细规划的实施及交通、市容、安全等的，不得批准。临时建设应当在批准的使用期限内自行拆除。临时建设和临时用地规划管理的具体办法，由省、自治区、直辖市人民政府制定。

（18）县级以上地方人民政府城乡规划主管部门按照国务院规定对建设工程是否符合规划条件予以核实。未经核实或经核实不符合规划条件的，建设单位不得组织竣工验收。建设单位应当在竣工验收后6个月内向城乡规划主管部门报送有关竣工验收资料。

单元4　城乡规划的修改与监督检查

一、城乡规划的修改

省域城镇体系规划、城市总体规划、镇总体规划的组织编制机关，应当组织有关部门和专家定期对规划实施情况进行评估，并采取论证会、听证会或者其他方式征求公众意见。

组织编制机关应当向本级人民代表大会常务委员会、镇人民代表大会和原审批机关提出评估报告并附具征求意见的情况。

1. 城乡规划的修改条件

有下列情形之一的，组织编制机关方可按照规定的权限和程序修改省域城镇体系规划、城市总体规划、镇总体规划：

（1）上级人民政府制定的城乡规划发生变更，提出修改规划要求的；

（2）行政区划调整确需修改规划的；

（3）因国务院批准重大建设工程确需修改规划的；

（4）经评估确需修改规划的；

（5）城乡规划的审批机关认为应当修改规划的其他情形。

2. 城乡规划修改程序

（1）修改省域城镇体系规划、城市总体规划、镇总体规划前，组织编制机关应当对原规划的实施情况进行总结，并向原审批机关报告；修改涉及城市总体规划、镇总体规划强制性内容的，应当先向原审批机关提出专题报告，经同意后，方可编制修改方案。修改后的省域城镇体系规划、城市总体规划、镇总体规划，应当按照规定的审批程序报批。

（2）修改控制性详细规划的，组织编制机关应当对修改的必要性进行论证，征求规划地段内利害关系人的意见，并向原审批机关提出专题报告，经原审批机关同意后，方可编制修改方案。修改后的控制性详细规划，应当按规定的审批程序报批。控制性详细规划修改涉及城市总体规划、镇总体规划的强制性内容的，应当先修改总体规划。修改乡规划、村庄规划的，应当按规定的审批程序进行报批。

（3）城市、县、镇人民政府修改近期建设规划的，应当将修改后的近期建设规划报总体规划审批机关备案。

（4）在选址意见书、建设用地规划许可证、建设工程规划许可证或者乡村建设规划许可证发放后，因依法修改城乡规划给被许可人合法权益造成损失的，应当依法给予补偿。

经依法审定的修建性详细规划、建设工程设计方案的总平面图不得随意修改；确需修改的，城乡规划主管部门应当采取听证会等形式，听取利害关系人的意见；因修改给利害关系人合法权益造成损失的，应当依法给予补偿。

二、城乡规划的监督检查

县级以上人民政府及其城乡规划主管部门应当加强对城乡规划编制、审批、实施、修改的监督检查。地方各级人民政府应当向本级人民代表大会常务委员会或乡、镇人民代表大会报告城乡规划的实施情况，并接受监督。县级以上人民政府城乡规划主管部门对城乡规划的实施情况进行监督检查，有权采取以下措施：

（1）要求有关单位和人员提供与监督事项有关的文件、资料，并进行复制。

（2）要求有关单位和人员就监督事项涉及的问题作出解释和说明，并根据需要进入现场进行勘测。

（3）责令有关单位和人员停止违反有关城乡规划的法律、法规的行为。

城乡规划主管部门的工作人员履行前款规定的监督检查职责，应当出示执法证件。被监督检查的单位和人员应当予以配合，不得妨碍和阻挠依法进行的监督检查活动。

监督检查情况和处理结果应当依法公开，供公众查阅和监督。

城乡规划主管部门在查处违反本法规定的行为时，发现国家机关工作人员依法应当给予行政处分的，应当向其任免机关或者监察机关提出处分建议。

依照《城乡规划法》规定应当给予行政处罚，而有关城乡规划主管部门不给予行政处罚的，上级人民政府城乡规划主管部门有权责令其作出行政处罚决定或者建议有关人民政府责令其给予行政处罚。

城乡规划主管部门违反《城乡规划法》规定作出行政许可的，上级人民政府城乡规划主管部门有权责令其撤销或者直接撤销该行政许可。因撤销行政许可给当事人合法权益造成损失的，应当依法给予赔偿。

单元5　城乡规划控制线管理

城乡规划控制线是指城乡规划中确定具有特定用途，需要保护和控制范围的界线，分为红线、绿线、紫线、蓝线、黄线等。规划控制线是城乡规划的组成部分，依法确定的规划控制线，未经法定程序不得修改。

一、规划红线管理

规划红线一般指建设用地规划控制线，包括用地红线、道路红线和建筑红线。对红线的管理，体现在对容积率、建设密度和建设高度等的规划管理。

(1)用地红线是各类建筑工程项目用地的使用权属范围的边界线，是围起某个地块的一些坐标点连成的线。红线内土地面积就是取得使用权的用地范围。用地红线内开发建设建筑小区时，还需要退红线2 m左右，具体由地方规划管理部门规定。小区的建筑必须在退红线范围内，退出的这块地不准占用。

(2)道路红线一般是指道路用地的边界线。任何建筑物、构筑物不得越过道路红线。道路红线宽度包括：

1)通行机动车或非机动车和行人交通所需要的道路宽度。

2)敷设地下、地上工程管线和城市公用设施所需要增加的宽度。

3)种植行道树所需要的宽度。

(3)建筑红线是城市道路两侧控制沿街建筑物或构筑物(如外墙、台阶等)靠临街面的界线，又称建筑控制线。建筑红线是指建筑物的外立面所不能超出的界线。建筑红线可与道路红线重合。

二、城市绿线管理

城市绿线是指城市各类绿地范围的控制线。国务院住房城乡建设行政主管部门负责全国城市绿线管理工作。省、自治区人民政府住房城乡建设主管部门负责本行政区域内的城市绿线管理工作。城市人民政府规划、园林绿化行政主管部门，按照职责分工负责城市绿线的监督和管理工作。

1. 城市绿线的划定

（1）城市规划、园林绿化等行政主管部门应当密切合作，组织编制城市绿地系统规划。城市绿地系统规划是城市总体规划的组成部分，应当确定城市绿化目标和布局，规定城市各类绿地的控制原则，按照规定标准确定绿化用地面积，分层次合理布局公共绿地，确定防护绿地、大型公共绿地等的绿线。

（2）控制性详细规划应当提出不同类型用地的界线、规定绿化率控制指标和绿化用地界线的具体坐标。

（3）修建性详细规划应当根据控制性详细规划，明确绿地布局，提出绿化配置的原则或者方案，划定绿地界线。

2. 城市绿线审批、调整、拱部与监督

城市绿线的审批、调整，按照《城乡规划法》《城市绿化条例》（2017修订）的规定进行。批准的城市绿线要向社会公布，接受公众监督。

任何单位和个人都有保护城市绿地、服从城市绿线管理的义务，有监督城市绿线管理、对违反城市绿线管理行为进行检举的权利。

3. 城市绿线范围内的用地管理

（1）城市绿线范围内的公共绿地、防护绿地、生产绿地、居住区绿地、单位附属绿地、道路绿地、风景林地等，必须按照《城市用地分类与规划建设用地标准》《公园设计规范》等标准，进行绿地建设。

（2）城市绿线内的用地，不得改作他用，不得违反法律法规、强制性标准，以及批准的规划进行开发建设。

1）有关部门不得违反规定，批准在城市绿线范围内进行建设。

2）因建设或者其他特殊情况，需要临时占用城市绿线内用地的，必须依法办理相关审批手续。

3）在城市绿线范围内，不符合规划要求的建筑物、构筑物及其他设施应当限期迁出。

（3）任何单位和个人不得在城市绿地范围内进行拦河截溪、取土采石、设置垃圾堆场、排放污水及其他对生态环境构成破坏的活动。

（4）近期不进行绿化建设的规划绿地范围内的建设活动，应当进行生态环境影响分析，并按照《中华人民共和国城乡规划法》的规定，予以严格控制。

（5）居住区绿化、单位绿化及各类建设项目的配套绿化都要达到《城市绿化规划建设指标的规定》的标准。

（6）各类建设工程要与其配套的绿化工程同步设计，同步施工，同步验收。达不到规定标准的，不得投入使用。

4. 城市绿线监督

（1）城市人民政府规划、园林绿化行政主管部门按照职责分工，对城市绿线的控制和实施情况进行检查，并向同级人民政府和上级行政主管部门报告。

（2）省、自治区人民政府住房城乡建设主管部门应当定期对本行政区域内城市绿线的管理情况进行监督检查，对违法行为，及时纠正。

（3）违反规定，擅自改变城市绿线内土地用途、占用或者破坏城市绿地的，由城市规划、园林绿化行政主管部门，按照《城乡规划法》《城市绿化条例》的有关规定处罚。

(4)违反规定,在城市绿地范围内进行拦河截溪、取土采石、设置垃圾堆场、排放污水以及其他对城市生态环境造成破坏活动的,由城市园林绿化行政主管部门责令改正,并处1万元以上3万元以下的罚款。

(5)违反规定,在已经划定的城市绿线范围内违反规定审批建设项目的,对有关责任人员由有关机关给予行政处分;构成犯罪的,依法追究刑事责任。

三、城市紫线管理

城市紫线是指国家历史文化名城内的历史文化街区和省、自治区、直辖市人民政府公布的历史文化街区的保护范围界线,以及历史文化街区外经县级以上人民政府公布保护的历史建筑的保护范围界线。紫线管理是划定城市紫线和对城市紫线范围内的建设活动实施监督、管理。

在编制城市规划时,应当划定保护历史文化街区和历史建筑的紫线。国家历史文化名城的城市紫线由城市人民政府在组织编制历史文化名城保护规划时划定。其他城市的城市紫线由城市人民政府在组织编制城市总体规划时划定。国务院住房城乡建设行政主管部门负责全国城市紫线管理工作。省、自治区人民政府住房城乡建设主管部门负责本行政区域内的城市紫线管理工作。市、县人民政府城乡规划行政主管部门负责本行政区域内的城市紫线管理工作。任何单位和个人都有权了解历史文化街区和历史建筑的紫线范围及其保护规划,对规划的制定和实施管理提出意见,对破坏保护规划的行为进行检举。

1. 城市紫线的划定

(1)划定保护历史文化街区和历史建筑的紫线应当遵循下列原则:

1)历史文化街区的保护范围应当包括历史建筑物、构筑物和其风貌环境所组成的核心地段,以及为确保该地段的风貌、特色完整性而必须进行建设控制的地区。

2)历史建筑的保护范围应当包括历史建筑本身和必要的风貌协调区。

3)控制范围清晰,附有明确的地理坐标及相应的界址地形图。

(2)城市紫线范围内文物保护单位保护范围的划定,依据国家有关文物保护的法律、法规。

2. 城市紫线的审查、调整、备案审批与监督

(1)编制历史文化名城和历史文化街区保护规划,应当包括征求公众意见的程序。审查历史文化名城和历史文化街区保护规划,应当组织专家进行充分论证,并作为法定审批程序的组成部分。市、县人民政府批准保护规划前,必须报经上一级人民政府主管部门审查同意。

(2)历史文化名城和历史文化街区保护规划一经批准,原则上不得调整。因改善和加强保护工作的需要,确需调整的,由所在城市人民政府提出专题报告,经省、自治区、直辖市人民政府城乡规划行政主管部门审查同意后,方可组织编制调整方案。调整后的保护规划在审批前,应当将规划方案公示,并组织专家论证。审批后应当报历史文化名城批准机关备案,其中,国家历史文化名城报国务院住房城乡建设主管部门备案。

(3)市、县人民政府应当在批准历史文化街区保护规划后的一个月内,将保护规划报省、自治区人民政府住房城乡建设主管部门备案。其中,国家历史文化名城内的历史文化街区保护规划还应当报国务院住房城乡建设主管部门备案。

(4)历史文化名城、历史文化街区和历史建筑保护规划一经批准,有关市、县人民政府城乡规划行政主管部门必须向社会公布,接受公众监督。

(5)历史文化街区和历史建筑已经破坏,不再具有保护价值的,有关市、县人民政府应当向所在省、自治区、直辖市人民政府提出专题报告,经批准后方可撤销相关的城市紫线。撤销国家历史文化名城中的城市紫线,应当经国务院住房城乡建设主管部门批准。

3. 城市紫线范围内的用地管理

(1)历史文化街区内的各项建设必须坚持保护真实的历史文化遗存,维护街区传统格局和风貌,改善基础设施、提高环境质量的原则。历史建筑的维修和整治必须保持原有外形和风貌,保护范围内的各项建设不得影响历史建筑风貌的展示。市、县人民政府应当依据保护规划,对历史文化街区进行整治和更新,以改善人居环境为前提,加强基础设施、公共设施的改造和建设。

(2)在城市紫线范围内禁止进行下列活动:

1)违反保护规划的大面积拆除、开发;

2)对历史文化街区传统格局和风貌构成影响的大面积改建;

3)损坏或者拆毁保护规划确定保护的建筑物、构筑物和其他设施;

4)修建破坏历史文化街区传统风貌的建筑物、构筑物和其他设施;

5)占用或者破坏保护规划确定保留的园林绿地、河湖水系、道路和古树名木等;

6)其他对历史文化街区和历史建筑的保护构成破坏性影响的活动。

(3)在城市紫线范围内确定各类建设项目,必须先由市、县人民政府城乡规划行政主管部门依据保护规划进行审查,组织专家论证并进行公示后核发选址意见书。

(4)在城市紫线范围内进行新建或改建各类建筑物、构筑物和其他设施,对规划确定保护的建筑物、构筑物和其他设施进行修缮和维修及改变建筑物、构筑物的使用性质,应当依照相关法律、法规的规定,办理相关手续后方可进行。

(5)城市紫线范围内各类建设的规划审批,实行备案制度。省、自治区、直辖市人民政府公布的历史文化街区,报省、自治区人民政府住房城乡建设主管部门或直辖市人民政府城乡规划行政主管部门备案。其中,国家历史文化名城内的历史文化街区报国务院住房城乡建设行政主管部门备案。

(6)在城市紫线范围内进行建设活动,涉及文物保护单位的,应当符合国家有关文物保护的法律、法规的规定。

4. 城市紫线监督

(1)省、自治区住房城乡建设主管部门和直辖市城乡规划行政主管部门,应当定期对保护规划执行情况进行检查监督,并向国务院建设行政主管部门提出报告。对于监督中发现的擅自调整和改变城市紫线,擅自调整和违反保护规划的行政行为,或者由于人为原因,导致历史文化街区和历史建筑遭受局部破坏的,监督机关可以提出纠正决定,督促执行。

(2)国务院住房城乡建设主管部门,省、自治区人民政府住房城乡建设行政主管部门和直辖市人民政府城乡规划行政主管部门根据需要可以向有关城市派出规划监督员,对城市紫线的执行情况进行监督。

(3)规划监督员行使下述职能：

1)参与保护规划的专家论证，就保护规划方案的科学合理性向派出机关报告；

2)参与城市紫线范围内建设项目立项的专家论证，了解公示情况，可以对建设项目的可行性提出意见，并向派出机关报告；

3)对城市紫线范围内各项建设审批的可行性提出意见，并向派出机关报告；

4)接受公众的投诉，进行调查，向有关行政主管部门提出处理建议，并向派出机关报告。

(4)违反规定，未经市、县人民政府城乡规划行政主管部门批准，在城市紫线范围内进行建设活动的，由市、县人民政府城乡规划行政主管部门按照《城乡规划法》等法律、法规的规定处罚。

(5)违反规定，擅自在城市紫线范围内审批建设项目和批准建设的，对有关责任人员给予行政处分；构成犯罪的，依法追究刑事责任。

四、城市蓝线管理

城市蓝线是指城市规划确定的江、河、湖、库、渠和湿地等城市地表水体保护和控制的地域界线。国务院住房城乡建设主管部门负责全国城市蓝线管理工作。县级以上地方人民政府住房城乡建设主管部门（城乡规划主管部门）负责本行政区域内的城市蓝线管理工作。任何单位和个人都有服从城市蓝线管理的义务，有监督城市蓝线管理、对违反城市蓝线管理行为进行检举的权利。

1. 城市蓝线的划定

(1)编制各类城市规划，应当划定城市蓝线。城市蓝线由直辖市、市、县人民政府在组织编制各类城市规划时划定。城市蓝线应当与城市规划一并报批。划定城市蓝线，应当遵循以下原则：

1)统筹考虑城市水系的整体性、协调性、安全性和功能性，改善城市生态和人居环境，保障城市水系安全；

2)与同阶段城市规划的深度保持一致；

3)控制范围界定清晰；

4)符合法律、法规的规定和国家有关技术标准、规范的要求。

(2)在城市总体规划阶段，应当确定城市规划区范围内需要保护和控制的主要地表水体，划定城市蓝线，并明确城市蓝线保护和控制的要求。

(3)在控制性详细规划阶段，应当依据城市总体规划划定的城市蓝线，规定城市蓝线范围内的保护要求和控制指标，并附有明确的城市蓝线坐标和相应的界址地形图。

(4)城市蓝线一经批准，不得擅自调整。因城市发展和城市布局结构变化等原因，确实需要调整城市蓝线的，应当依法调整城市规划，并相应调整城市蓝线。调整后的城市蓝线，应当随调整后的城市规划一并报批。调整后的城市蓝线应当在报批前进行公示，但法律、法规规定不得公开的除外。

2. 城市蓝线范围内用地管理

(1)在城市蓝线内禁止进行下列活动：

1)违反城市蓝线保护和控制要求的建设活动；

2)擅自填埋、占用城市蓝线内水域；
3)影响水系安全的爆破、采石、取土；
4)擅自建设各类排污设施；
5)其他对城市水系保护构成破坏的活动。

(2)在城市蓝线内进行各项建设，必须符合经批准的城市规划。在城市蓝线内新建、改建、扩建各类建筑物、构筑物、道路、管线和其他工程设施，应当依法向住房城乡建设主管部门(城乡规划主管部门)申请办理城市规划许可，并依照有关法律、法规办理相关手续。

(3)需要临时占用城市蓝线内的用地或水域的，应当报经直辖市、市、县人民政府住房城乡建设主管部门(城乡规划主管部门)同意，并依法办理相关审批手续；临时占用后，应当限期恢复。

3. 城市蓝线的监督

(1)县级以上地方人民政府住房城乡建设主管部门(城乡规划主管部门)应当定期对城市蓝线管理情况进行监督检查。

(2)违反规定，在城市蓝线范围内进行各类建设活动的，按照《城乡规划法》等有关法律、法规的规定处罚。

(3)县级以上地方人民政府住房城乡建设主管部门(城乡规划主管部门)违反本办法规定，批准在城市蓝线范围内进行建设的，对有关责任人员依法给予处分；构成犯罪的，依法追究刑事责任。

五、城市黄线管理

城市黄线是指对城市发展全局有影响的、城市规划中确定的、必须控制的城市基础设施用地的控制界线。

国务院建设主管部门负责全国城市黄线管理工作。县级以上地方人民政府住房城乡建设主管部门(城乡规划主管部门)负责本行政区域内城市黄线的规划管理工作。任何单位和个人都有保护城市基础设施用地、服从城市黄线管理的义务，有监督城市黄线管理、对违反城市黄线管理的行为进行检举的权利。

1. 城市黄线的划定

(1)城市黄线应当在制定城市总体规划和详细规划时划定。直辖市、市、县人民政府住房城乡建设主管部门(城乡规划主管部门)应当根据不同规划阶段的规划深度要求，负责组织划定城市黄线的具体工作。城市黄线的划定，应当遵循以下原则：
1)与同阶段城市规划内容及深度保持一致；
2)控制范围界定清晰；
3)符合国家有关技术标准、规范。

(2)编制城市总体规划，应当根据规划内容和深度要求，合理布置城市基础设施，确定城市基础设施的用地位置和范围，划定其用地控制界线。

(3)编制控制性详细规划，应当依据城市总体规划，落实城市总体规划确定的城市基础设施的用地位置和面积，划定城市基础设施用地界线，规定城市黄线范围内的控制指标和要求，并明确城市黄线的地理坐标。

(4)修建性详细规划应当依据控制性详细规划,按不同项目具体落实城市基础设施用地界线,提出城市基础设施用地配置原则或方案,并标明城市黄线的地理坐标和相应的界址地形图。

2. 城市黄线的批准、调整与实施

(1)城市黄线应当作为城市规划的强制性内容,与城市规划一并报批。城市黄线上报审批前,应当进行技术经济论证,并征求有关部门意见。

(2)城市黄线经批准后,应当与城市规划一并由直辖市、市、县人民政府予以公布;但法律、法规规定不得公开的除外。

(3)城市黄线一经批准,不得擅自调整。因城市发展和城市功能、布局变化等,需要调整城市黄线的,应当组织专家论证,依法调整城市规划,并相应调整城市黄线。调整后的城市黄线,应当随调整后的城市规划一并报批。调整后的城市黄线应当在报批前进行公示,但法律、法规规定不得公开的除外。

3. 城市黄线范围内的用地管理

(1)在城市黄线内进行建设活动,应当贯彻安全、高效、经济的方针,处理好近远期关系,根据城市发展的实际需要,分期有序实施。

(2)在城市黄线范围内禁止进行下列活动:

1)违反城市规划要求,进行建筑物、构筑物及其他设施的建设;

2)违反国家有关技术标准和规范进行建设;

3)未经批准,改装、迁移或拆毁原有城市基础设施;

4)其他损坏城市基础设施或影响城市基础设施安全和正常运转的行为。

(3)在城市黄线内进行建设,应当符合经批准的城市规划。在城市黄线内新建、改建、扩建各类建筑物、构筑物、道路、管线和其他工程设施,应当依法向住房城乡建设主管部门(城乡规划主管部门)申请办理城市规划许可,并依据有关法律、法规办理相关手续。迁移、拆除城市黄线内城市基础设施的,应当依据有关法律、法规办理相关手续。

(4)因建设或其他特殊情况需要临时占用城市黄线内土地的,应当依法办理相关审批手续。

4. 城市黄线的监督

(1)县级以上地方人民政府住房城乡建设主管部门(城乡规划主管部门)应当定期对城市黄线管理情况进行监督检查。

(2)违反规定,有下列行为之一的,依据《城乡规划法》等法律、法规予以处罚:

1)未经直辖市、市、县人民政府住房城乡建设主管部门(城乡规划主管部门)批准在城市黄线范围内进行建设活动的;

2)擅自改变城市黄线内土地用途的;

3)未按规划许可的要求进行建设的。

(3)县级以上地方人民政府住房城乡建设主管部门(城乡规划主管部门)违反本办法规定,批准在城市黄线范围内进行建设的,对有关责任人员依法给予处分;构成犯罪的,依法追究刑事责任。

模块 3 城乡规划管理制度与政策

 模块小结

城乡规划是以促进城乡经济社会全面协调可持续发展为根本任务、促进土地科学使用为基础、促进人居环境根本改善为目的，涵盖城乡居民点的空间布局规划，包括城镇体系规划、城市规划、镇规划、乡规划和村庄规划。城市规划、镇规划分为总体规划和详细规划。国务院城乡规划主管部门会同国务院有关部门组织编制全国城镇体系规划，用于指导省域城镇体系规划、城市总体规划的编制。城乡规划实施的"一书两证"，省域城镇体系规划、城市总体规划、镇总体规划的组织编制机关，应当组织有关部门和专家定期对规划实施情况进行评估，并采取论证会、听证会或者其他方式征求公众意见。县级以上人民政府及其城乡规划主管部门应当加强对城乡规划编制、审批、实施、修改的监督检查。规划控制线是城乡规划的组成部分，分为红线、绿线、紫线、蓝线、黄线等，依法确定的规划控制线，未经法定程序不得修改。

思考题

一、填空题

1. 城乡规划，包括_____。
2. 制定和实施城乡规划必须遵循以下5个基本原则：_____、_____、_____、_____、_____。
3. _____用于指导省域城镇体系规划、城市总体规划的编制。
4. 城市详细规划可分为_____和_____。
5. _____组织编制全国城镇体系规划，用于指导省域城镇体系规划、城市总体规划的编制。
6. 首都的总体规划、详细规划应当统筹考虑_____的需要。
7. 城乡规划组织编制机关应当委托_____承担城乡规划的具体编制工作。
8. 在城市、镇规划区内进行临时建设的，应当经_____批准。
9. 城市规划的实施管理主要是_____和_____两部分内容。
10. 在乡、村庄规划区内使用原有宅基地进行农村村民住宅建设的规划管理办法，由_____制定。
11. 城乡规划主管部门不得在_____以外作出规划许可。
12. _____是指城乡规划中确定具有特定用途，需要保护和控制范围的界线。
13. 建筑红线是指_____。
14. 城市蓝线是指_____。

二、选择题

1. 下列关于城乡规划的描述错误的是（　　）。
A. 城市规划、镇规划分为总体规划和详细规划

B. 城乡规划不涉及政治、经济、文化和社会生活等各个领域

C. 详细规划分为控制性详细规划和修建性详细规划

D. 通过加强和改进城乡规划工作，能够促进城乡健康发展，为人民群众创造良好的工作和生活环境

2. 城市总体规划、镇总体规划的规划期限一般为(　　)年。

A. 10　　　　　B. 20　　　　　C. 30　　　　　D. 40

3. 下列关于城乡规划的制定与审批的描述错误的是(　　)。

A. 全国城镇体系规划由国务院城乡规划主管部门报国务院审批

B. 省、自治区人民政府组织编制省域城镇体系规划，报国务院审批

C. 城市人民政府组织编制城市总体规划

D. 县人民政府组织编制和审批县人民政府所在地镇的总体规划

4. 城乡规划报送审批前，组织编制机关应当依法将城乡规划草案予以公告，公告的时间不得少于(　　)日。

A. 10　　　　　B. 20　　　　　C. 30　　　　　D. 40

5. 城市、县、镇人民政府制定近期建设规划，近期建设规划的规划期限为(　　)年。

A. 5　　　　　B. 10　　　　　C. 15　　　　　D. 20

6. 下列关于道路红线宽度的描述错误的是(　　)。

A. 通行机动车或非机动车和行人交通所需要的道路宽度

B. 敷设地下、地上工程管线和城市公用设施所需要增加的宽度

C. 种植行道树所需要的宽度

D. 城市绿地种植宽度

7. (　　)是指国家历史文化名城内的历史文化街区和省、自治区、直辖市人民政府公布的历史文化街区的保护范围界线。

A. 城市红线　　B. 城市绿线　　C. 城市紫线　　D. 城市黄线

8. (　　)是指对城市发展全局有影响的、城市规划中确定的、必须控制的城市基础设施用地的控制界线。

A. 城市红线　　B. 城市绿线　　C. 城市紫线　　D. 城市黄线

三、判断题

1. 城市规划行政管理的重点是控修建性详细规划。　　　　　　　　　　(　　)
2. 全国城镇体系规划由国务院城乡规划主管部门报国务院审批。　　　　(　　)
3. 编制城乡规划必须遵守国家有关标准。　　　　　　　　　　　　　　(　　)
4. 建设项目选址意见书，按建设项目计划审批权限实行统一规划管理。　(　　)
5. 村庄规划的修改范围较小，不需要经过审批。　　　　　　　　　　　(　　)
6. 城乡规划主管部门的工作人员履行前款规定的监督检查职责，应当出示执法证件。

(　　)
7. 城乡规划监督检查情况和处理结果无须向公众公开。　　　　　　　　(　　)
8. 建筑红线不能与道路红线重合。　　　　　　　　　　　　　　　　　(　　)

四、问答题

1. 乡规划、村庄规划的内容是什么？

2. 简述建设用地的一般审批程序。
3. 简述建设工程规划许可证的审批程序。
4. 建设工程审批后的管理包括哪些内容?
5. 城乡规划的修改应满足哪些条件?
6. 县级以上人民政府城乡规划主管部门对城乡规划进行监督检查后,有权采取哪些措施?
7. 如何划定城市绿线?
8. 在城市紫线范围内禁止进行哪些活动?

模块 4　国有土地上房屋征收制度与政策

知识目标

1. 了解民法基本原则，熟悉民事法律行为分类及其成立与生效；
2. 熟悉物权的变动，掌握不动产所有权、用益物权及担保物权的内容；
3. 掌握合同的订立、履行及合同效相关内容。

能力目标

能够对民法的效力有一定的认识，并能够掌握不动产所有权、用益物权及担保物权相关内容及房地产开发、交易等不同阶段所涉及的合同法相关内容及其应用。

单元 1　房屋征收简介

房屋征收是指国家为了公共利益的需要，依照法律规定的权限和程序强制取得国有土地上单位、个人的房屋及其他不动产的行为。

一、征收与征用的异同

征收是国家强制取得集体和单位、个人的财产；征用是国家强制使用集体和单位、个人的财产。二者的主要区别如下：

(1) 适用对象不同。征收的财产主要是不动产；征用的财产既包括不动产也包括动产。

(2) 前提条件不同。征收是为了国防和外交及由政府组织实施的基础设施建设、公共事业、保障性安居工程建设、旧城区改建等公共利益的需要；征用是因抢险、救灾等紧急需要。

(3) 所有权转移不同。征收主要是所有权的改变，不存在返还的问题，通俗地说是"强买"；征用只是使用权的改变，被征用的财产使用后，应返还被征用人，通俗地说是"强租"。

(4)补偿内容不同。《民法典》对征收规定了具体的补偿办法,这就是说任何征收都要给予补偿,而且必须依法补偿。征用在财产使用后首先应及时返还被征用人,《民法典》只是规定应当给予公平、合理的补偿,补偿办法可以由双方依据法律规定协商确定。

二、房屋征收的前提与限制条件

1. 房屋征收的前提条件

房屋征收的核心是不需要房屋所有权人的同意而强制取得其房屋,收回国有土地使用权。公共利益是国家征收国有土地上单位、个人的房屋的前提条件。

(1)公共利益的范围。

1)国防和外交的需要;

2)由政府组织实施的能源、交通、水利等基础设施建设的需要;

3)由政府组织实施的科技、教育、文化、卫生、体育、环境和资源保护、防灾减灾、文物保护、社会福利、市政公用等公共事业的需要;

4)由政府组织实施的保障性安居工程建设的需要;

5)由政府依照城乡规划法有关规定组织实施的对危房集中、基础设施落后等地段进行旧城区改建的需要;

6)法律、行政法规规定的其他公共利益的需要。

(2)公共利益的特点。

1)公共利益是客观的。它客观地影响着社会公众整体的生存与发展,不因各个利益主体主观认识上的不同有所改变。

2)公共利益是共享的。公共利益具有整体性、相对普遍性和共有性。

3)公共利益是不确定的。公共利益的确定性包括利益内容的不确定性和受益对象的不确定性。

2. 房屋征收的限制条件

(1)房屋征收只能是为了公共利益的需要。

(2)房屋征收必须严格依照法律规定的权限和程序。

(3)以房屋征收决定公告之日被征收房屋类似房地产的市场价格对被征收人的损失予以公平补偿。

单元2 国有土地上房屋征收制度

一、国有土地上房屋征收的管理体制

(1)房屋征收主体。房屋征收主体是市、县级人民政府。市、县级人民政府负责本行政区域的房屋征收与补偿工作。

(2)房屋征收部门。房屋征收部门是市、县级人民政府确定的房屋征收部门。由房屋征

收部门组织实施本行政区域的房屋征收与补偿工作

(3)房屋征收的实施单位。房屋征收部门可以委托房屋征收实施单位承担房屋征收与补偿的具体工作，并对其在委托范围内实施的房屋征收与补偿行为负责监督，对其行为后果承担法律责任。房屋征收实施单位不得以营利为目的。

(4)房屋征收的监督与指导部门。上级人民政府应当加强对下级人民政府房屋征收与补偿工作的监督。国务院住房城乡建设主管部门和省、自治区、直辖市人民政府住房城乡建设主管部门应当会同同级财政、国土资源、发展与改革等有关部门，加强对房屋征收与补偿实施工作的指导。

二、国有土地上房屋征收的程序

(1)拟定征收补偿方案。房屋征收部门拟订征收补偿方案，报市、县级人民政府。

(2)组织有关部门论证。收到房屋征收部门上报的征收补偿方案后，市、县级人民政府应当组织发展改革、城乡规划、国土资源、环境资源保护、文物保护、财政、住房城乡建设等有关部门对征收补偿方案进行论证。

(3)征求公众意见。对征收补偿方案进行论证、修改后，市、县级人民政府应当予以公布，征求公众意见，期限不得少于30日。

(4)房屋征收决定。市、县级人民政府做出房屋征收决定前，应当按照有关规定进行社会稳定风险评估。市、县级人民政府作出房屋征收决定后应当及时公告。公告应当载明征收补偿方案和行政复议、行政诉讼权利等事项。市、县级人民政府做出房屋征收决定后应当及时公告。房屋被依法征收的，国有土地使用权同时收回。

三、国有土地上房屋征收决定

1. 作出征收决定的条件

征收房屋除符合公共利益的需要外，还应具备以下条件：

(1)符合国民经济和社会发展规划。国民经济和社会发展规划是全国或某一地区经济、社会发展的总体纲要，是具有战略意义的指导性文件。国民经济和社会发展规划统筹安排和指导全国或某一地区的社会、经济、文化建设工作。

房屋征收的直接目的是实施建设项目而取得土地使用权，房屋征收权在市、县级人民政府，该建设项目应当符合市、县区域及以上辖区区域的国民经济和社会发展五年规划。

(2)符合土地利用总体规划。土地利用总体规划是在一定区域内，根据国家社会经济可持续发展的要求和当地自然、经济、社会条件，对土地的开发、利用、治理、保护在空间上、时间上所作的总体安排和布局，是国家实行土地用途管制的基础。它是从全局的和长远的利益出发，以区域内全部土地为对象，对土地利用、开发、整治、保护等方面所作的统筹安排。

土地资源是稀有资源，通过土地利用总体规划，国家将土地资源在各产业部门进行合理配置，首先在农业和非农业之间进行配置，其次在农业与非农业内部进行配置。

《土地管理法》明确规定：国家编制土地利用总体规划，规定土地用途，将土地分为农用地、建设用地和未利用地。严格限制农用地转为建设用地，控制建设用地总量，对耕地实行特殊保护。因此，使用土地的单位和个人必须严格按照土地利用总体规划确定的土地用途使用土地。土地利用总体规划属于宏观土地利用规划，是各级人民政府依法组织对辖区内全部土地的利用以及土地开发、整治、保护所作的综合部署和统筹安排。

根据我国行政区划，规划分为全国、省（自治区、直辖市）、市（地）、县（市）和乡（镇）五级5个层次。上、下级规划必须紧密衔接，上级规划是下级规划的依据，并指导下级规划，下级规划是上级规划的基础和落实。

土地利用的总体规划的成果包括规划文件、规划图件及相应的附件。土地利用总体规划实行分级审批制度，征收房屋需要实现土地使用权流转，土地流转应当符合征收的市、县的土地利用总体规划。

（3）符合城乡规划。城乡规划是指研究城乡的未来发展、城乡的合理布局和综合安排城乡各项工程建设的综合部署，是一定时期内城乡发展的蓝图，是城乡管理的重要组成部分，是城乡建设和管理的依据，它和城乡建设、城乡运行成为城乡管理的"三驾马车"。

城乡规划的原则是正确处理城乡与国家、地区、其他城乡的关系，城乡建设与经济建设的关系，城乡建设的内部关系等。在城乡规划编制过程中，应遵循和坚持整合原则、经济原则、安全原则、美学原则和社会原则等。

（4）符合专项规划。专项规划是指国务院有关部门、设区的市级以上地方人民政府及其有关部门，对其组织编制的工业、农业、畜牧业、林业、能源、水利、交通、城市建设、旅游、教育、文化、自然资源开发的有关专项规划。房屋征收的建设项目必须符合专项规划。

（5）应当广泛征求社会公众意见。征收强调了公众参与。公众参与是指社会群众、社会组织、单位或个人作为主体，在其权利义务范围内有目的的社会行为。公众参与可以从以下三个方面表达：

1）它是一个连续的双向交换意见的过程，以增进公众了解政府机构、单位集体和私人公司所负责调查和拟解决问题的做法与过程；

2）将项目、征收方案、征收进度、征收政策制定及房屋评估中的有关情况随时完整地向公众通报；

3）积极地征求全体有关公民对以下方面的意见和感觉：设计项目决策和资源利用，比选方案及管理对策的酝酿和形成，信息的交换和推进公众参与的各种手段与目标。

"公众参与"是一种有计划的行动，其通过政府部门和开发行动负责单位与公众之间双向交流，使公民们能参与决策过程并防止和化解公民和政府机构与开发单位之间、公民与公民之间的冲突。

（6）科学论证。做好建设项目，切实提高建设项目水平，说到底就是"正确选项、科学论证"。正确选项与科学论证两者之间是相辅相成、相互促进。要正确选项，必须科学论证，科学论证为的是正确选项。正确选项是科学论证的根本出发点和落脚点。正确选项、科学论证的过程，就是全面搜集各方相关信息，系统而深入研究其相互联系及其相互影响，反复比较各种方案和预期效果，最后确定最佳方案的科学决策的过程。若想做到"正确选项、科学论证"，需要善于总结实践经验；需要加强调查研究，全面准确地掌握相关情况和信息，从而正确地分析和把握形势；需要在项目建设工作过程中认真贯彻和坚持民主决策和科学决策的原则。征收之前必须进行真正的科学论证，反对"伪科学论证"。为了防止"科学论证"流于形式,甚至演变成为"伪科学论证",应当建立责任追究制度,完善干部考核制度,建立论证司法审查制度。

2. 征收决定合理合法性保障

对于确需征收房屋的各项建设活动,应当符合国民经济和社会发展规划、土地利用总体规划、城乡规划和专项规划。保障性安居工程建设、旧城区改建,应当纳入市、县级国民经济和社会发展年度计划。制定国民经济和社会发展规划、土地利用总体规划、城乡规划和专项规划,应当广泛征求社会公众意见,经过科学论证。规划特别是城市详细规划不透明、朝令夕改是拆迁之乱的源头,要治拆迁之乱,应从规划之乱治起。政府及政府部门应将国民经济和社会发展规划、土地利用总体规划、城乡规划和专项规划等作为公开行政的重点领域,将公众参与、专家论证作为制定详细规划的必经程序。地方人大在审议相关规划时,也应严格审查,切实履行人大的监督职责。

房屋征收部门拟定征收补偿方案(方案内容包括补偿单位、奖励与补助、安置房源、实施期限),应当报市、县级人民政府。市、县级人民政府应当组织有关部门对征收补偿方案进行论证并予以公布,征求公众意见。征求意见期限不得少于30日。以利于群众充分表达意见的机会,征求意见的形式,各地可因地制宜,采用座谈会等形式进行。市、县级人民政府应当将征求意见情况和根据公众意见修改的情况及时公布。因旧城区改建需要征收房屋,多数被征收人认为征收补偿方案不符合本条例规定的,市、县级人民政府应当组织由被征收人和公众代表参加的听证会,并根据听证会情况修改方案。关于征求意见的处理,包括两个方面:一是要公布征求意见的情况,二是要公布对公众意见采纳的情况。关于旧城改造应注意两个问题:一是如何理解多数人的概念,这里的多数人应理解为过半数以上的人,即简单多数。二是根据听证会情况修改后的方案是否要再次公布,如市、县级人民政府认为确有必要的,还可以再次公布征求意见。市、县级人民政府作出房屋征收决定前,应当按照有关规定进行社会稳定风险评估;房屋征收决定涉及被征收人数量较多的,应当经政府常务会议讨论决定。作出房屋征收决定前,征收补偿费用应当足额到位、专户存储、专款专用。

综上所述,房屋征收的决定程序及相关条件包括以下5个要件:
(1)属于因公共利益需要而实施的项目;
(2)符合各项规划;
(3)经过公开征求意见(听证)的征收补偿方案;
(4)有风险评估报告;
(5)专户存储、专款专用、足额到位的补偿资金证明。

只有当征收项目同时具备上述5个条件时,才能进入审查决定程序,缺少其中任何一项的,均不得作出房屋征收决定。作出决定的方式有两种,一种行政机关负责人决定,二是集体讨论决定。这里"被征收人数量较多"是一个难以把握的问题,可由市、县级人民政府根据实际情况确定,但应形成一种制度,不得临时调整。市、县级人民政府作出房屋征收决定后应当及时公告。公告直当载明征收补偿方案和行政复议、行政诉讼权利等事项。市、县级人民政府及房屋征收部门应当做好房屋征收与补偿的宣传、解释工作。房屋被依法征收的,国有土地使用权同时收回。

四、房屋征收的实施与监督

1. 房屋征收实施

房屋征收部门可以委托房屋征收实施单位,承担房屋征收与补偿的具体工作。房屋征收实施单位不得以营利为目的。房屋征收部门对房屋征收实施单位在委托范围内实施的房屋征收与补偿行为负责监督,并对其行为后果承担法律责任。不以营利为目的的单位除国家机关外,主要表现为事业单位及民办非企业法人,房屋征收实施单位究竟是属于事业单位还是民办非企业法人,抑或两者兼而有之,有待配套制度进一步明确。但可以确定的是,如果拆迁公司领取的是企业法人营业执照,是以营利为目的的单位,则不符合新条例所规定的条件。可见,房屋征收部门可以委托房屋征收实施单位承担具体工作,也可以自行承担征收补偿的具体工作。有关房屋征收实施单位行为后果的法律责任承担界定,若房屋征收实施单位在委托的范围内实施的行为,其法律责任的承担没有争议,若房屋征收实施单位超越委托范围实施的行为,其法律责任应由房屋征收实施单位承担。

2. 房屋征收与补偿工作监督

上级人民政府应当加强对下级人民政府房屋征收与补偿工作的监督。国务院住房城乡建设主管部门和省、自治区、直辖市人民政府住房城乡建设主管部门应当会同同级财政、国土资源、发展改革等有关部门,加强对房屋征收与补偿实施工作的指导。由于市、县级人民政府既是征收补偿的主体,又是征收补偿活动的管理者,因此,应当加大对其监督力度,行政机关内部的层级监督是最为有效措施之一,同时明确行业主管部门的指导职责,有利于条块结合,为市、县级人民政府正确履行征收补偿职责提供制度保障。任何组织和个人对违反规定的行为,都有权向有关人民政府、房屋征收部门和其他有关部门举报。接到举报的有关人民政府、房屋征收部门和其他有关部门对举报应当及时核实、处理。监察机关应当加强对参与房屋征收与补偿工作的政府和有关部门或者单位及其工作人员的监察。由于房屋征收补偿事关人民群众的根本利益,必须加强社会监督和专门行政监督。对群众的匿名举报,行政机关也应当及时核实、处理。行政监察的对象为参与房屋征收补偿的政府机关、部门及相关单位,即房屋征收实施单位及其工作人员也是行政监察的对象。

五、与房屋征收相关的工作

1. 组织调查登记

调查登记一般应当在房屋征收决定前进行,调查登记应当全面深入,以满足拟定征收补偿方案和进行评估的需要。调查结果应当在征收范围内向被征收人公布。

2. 对未进行登记的建筑物先行调查、认定和处理

市、县级人民政府作出房屋征收决定前,应当组织有关部门依法对征收范围内未经登记的建筑进行调查、认定和处理。

3. 暂停办理相关手续

在房屋征收范围确定后,不得在房屋征收范围内实施新建、扩建、改建房屋和改变房屋用途等不当增加补偿费用的行为;违反规定实施上述行为的,不予补偿。房屋征收部门应当将暂停办理事项书面通知有关部门。暂停办理相关手续的书面通知应当载明暂停期限。

暂停期限最长不得超过1年。

4. 对于征收费用的处理

作出房屋征收决定前，征收补偿费用应当足额到位、专户存储、专款专用。专款专用是指征收补偿费用只能用于发放征收补偿，不得挪作他用。

单元3 国有土地上房屋征收的补偿

一、房屋征收补偿的内容与方式

政府征收导致被征收人损失，根据损益相补原则，政府应当对这些损失进行补偿。

1. 房屋征收补偿的内容

(1)被征收房屋价值的补偿。对被征收房屋价值的补偿，不得低于房屋征收决定公告之日被征收房屋类似房地产的市场价格。被征收房屋的价值，由具有相应资质的房地产价格评估机构按照房屋征收评估办法评估确定。

(2)因征收房屋造成的搬迁、临时安置的补偿。因征收房屋造成搬迁的，房屋征收部门应当向被征收人支付搬迁费。选择房屋产权调换的，产权调换房屋交付前，房屋征收部门应当向被征收人支付临时安置费或者提供周转用房。

(3)因征收房屋造成的停产停业损失的补偿。对因征收房屋造成停产停业损失的补偿，根据房屋被征收前的效益、停产停业期限等因素确定。具体办法由省、自治区、直辖市制定。

2. 房屋征收补偿的方式

房屋征收补偿的方式有货币补偿和房屋产权调换两种，由被征收人选择。

选择房屋产权调换的，市、县级人民政府应当提供用于产权调换的房屋，并与被征收人计算、结清被征收房屋价值与用于产权调换房屋价值的差价。

因旧城区改建征收个人住宅，被征收人选择在改建地段进行房屋产权调换的，做出房屋征收决定的市、县级人民政府应当提供改建地段或就近地段的房屋。

二、房屋征收补偿程序

1. 做出征收决定

征收决定作出后应及时公告，涉及被征收人数量较多的，应当经政府常务会议讨论决定。征收公告要载明以下两个内容：

(1)征收补偿方案(要明确补偿协议签约期)。

(2)权利救济方式：被征收人可申请行政复议或行政诉讼。

2. 订立补偿协议

房屋征收部门与被征收人就补偿方式、补偿数额、支付期限、用于产权调换房屋的地点和面积、搬迁费、临时安置费或者周转用房、停产停业损失、搬迁期限、过渡方式和过渡期限等事项订立补偿协议。补偿协议订立后，一方当事人不履行补偿协议约定的义务的，另一方当事人可以依法提起诉讼。

签约期限内达不成补偿协议，或被征收房屋所有权人不明确的，市、县级人民政府按照征收补偿方案作出补偿决定，并在房屋征收范围内予以公告。

3. 搬迁

(1)先补偿、后搬迁。拆迁中先斩后奏的事情时有发生，被拆迁人往往处于弱势地位。实施房屋征收应当先补偿、后搬迁，被征收人将增加谈判筹码和选择余地。

在现实中，达不成协议进行补偿决定的，被征收人拒绝接受补偿及安置的，征收部门可以将补偿金提存，可以留好安置房。作出房屋征收决定的市、县级人民政府对被征收人给予补偿后，被征收人应当在补偿协议约定或者补偿决定确定的搬迁期限内完成搬迁。

(2)强制执行。市、县人民政府作出的征收补偿决定包含两项基本内容：一是补偿多少钱，二是什么时间搬迁。当被征收人在3个月内既没有申请行政复议，又没有提起行政诉讼，也没有主动搬迁的，该补偿决定已经"稳定"，即发生法律效力。

作出房屋征收决定的市、县级人民政府应当在具体行政行为确定的履行义务届满之日起180天内，依法向被征收房屋所在地的基层人民法院申请强制执行。法院受理后，及时向被执行人发出强制执行通知书，被执行人拒不执行的，法院应当在30日内作出是否准予执行裁定书，被执行人在准予执行裁定书送达后15天内没有搬迁的，人民法院强制执行。

(3)补偿结果的公开和审计监督。房屋征收部门应当依法建立房屋征收补偿档案，并将分户补偿情况在房屋征收范围内向被征收人公布，旨在解决征收补偿过程中通过公开解决公平、廉政问题。向具有利害关系的被征收人公开，形成知情人监督、当事人监督和社会监督的有效监督体系，消除被征收人的疑虑，增强公信力，促进征收工作良性运行。

在征收补偿之后，审计机关介入进行事后审计，形成专业人士监督的监督机制，重点加强对征收补偿费用管理和使用情况的审计监督，并将审计结果向被征收人公布。

4. 后续工作

(1)房屋征收部门应当建立房屋征收补偿档案，并将分户补偿情况在房屋征收范围内向被征收人公布。

(2)审计机关应当加强对征收补偿费用管理和使用情况的监督，并公布审计结果。

三、房屋所有者面对征收的合法应对

1. 征收决定阶段

房屋所有者维护自身合法权益必须尊重法律法规，应当明确以下几条：

(1)房屋征收主体的合法性。

1)市、县级人民政府负责本行政区域的房屋征收与补偿工作；由其确定的房屋征收部门组织实施本行政区域的房屋征收与补偿工作；其他政府有关部门配合完成这些工作。

2)房屋征收实施单位可以受委托承担其中的具体工作，但不承担其中的责任。也就是说，能担责的通常是两类主体：房屋征收部门(住建局、征收管理办公室等)和市县级政府。实践中，"协议拆迁"在一些地方大行其道，其突出特点就是整个程序都由村委会或某开发公司牵头实施、负责，这是没有任何法律依据的。对于这种主体不适合的情形，广大被征收人有权拒绝与其协商、签约，并及时采取法律手段进行维权。

(2)房屋征收范围确定。确定征收范围的公告将叫停实施新建、扩建、改建和改变房屋用途、迁户分户等不当增加补偿费用的行为，暂停期限最长不得超过一年。这一步骤通常是被征收人所能见到的第一份公告。此时要着重了解自己房屋的所在位置，弄清是否在房屋征收范围之内，避免被浑水摸鱼。

（3）征收的"决定前程序"是否严谨、不打折扣。这些程序包括但不限于：

1)"四规划一计划"；

2)"拟定征收补偿方案并征求公众意见"；

3)"旧城区改建(含棚户区改造、危旧房改造、城中村整治等)类项目的听证程序"；

4)"社会稳定风险评估"；

5)"征收补偿费用足额到位"。

这些步骤缺一不可，广大被征收人可以通过申请政府信息公开的途径来逐一获取相关文件，同时积极参与意见征询及听证程序，及时表达自己对补偿安置的合理诉求。而一旦被征收人不了解程序，这些步骤就会"过了这个村没这个店"，对被征收人的维权是不利的。

（4）征收调查登记重点。房屋征收部门应当对房屋征收范围内房屋的权属、区位、用途、建筑面积等情况组织调查登记，被征收人应当予以配合。调查结果应当在房屋征收范围内向被征收人公布。这些调查结果无疑将直接影响到被征收房屋的补偿，故被征收人需要特别重视。需要注意以下几点：

1)要让征收部门人员进门，而不能闭门不见或干脆躲出去。消极逃避不会妨碍征收方向前推进征收程序，反而会直接导致自己的补偿权益减损。

2)要提供真实的面积、用途证明材料，不可故意作假，更不可在征收方上门人员的诱导下搞什么"心照不宣"，否则可能会面临承担沉重的刑事法律责任。

3)要重点关注房屋面积和用途这两个问题。前者的重要性不必多言，后者则直接关系到涉案房屋是按营业性用房补偿还是按普通住宅补偿，这两者之间的差异不小。如果被征收人对调查的结论有异议，可以在此环节直接通过法律程序进行反对。越往后拖延，改变这一阶段结论的可能性就会越小。

2. 补偿阶段

在征收补偿阶段，房屋所有者应注意以下几点：

（1）慎重对待早搬早签奖励金。房屋征收补偿过程中，奖励金几乎已经成为城市房屋征收项目中的必经程序。尤其是在一些棚户区改造类的特殊项目中，奖励金在预签约阶段是极其吸引眼球和谈资的事情。前提是补偿安置公平、合理。离开了这一前提，奖励金就成了无本之木，完全丧失了其对被征收人的奖励意义，只剩下了"奖励"征收方早日完成搬迁任务的价值了。选择拿奖金之前，要算清总账，避免造成因小失大的后果。

（2）集中精力关注评估环节。这是确定被征收房屋补偿数额的重要依据。被征收人须注意以下4点问题：

1)是否参与了评估机构的选择，无论是协商确定还是抽签摇号，总之是要参与。

2)是否见到了上门评估的评估机构人员，如果没见到，则评估环节肯定不合法。

3)评估报告是否进行了合法有效的送达，内容是否大致合法。如果存在评估师签字造假、评估报告只有几页纸等情形，则可以确定对方违法。

4)如果对评估结果不满，是否及时行使了申请复核评估、申请专家委员会鉴定、针对违法评估行为申请查处等救济权利。如果被征收人在穷尽上述途径后仍对评估报告有异议，则可以考虑自行委托一家资历较深的评估机构对涉案房屋进行重新评估,进而将新的评估报告作为证据提交到起诉征收补偿决定的法庭上去。当然,自行委托评估是要付出较大成本的,实践中通常需要3万元以上。

(3)选择好补偿安置方式。被征收人具有自主选择补偿安置方式的权利,即要么选择要房,要么选择拿钱。这两者各有各的优势,也各有各的弊端和风险。需要强调的就是旧城区改建类项目,被征收人有权选择在改建地段进行房屋产权调换,征收方必须予以满足。这是维护所有人权利的关键。

(4)补偿协议审慎签订。广大被征收人需要明晰一点:补偿协议是对双方具有法律约束力的行政协议,同时兼具民事合同的很多特性,故一旦把自己的名字签上去了,想反悔是极为困难的。实践中,被征收人往往在签约这一"动作"上过于随意,在没有看清、理解透摆在面前的协议文本的情况下就贸然签字画押,甚至去签一些所谓的"空白协议"。协议尺分为两种情况:签了和没签。签了就意味着补偿工作结束。

(5)征收补偿决定是维权的最后机会。征收补偿决定确定后,一旦被征收人不同意签约,征收方作出征收补偿决定,被征收者必须收集有利证据并在6个月内对补偿决定提起诉讼,否则就会面临强制执行。

(6)注意"违建不补",要把证明自己房屋合法的手续、证件保管好,随时备用备查。

拓展阅读

房屋产权人面对征收的合法应对

征收决定阶段,房屋产权人维护自身合法权益必须尊重法律法规,应当明确以下几条:
(1)房屋征收的主体是否合法。
1)市、县级人民政府负责本行政区域的房屋征收与补偿工作;由其确定的房屋征收部门组织实施本行政区域的房屋征收与补偿工作;其他政府有关部门配合完成这些工作。
2)房屋征收实施单位可以受委托承担其中的具体工作,但不承担其中的责任。也就是说,能担责的通常是两类主体:房屋征收部门(住建局、征收管理办公室等)和市县级政府。实践中,"协议拆迁"在一些地方大行其道,其突出特点就是整个程序都由村委会或者某开发公司牵头实施、负责,这是没有任何法律依据的。对于这种主体不适格的情形,广大被征收人有权拒绝与其协商、签约,并及时采取法律手段进行维权。
(2)房屋征收范围确定。确定征收范围的公告将叫停实施新建、扩建、改建和改变房屋用途、迁户分户等不当增加补偿费用的行为,暂停期限最长不得超过1年。这一步骤通常是被征收人所能见到的第一份公告。此时要着重了解自己房屋的所在位置,弄清是否在房屋征收范围之内,避免被浑水摸鱼。
(3)征收的"决定前程序"是否严丝合缝、不打折扣。这些程序包括但不限于:
1)"四规划一计划";
2)"拟定征收补偿方案并征求公众意见";
3)"旧城区改建(含棚户区改造、危旧房改造、城中村整治等)类项目的听证程序";
4)"社会稳定风险评估";
5)"征收补偿费用足额到位"。

这些步骤没有不行，广大被征收人可以通过申请政府信息公开的途径来逐一获取相关文件，同时积极参与意见征询及听证程序，及时表达自己对补偿安置的合理诉求。而一旦被征收人不了解程序，这些步骤就会"过了这个村没这个店"，对被征收人的维权当然是不利的。

（4）征收调查登记重点看面积和用途。房屋征收部门应当对房屋征收范围内房屋的权属、区位、用途、建筑面积等情况组织调查登记，被征收人应当予以配合。调查结果应当在房屋征收范围内向被征收人公布。这些调查结果无疑将直接影响到被征收房屋的补偿，故被征收人需要特别重视。这里要注意：

1）要让征收部门人员进门，而不能闭门不见或干脆躲出去。消极逃避不会妨碍征收方向前推进征收程序，反而会直接导致自己的补偿权益减损。

2）要提供真实的面积、用途证明材料，不可故意作假，更不可在征收方上门人员的诱导下搞什么"心照不宣"，否则可能面临承担沉重的刑事法律责任。

3）要重点关注房屋面积和用途这两个问题。前者的重要性不必多言，后者则直接关系到涉案房屋是按营业性用房补偿还是按普通住宅补偿，这两者间的差异是不小的。如果被征收人对调查的结论有异议，可以在此环节直接通过法律程序进行反对。越往后拖延，改变这一阶段结论的可能性就会越小。

模块小结

房屋征收是指国家为了公共利益的需要，依照法律规定的权限和程序强制取得国有土地上单位、个人的房屋及其他不动产的行为。国有土地上房屋征收的程序包括拟定征收补偿方案→组织有关部门论证→征求公众意见→房屋征收决定。政府征收导致被征收人损失，根据损益相补原则，政府应当对这些损失进行补偿，补偿的方式有货币补偿和房屋产权调换两种，由被征收人选择。房屋征收部门可以委托房屋征收实施单位，承担房屋征收与补偿的具体工作。

思考题

一、填空题

1. 房屋征收是指_____。
2. 房屋征收的主体是_____。
3. 根据我国行政区划，规划分为_____ 5级，即5个层次。
4. 土地利用的总体规划的成果包括_____、_____。
5. 在城乡规划编制过程中，应遵循和坚持_____、_____、_____、_____和_____等。
6. 房屋征收补偿的方式有_____和_____两种。
7. 市、县人民政府作出的征收补偿决定包含两项基本内容：一是_____，二是_____。

二、选择题

1. 下列关于征收的描述错误的是(　　)。
   A. 房屋征收是指国家为了公共利益的需要，依照法律规定的权限和程序强制取得国有土地上单位、个人的房屋及其他不动产的行为
   B. 征收是国家强制使用集体和单位、个人的财产
   C. 征收的财产主要是不动产
   D. 征收主要是所有权的改变，不存在返还的问题，通俗地说是"强买"

2. 房屋征收的部门是(　　)。
   A. 市、县级人民政府　　　　　　　B. 市、县级人民政府确定的房屋征收部门
   C. 国务院　　　　　　　　　　　　D. 国务院住房城乡建设主管部门

3. 城乡管理的"三驾马车"不包括(　　)。
   A. 城乡建设　　B. 城乡运行　　C. 城乡规划　　D. 城乡开发

4. 市、县级人民政府应当组织有关部门对征收补偿方案进行论证并予以公布，征求公众意见。征求意见期限不得少于(　　)。
   A. 30 日　　B. 3 个月　　C. 半年　　D. 1 年

5. 下列关于房屋征收公告的描述错误的是(　　)。
   A. 征收决定作出后应及时公告，涉及被征收人数量较多的，应当经政府常务会议讨论决定
   B. 房屋征收公告的内容包括征收补偿方案和权利救济方式两个方面
   C. 房屋征收公告是在房屋征收决定作出前预先进行的
   D. 房屋征收公告中必须要明确补偿协议签约期

6. 作出房屋征收决定的市、县级人民政府应当在具体行政行为确定的履行义务届满之日起(　　)日内，依法向被征收房屋所在地的基层人民法院申请强制执行。
   A. 30　　B. 60　　C. 180　　D. 一年

三、判断题

1. 征收是国家强制使用集体和单位、个人的财产。　　(　　)
2. 公共利益是主观的，共享的。　　(　　)
3. 公共利益的不确定性指的是利益内容的不确定性。　　(　　)
4. 征收强调了公众参与。　　(　　)
5. 房屋征收的建设项目必须符合专项规划。　　(　　)
6. 房屋征收实施单位是以营利为目的。　　(　　)
7. 房屋征收时，被征收人有权对补偿方式进行选择。　　(　　)

四、问答题

1. 简述征收与征用的区别。
2. 房屋征收的限制条件是什么？
3. 简述国有土地上房屋征收的程序。
4. 如何理解"公众参与"这一概念？
5. 房屋征收的决定程序及相关条件包括哪些内容？
6. 房屋征收补偿的内容包括哪些？

模块 5 房地产开发建设管理制度与政策

知识目标

1. 了解房地产开发企业的设立，熟悉房地产开发企业的资质管理；
2. 掌握房地产开发勘察设计工作；
3. 掌握房地产建设工程工程报建及房地产建设工程施工许可制度；
4. 掌握房地产建设工程招投标及工程监理工作制度；
5. 了解房地产施工管理流程，熟悉房地产施工管理原则，掌握房地产施工过程（施工前、施工过程、施工收尾）管理制度；
6. 掌握建设工程安全生产和施工质量管理制度。

能力目标

能够明确房地产开发工程的一系列工程管理制度与政策，包括勘察设计、招投标、施工、交付过程中的许可、监理、安全、质量管理等。

单元 1 房地产开发企业管理

房地产开发企业是依法设立，具有企业法人资格的，以营利为目的，从事房地产开发和经营的企业，又称为开发商、发展商、建设单位、房地产开发公司。

一、房地产开发企业的设立

1. 房地产开发企业的设立条件

设立房地产开发企业，除应当符合有关法律、行政法规规定的企业设立条件外，还应具备下列条件：

（1）有 100 万元以上的注册资本。

(2)有4名以上持有资格证书的房地产专业、建筑工程专业的专职技术人员，2名以上持有资格证书的专职会计人员。

省、自治区、直辖市人民政府可以根据本地方的实际情况，对设立房地产开发企业的注册资本和专业技术人员的条件作出高于以上的规定。

2. 房地产开发企业的设立程序

(1)新设立的房地产开发企业，应当自领取营业执照之日起30日内，持下列文件到登记机关所在地的房地产开发主管部门备案：营业执照复印件；企业章程；专业技术人员的资格证书和聘用合同。

(2)房地产开发主管部门应当在收到备案申请后30日内向符合条件的企业核发《暂定资质证书》，暂定资质的条件不低于四级资质的条件。

(3)《暂定资质证书》有效期1年，延长《暂定资质证书》有效期的，延长期不得超过2年。

(4)自领取《暂定资质证书》之日起1年内无开发项目的，《暂定资质证书》有效期不得延长。

二、房地产开发企业资质管理

国务院建设行政主管部门负责全国房地产开发企业的资质管理工作；县级以上地方人民政府房地产开发主管部门负责本行政区域内房地产开发企业的资质管理工作。

房地产开发企业资质按照企业条件分为一、二、三、四级四个资质等级，见表5-1。

表5-1 房地产开发企业资质等级

资质等级	具体说明
一级资质	(1)注册资本不低于5 000万元； (2)从事房地产开发经营5年以上； (3)近3年房屋建筑面积累计竣工30万 m² 以上，或累计完成与此相当的房地产开发投资额； (4)连续5年建筑工程质量合格率达100%； (5)上一年房屋建筑施工面积15万 m² 以上，或完成与此相当的房地产开发投资额； (6)有职称的建筑、结构、财务、房地产及有关经济类的专业管理人员不少于40人，其中具有中级以上职称的管理人员不少于20人，持有资格证书的专职会计人员不少于4人； (7)工程技术、财务、统计等业务负责人具有相应专业中级以上职称； (8)具有完善的质量保证体系，商品住宅销售中实行了《住宅质量保证书》和《住宅使用说明书》制度； (9)未发生过重大工程质量事故
二级资质	(1)注册资本不低于2 000万元； (2)从事房地产开发经营3年以上； (3)近3年房屋建筑面积累计竣工15万 m² 以上，或累计完成与此相当的房地产开发投资额； (4)连续3年建筑工程质量合格率达100%； (5)上一年房屋建筑施工面积10万 m² 以上，或完成与此相当的房地产开发投资额； (6)有职称的建筑、结构、财务、房地产及有关经济类的专业管理人员不少于20人，其中具有中级以上职称的管理人员不少于10人，持有资格证书的专职会计人员不少于3人； (7)工程技术、财务、统计等业务负责人具有相应专业中级以上职称； (8)具有完善的质量保证体系，商品住宅销售中实行了《住宅质量保证书》和《住宅使用说明书》制度； (9)未发生过重大工程质量事故

续表

资质等级	具体说明
三级资质	(1)注册资本不低于800万元； (2)从事房地产开发经营2年以上； (3)房屋建筑面积累计竣工5万 m² 以上，或者累计完成与此相当的房地产开发投资额； (4)连续2年建筑工程质量合格率达100%； (5)有职称的建筑、结构、财务、房地产及有关经济类的专业管理人员不少于10人，其中具有中级以上职称的管理人员不少于5人，持有资格证书的专职会计人员不少于2人； (6)工程技术、财务等业务负责人具有相应专业中级以上职称，统计等其他业务负责人具有相应专业初级以上职称； (7)具有完善的质量保证体系，商品住宅销售中实行了《住宅质量保证书》和《住宅使用说明书》制度； (8)未发生过重大工程质量事故
四级资质	(1)注册资本不低于100万元； (2)从事房地产开发经营1年以上； (3)已竣工的建筑工程质量合格率达100%； (4)有职称的建筑、结构、财务、房地产及有关经济类的专业管理人员不少于5人，持有资格证书的专职会计人员不少于2人； (5)工程技术负责人具有相应专业中级以上职称，财务负责人具有相应专业初级以上职称，配有专业统计人员； (6)商品住宅销售中实行了《住宅质量保证书》和《住宅使用说明书》制度； (7)未发生过重大工程质量事故

房地产开发企业资质等级实行分级审批。一级资质由省、自治区、直辖市住房城乡建设主管部门初审，报国务院住房城乡建设主管部门审批；二级及二级以下资质的审批办法由省、自治区、直辖市人民政府住房城乡建设主管部门制定。对于不符合原定资质条件或者有不良经营行为的企业，由原资质审批部门予以降级或注销资质证书。企业涂改、出租、转让、出卖资质证书的，由原资质审批部门公告资质证书作废，收回证书，并处以1万元以下的罚款。

单元2 房地产开发勘察设计

勘察、设计是房地产项目前期准备工作至关重要的一步，它是规划设计、基础设施建设及项目建设的基础。工程勘察是指为了满足工程建设规划、设计、施工、运营及综合活动等方面的需要，对地形、地质及水文等状况进行测绘勘探、测试，并提供相应成果和资料的活动。沿途工程中，勘测、设计、处理、监测活动也属于工程勘察范畴。工程设计是运用工程技术理论及技术经济方法，按照现行技术标准，对新建、扩建、改建项目的工艺、土建工程、公共设施、环境保护等进行综合设计及技术经济分析，并提供作为建设依据的设计文件和图纸的活动。

一、房地产建设工程勘察工作

勘察工作是设计前必须做好的准备工作，它是设计、施工的基础，是共享建设的先行工作。

1. 勘察工作的主要任务和目的

（1）勘察工作的主要任务是正确反映地形、地质情况，确保原始资料数据的准确性，结合实际地质情况和开发项目的具体要求，提出明确的评价、结论和建议；体现国家可持续发展的战略，做好环境地质的评价工作。

（2）勘察工作的目的就是为设计、施工提供精确的原始资料、数据，使设计施工工作得以顺利进行，在保证开发项目结构安全、质量优良的前提下，最大限度地节省投资，降低造价，为项目开发创造良好的经济效益。

2. 勘察工作的主要程序

（1）承接勘察任务；

（2）搜集已有资料，包括与相邻地质资料以备校核；

（3）现场勘察，编制勘察纲要；

（4）出工前的准备；

（5）野外调查、测绘、勘探；

（6）试验、整理数据、分析资料；

（7）编制样图及编制勘察报告。

3. 勘察过程的分类

由于勘察数据用途不同，可将勘察过程分为以下几类。

（1）资料分析。对工程的稳定性和适宜性作出评价，编制反映地形、地貌1∶5 000的地形图，为选择场址提供资料。这类勘察称为选择场址勘察。开发商一般可通过规划部门的地形图获知。

（2）初步勘察。初步勘察一般在选择场址勘察之后进行。对场地的稳定性，以及是否适宜建设作出地质评价，提出1∶2 000的地形图作为建设总平面布置、主要建筑场地地基基础设施设计的依据。

（3）详细勘察。详细勘察是在初步勘察的基础上对建筑场地进行进一步勘察，作出工程地质评价，为地基基础设计的地基处理与加固、不良地质现象防治提供地址资料，并绘出1∶1 000的地形图。

（4）施工勘察。多数开发项目都不会进行施工勘察，只有在地址比较复杂、工程要求高的情况下，对与施工有关的工程地质问题进行勘察，为制定施工方案提供相应的工程地质资料。

由上可知，只有在这几种勘察工程由粗到细，逐步为工程建设提供详细的相关数据之后，才能保证开发项目的工程质量。

4. 勘察工作原则

（1）勘察工作必须遵守国家的法律、法规，贯彻国家有关经济建设方针。政策和基本建设程序，要贯彻执行提高经济效益和促进技术进步的方针。

（2）勘察成果要反映客观地形、地质情况，确保原始资料的准确性，结合工程具体特点和要求提出明确的评价、结论和建议。

（3）勘察工作既要防止技术保守或片面追求产值，任意加大工作量；又要防止不适当地减少工作量而影响勘察成果的质量，给工程建设造成事故或浪费。

（4）要积极采用新理论、新技术、新方法、新手段。应结合工程和勘察地区的具体情况，因地制宜地采用先进可靠的勘察手段和评价方法，努力提高勘察水平。

（5）勘察工作不仅要评价当前环境和地质条件对工程建设的适应性，而且要预测工程建设对地址和环境条件的影响。要从环境出发，做好环境地质评价工作。

（6）勘察工作前期应全面搜集、综合分析、充分使用已有的勘察资料。

（7）要加强对勘察职工安全生产教育，严格遵守安全规程，防止人身、机具和工程事故。

5. 勘察工作的具体内容

（1）地形测量。依据国家相关规范、标准、规定，使用测量工具，运用测量方法，将地表面上的各种地形沿铅垂方向投影到水平面上，按一定比例尺缩小绘制成图，称为地形图。地形图的绘制是地形测量中的重要组成部分。地形测量的范围应包括整个建筑工地及全部有关的重要地段。在地形测量中，要特别注意搜集区域地质、地形、地貌、地震、矿产及附近地区的工程地质资料，并进行全面分析，最好能够从以往的工程施工中汲取经验和教训，以便及早采取相应措施。

（2）工程勘察。地质钻探、挖探槽是工程地质勘察常用的两种方式。通过这两种方式，可以查明建筑场地的土质、结构、地层和地基的承载能力及稳定性状况、岩石的性质、土壤的性质、地下水状况等。在进行建筑物基础网管设计时，这些资料都可以作为依据。

（3）地下水、地表水的勘探。在施工前，必须查明地下水在不同时期的水位变化、流动方向，水的化学成分，能否与混凝土发生化学反应，是否会引起钢筋锈蚀，以及地层的透水性，以确定施工方案。同时，也应查明附近河流、湖海的水流量、水位等资料，为夏期施工的防洪排水提供依据。

（4）气象调查。气象调查因地区不同、季节变化而会有大相径庭的结果。其内容应该包括空气的湿度、温度及风向、雨雪、不冻季节的延续、冻土层的深度等资料，为设计和施工提供依据。

二、房地产建设工程设计工作

项目开发商一般以各种方式参与设计工作的全过程，同时将自己的精神和理念贯彻于设计之中，因而设计工作是房地产开发成果"具体化"和"形象化"最为重要的步骤。设计工作一般通过委托或招标等方式选择技术力量雄厚、设计质量优良的设计部门来完成。

1. 设计工作的原则和依据

（1）设计工作的原则。

1）要遵守国家的法律、法规，贯彻执行国家经济建设的方针、政策和基本建设程序，特别应贯彻执行提高经济效益和促进技术进步的方针。

2）要采取节约能源的措施，对北方需要供暖的开发项目要提倡区域性供暖，重视余热利用。

3）应积极改进工艺，采用行之有效的技术措施，防止各种有害因素对环境的污染，并进行综合治理和利用，使设计符合国家规定的标准。

4）开发项目的选址必须因地制宜，提高土地利用率。应尽量利用荒地、劣地，不占或少占耕地。总平面图的布置要紧凑合理。

5）引进国外先进技术必须符合我国国情，着眼提高我国技术水平和制造能力。凡引进先进技术、进口关键设备能满足需要的，就不应引进成套项目；凡能自行设计或合作设计的，就不应委托或单独依靠外国设计。

6）要坚持经济适用、美观实用并保证安全的原则。

7）要合理设计户型、日照间距、外立面等居民密切关心的内容，以利于将来开发物业的出租、出售。

（2）工程设计的依据。进行工程设计、编制设计文件的主要依据是项目建议书。在有条件的情况下，设计单位应该积极参与项目建议书的编制、建设地址的选择、建设规划的制定及试验研究等设计的前期工作。对重点项目、子项目建议书批准以前，可根据长远规划的要求进行必要的资源调查、工程地质和水文勘察、经济调查和多种方案的技术经济比较等方面的工作，从中了解和掌握有关情况，搜集必要的设计基础资料，为编制设计文件做好准备。

2. 工程设计阶段和内容

（1）设计阶段。根据《基本建设设计工作管理暂行办法》的规定，设计阶段可根据建设项目的复杂程度而决定。

1）一般建设项目。一般建设项目的设计可按初步设计和施工图设计两个阶段进行。

2）技术复杂的建设项目。技术复杂的建设项目，可增加技术设计阶段，即按初步的设计、技术设计、施工图设计3个阶段进行。

（2）设计各阶段内容及深度。

1）初步设计。初步设计一般应包括以下文字说明和图样：

①设计依据；

②设计指导思想；

③产品方案；

④各类资源的用量和来源；

⑤主要建筑物和构成物；

⑥公共辅助设施；

⑦新技术采用情况；

⑧外部协作条件；

⑨占地面积和土地利用情况；

⑩综合利用和"三废"治理；

⑪抗震和人防措施；

⑫各项技术经济指标；

⑬建设顺序和期限；

⑭总概算等。

初步设计的深度应满足以下要求：

①设计方案的比较选择和确定；

②主要设备和材料的订货；

③土地征用；

④基建投资的控制；

⑤施工图设计的编制；

⑥施工组织的编制；
⑦施工准备等。

2)技术设计。技术设计的内容，由有关部门根据工程的特点和需要自行制定。其深度应能满足确定设计方案中重大技术问题和有关实验、设备制造等方面的要求。

3)施工设计。施工图设计应根据已获批准的初步设计进行。其深度能满足以下要求：设备、材料的安排和非标准设备的制作、施工图预算的编制、施工要求等。

(3)设计工作的基本内容。

1)总体设计。总体设计一般由文字说明和图样两部分组成。其内容包括：

①建设规模；
②产品方案；
③主要建筑物及构成物；
④公用和辅助工程；
⑤"三废"治理及环境保护方案；
⑥占地面积估计；
⑦总图布置；
⑧工程进度和配合要求；
⑨投资估算等。

2)单体设计。单体设计是指在总体设计的指导下，以统一规划为前提，对建筑物的立面造型、使用功能、装饰装修等方面进行具体的设计。其内容包括：

①建筑层数、层高、户型；
②各种管线及通道走向；
③建筑物外立面颜色、玻璃幕墙的选择应用等。

单体设计应在可能的条件下注意美观的原则。

3)建筑构造设计。建筑材料的选择、建筑结构形式等都属于构造设计。以建筑工业化体系为例，其结构形式大致可分为三大类，见表5-2。

表5-2　建筑结构形式

类型	说明
全装配式结构	包括大板建筑、砌块建筑、预制框架轻板建筑和盒子结构建筑等。这种结构的优点是工业化程度高，施工速度快，受季节影响小，有利于工业废料；其缺点是一次投资规模大，运费高，造价也高
大模结构	包括大模板、滑模、隧道模和升板等建筑结构。这种结构的优点是整体性好、工艺灵活、节省运费，其缺点是钢筋、水泥用量较多，造价较高
装配式整体结构	包括内浇外砌、内浇外挂和"一半三模"等建筑结构。这种结构整体性好，造价也较低，适应性强，能因地制宜，且可与大模板结合，为各城市所乐于采用

(4)抗震设防。地震烈度为6度及6度以上地区和今后有可能发生破坏性地震的所有地震区的所有新建、改建、扩建工程都必须进行抗震设防。工程项目的设计文件应有抗震设防的内容，包括设防及依据、设防的标准、方案论证等。工程勘察、设计单位应按规定的业务范围承担工程项目的抗震设计，严格遵守现行抗震设计和规范的有关规定。新建工程采用新技术、新材料和新结构体系，均应通过相应级别的抗震性能鉴定，方可采用。

单元3　房地产建设工程报建与施工许可

一、房地产建设工程工程报建

工程报建制度是指建设单位工程建设项目通过立项、可行性研究、项目评估等前期筹备工作后，向住房城乡建设主管部门报告前期工作结束，申请转入工程建设实施阶段，由住房城乡建设主管部门依法进行审查，对符合发包条件的，准许其进行发包制度。

1. 报建的范围

凡在我国境内投资兴建的房地产开发项目，包括外国投资、合资、合作的工程项目，都必须实行报建制度，接受当地住房城乡建设主管部门或其授权的机构的监督管理。凡未报建的工程建设项目，不得办理招标投标手续和发放施工许可证，设计、施工单位不得承接该项工程的设计和施工任务。

2. 报建的时间

建设工程工程报建应当在工程建设项目的可行性研究报告或其他立项文件批准后、建筑工程发包前进行。由建设单位或其代理机构，向工程所在地住房城乡建设主管部门或其授权的机构进行报建。

3. 报建的内容

工程建设项目由建设单位或其代理机构在工程项目可行性研究报告或其他立项文件批准后，须向当地住房城乡建设主管部门或其授权机构进行报建，交验工程项目立项的批准文件（包括建设项目的报建内容）主要包括：

(1) 工程名称；
(2) 建设地点；
(3) 投资规模；
(4) 资金来源；
(5) 当年投资额；
(6) 工程规模；
(7) 开工、竣工日期；
(8) 发包方式；
(9) 工程筹建情况。

4. 报建的程序

(1) 建设单位到住房城乡建设主管部门或其授权机构领取《工程建设项目报建表》；
(2) 按报建表的内容及要求认真填写；
(3) 向住房城乡建设主管部门或其授权机构报送《工程建设项目报建表》，并按要求进行招标准备。

二、房地产建设工程施工许可

施工许可是指住房城乡建设主管部门或其他行政主管部门根据建设单位和从事建筑活

动的单位、个人的申请,依法准许公民、法人和其他组织从事建筑活动的具体行政行为。

在中华人民共和国境内从事各类房屋建筑及其附属设施的建造、装修装饰和与其配套的线路、管道、设备的安装,以及城镇市政基础设施工程的施工,建设单位在开工前应当依照本办法的规定,向工程所在地的县级以上地方人民政府住房城乡建设主管部门(以下简称发证机关)申请领取施工许可证。

工程投资额在 30 万元以下或者建筑面积在 300 m^2 以下的建筑工程,可以不申请办理施工许可证。省、自治区、直辖市人民政府住房城乡建设主管部门可以根据当地的实际情况,对限额进行调整,并报国务院住房城乡建设主管部门备案。按照国务院规定的权限和程序批准开工报告的建筑工程,不再领取施工许可证。

应当申请领取施工许可证的建筑工程未取得施工许可证的,一律不得开工。

任何单位和个人不得将应当申请领取施工许可证的工程项目分解为若干限额以下的工程项目,规避申请领取施工许可证。

1. 申领施工许可证应具备的条件

建设单位申请领取施工许可证,应当具备下列条件,并提交相应的证明文件:

(1)依法应当办理用地批准手续的,已经办理该建筑工程用地批准手续。

(2)在城市、镇规划区的建筑工程,已经取得建设工程规划许可证。

(3)施工场地已经基本具备施工条件,需要征收房屋的,其进度符合施工要求。

(4)已经确定施工企业。按照规定应当招标的工程没有招标,应当公开招标的工程没有公开招标,或肢解发包工程,以及将工程发包给不具备相应资质条件的企业的,所确定的施工企业无效。

(5)有满足施工需要的技术资料,施工图设计文件已按规定审查合格。

(6)有保证工程质量和安全的具体措施。施工企业编制的施工组织设计中有根据建筑工程特点制定的相应质量、安全技术措施。建立工程质量安全责任制并落实到人。专业性较强的工程项目编制了专项质量、安全施工组织设计,并按照规定办了工程质量、安全监督手续。

(7)按照规定应当委托监理的工程已委托监理。

(8)建设资金已经落实。建设工期不足一年的,到位资金原则上不得少于工程合同价的 50%,建设工期超过一年的,到位资金原则上不得少于工程合同价的 30%。建设单位应当提供本单位截至申请之日无拖欠工程款情形的承诺书或能够表明其无拖欠工程款情形的其他材料,以及银行出具的到位资金证明,有条件的可以实行银行付款保函或其他第三方担保。

(9)法律、行政法规规定的其他条件。县级以上地方人民政府住房城乡建设主管部门不得违反法律法规规定,增设办理施工许可证的其他条件。

2. 办理施工许可证的程序

申请办理施工许可证,应当按照下列程序进行:

(1)建设单位向发证机关领取《建筑工程施工许可证申请表》。

(2)建设单位持加盖单位及法定代表人印鉴的《建筑工程施工许可证申请表》,并附《建筑工程施工许可管办法》第四条规定的证明文件,向发证机关提出申请。

(3)发证机关在收到建设单位报送的《建筑工程施工许可证申请表》和所附证明文件后,对于符合条件的,应当自收到申请之日起 7 日内颁发施工许可证;对于证明文件不齐全或者失效的，应当当场或者 5 日内一次告知建设单位需要补正的全部内容，审批时间可以自证明文件补正齐全后作相应顺延；对于不符合条件的，应当自收到申请之日起 7 日内书面通知建设单位，并说明理由。

3. 施工许可证管理

（1）建筑工程在施工过程中，建设单位或者施工单位发生变更的，应当重新申请领取施工许可证。

（2）建设单位申请领取施工许可证的工程名称、地点、规模，应当符合依法签订的施工承包合同。

（3）施工许可证应当放置在施工现场备查，并按规定在施工现场公开。

（4）施工许可证不得伪造和涂改。

（5）建设单位应当自领取施工许可证之日起 3 个月内开工。因故不能按期开工的，应当在期满前向发证机关申请延期，并说明理由；延期以两次为限，每次不超过 3 个月。既不开工又不申请延期或者超过延期次数、时限的，施工许可证自行废止。

（6）在建的建筑工程因故中止施工的，建设单位应当自中止施工之日起 1 个月内向发证机关报告，报告内容包括中止施工的时间、原因、在施部位、维修管理措施等，并按照规定做好建筑工程的维护管理工作。建筑工程恢复施工时，应当向发证机关报告；中止施工满 1 年的工程恢复施工前，建设单位应当报发证机关核验施工许可证。

（7）发证机关应当将办理施工许可证的依据、条件、程序、期限以及需要提交的全部材料和申请表示范文本等，在办公场所和有关网站予以公示。发证机关作出的施工许可决定，应当予以公开，公众有权查阅。

（8）发证机关应当建立颁发施工许可证后的监督检查制度，对取得施工许可证后条件发生变化、延期开工、中止施工等行为进行监督检查，发现违法违规行为及时处理。

（9）对于未取得施工许可证或者为规避办理施工许可证将工程项目分解后擅自施工的，由有管辖权的发证机关责令停止施工，限期改正，对建设单位处工程合同价款 1% 以上 2% 以下罚款；对施工单位处 3 万元以下罚款。

（10）建设单位采用欺骗、贿赂等不正当手段取得施工许可证的，由原发证机关撤销施工许可证，责令停止施工，并处 1 万元以上 3 万元以下罚款；构成犯罪的，依法追究刑事责任。

（11）建设单位隐瞒有关情况或者提供虚假材料申请施工许可证的，发证机关不予受理或者不予许可，并处 1 万元以上 3 万元以下罚款；构成犯罪的，依法追究刑事责任。建设单位伪造或者涂改施工许可证的，由发证机关责令停止施工，并处 1 万元以上 3 万元以下罚款；构成犯罪的，依法追究刑事责任。

（12）对于给予单位罚款处罚的，对单位直接负责的主管人员和其他直接责任人员处单位罚款数额 5% 以上 10% 以下罚款。单位及相关责任人受到处罚的，作为不良行为记录予以通报。

（13）发证机关及其工作人员，违反本办法，有下列情形之一的，由其上级行政机关或者监察机关责令改正；情节严重的，对直接负责的主管人员和其他直接责任人员，依法给予行政处分：

1）对不符合条件的申请人准予施工许可的；
2）对符合条件的申请人不予施工许可或者未在法定期限内作出准予许可决定的；
3）对符合条件的申请不予受理的；

4) 利用职务上的便利，收受他人财物或者谋取其他利益的；

5) 不依法履行监督职责或者监督不力，造成严重后果的。

(14) 建筑工程施工许可证由国务院住房城乡建设主管部门制定格式，由各省、自治区、直辖市人民政府住房城乡建设主管部门统一印制。施工许可证分为正本和副本，正本和副本具有同等法律效力。复印的施工许可证无效。

单元4 房地产建设工程招标投标与监理

一、房地产建设工程招标投标

一次完整的招投标活动包括招标、投标、开标、评标和中标等环节。招标投标活动应当遵循公开、公平、公正和诚实信用的原则。招标投标活动中严厉禁止串通投标、投标人行贿、以低于成本的价格竞标等行为。

(一) 工程建设招标

工程招标是指招标人用招标文件将委托的工作内容和要求告诉有意参与竞争的投标人，让他们按规定条件提出实施计划和价格，然后通过评审、比较，选出信誉可靠、技术能力强、管理水平高、报价合理的单位，以合同形式委托其完成工程。

1. 招标范围

在中华人民共和国境内进行下列工程建设项目包括项目的勘察、设计、施工、监理以及与工程建设有关的重要设备、材料等的采购，必须进行招标：

(1) 大型基础设施、公用事业等关系社会公共利益、公众安全的项目；

(2) 全部或者部分使用国有资金投资或者国家融资的项目；

(3) 使用国际组织或者外国政府贷款、援助资金的项目。

2. 招标方式

招标分为公开招标和邀请招标。公开招标，也称无限竞争性招标，是指招标人以招标公告的方式邀请不特定的法人或者其他组织投标。邀请招标，也称有限竞争性招标或限制性招标，是指招标人以投标邀请书的方式邀请特定的法人或者其他组织投标。与公开招标不同，邀请招标无须向不特定的人发出邀请，但为了保证招标的竞争性，招标人应当向3个以上的潜在投标人发出邀请。

3. 招标条件

根据规定，依法必须招标的工程建设项目，应当具备下列条件才能进行施工招标：

(1) 招标人已经依法成立；

(2) 初步设计及概算应当履行审批手续的，已经批准；

(3) 招标范围、招标方式和招标组织形式等应当履行核准手续的，已经核准；

(4) 有相应资金或资金来源已经落实；

(5) 有招标所需的设计图纸及技术资料。

另外，还应该注意审批手续与落实资金来源问题。

4. 招标文件

招标文件应当包括下列内容。

(1)应写明招标人对投标人的所有实质性要求和条件，包括：投标须知；如果招标项目是工程建设项目，招标文件中还应包括工程技术说明书，即按照工程类型和合同方式用文字说明工程技术内容的特点和要求，通过附工程技术图纸及工程量清单等对投标人提出详细、准确的技术要求。

(2)招标文件中应当包括招标人就招标项目拟签订合同的主要条款。

(3)任何一种形式的招标，招标人都应对招标项目提出相应的技术规格和标准。

招标文件不得要求或者标明特定的生产供应者及含有倾向或者排斥潜在投标人的内容。招标人不得向他人透露已获取招标文件的潜在投标人的名称、数量及可能影响公平竞争的有关招标投标的其他信息；招标人设有标底的，标底必须保密。

(二)工程建设投标

工程投标是指各投标人依据自身能力和管理水平，按照招标文件规定的统一要求递交投标文件，争取获得实施资格。

投标人是响应招标、参加投标竞争的法人或者其他组织。投标人应当具备承担招标项目的能力；国家有关规定对投标人资格条件或者招标文件对投标人资格条件有规定的，投标人应当具备规定的资格条件。

投标人应当按照招标文件的要求编制投标文件。投标文件应当对招标文件提出的实质性要求和条件作出响应。招标项目属于建设施工的，投标文件的内容应当包括拟派出的项目负责人与主要技术人员的简历、业绩和拟用于完成招标项目的机械设备等。

投标人编制投标文件的基本要求如下：

(1)按照招标文件的要求编制投标文件。投标人只有按照招标文件载明的要求编制自己的投标文件，方有中标的可能。

(2)投标文件应当对招标文件提出的实质性要求和条件做出响应。这是指投标文件的内容应当对招标文件规定的实质要求和条件(包括招标项目的技术要求、投标报价要求和评标标准等)做出相对应的回答，不能存在遗漏或重大的偏离。否则将被视为废标，失去中标的可能。

(3)投标人应当在招标文件要求提交投标文件的截止时间前，将投标文件送达投标地点。招标人收到投标文件后，应当签收保存，不得开启。投标人少于3个的，招标人应当按规定重新进行招标。在招标文件要求提交投标文件的截止时间后送达的投标文件，招标人应当拒收。投标人在招标文件要求提交投标文件的截止时间前，可以补充、修改或者撤回已提交的投标文件，并书面通知招标人。补充、修改的内容为投标文件的组成部分。

(4)投标人根据招标文件载明的项目实际情况，拟在中标后将中标项目的部分非主体、非关键性工作进行分包的，应当在投标文件中载明。

(三)工程建设开标

开标应当在招标文件确定的提交投标文件截止时间的同一时间公开进行；开标地点应当为招标文件中预先确定的地点。

开标由招标人主持，邀请所有投标人参加。

模块5 房地产开发建设管理制度与政策

开标时,由投标人或者其推选的代表检查投标文件的密封情况,也可以由招标人委托的公证机构检查并公证;经确认无误后,由工作人员当众拆封,宣读投标人名称、投标价格和投标文件的其他主要内容。招标人在招标文件要求提交投标文件的截止时间前收到的所有投标文件,开标时都应当当众予以拆封、宣读。开标过程应当记录,并存档备查。

(四)工程建设评标

评标由招标人依法组建的评标委员会负责。依法必须进行招标的项目,其评标委员会由招标人的代表和有关技术、经济等方面的专家组成,成员人数为5人以上单数,其中技术、经济等方面的专家不得少于成员总数的三分之二。前款专家应当从事相关领域工作满8年并具有高级职称或者具有同等专业水平,由招标人从国务院有关部门或者省、自治区、直辖市人民政府有关部门提供的专家名册或者招标代理机构的专家库内的相关专业的专家名单中确定;一般招标项目可以采取随机抽取方式,特殊招标项目可以由招标人直接确定。与投标人有利害关系的人不得进入相关项目的评标委员会;已经进入的应当更换。评标委员会成员的名单在中标结果确定前应当保密。

招标人应当采取必要的措施,保证评标在严格保密的情况下进行。任何单位和个人不得非法干预、影响评标的过程和结果。

评标委员会可以要求投标人对投标文件中含义不明确的内容做必要的澄清或者说明,但是澄清或者说明不得超出投标文件的范围或者改变投标文件的实质性内容。

评标委员会应当按照招标文件确定的评标标准和方法,对投标文件进行评审和比较;设有标底的,应当参考标底。评标委员会完成评标后,应当向招标人提出书面评标报告,并推荐合格的中标候选人。招标人根据评标委员会提出的书面评标报告和推荐的中标候选人确定中标人。招标人也可以授权评标委员会直接确定中标人。国务院对特定招标项目的评标有特别规定的,从其规定。

(五)工程建设中标

中标就是在招标投标中选定最优的投标人,从投标人来说,就是投标成功,争取到了招标项目的合同。中标人的投标应当符合下列条件之一:

(1)能够最大限度地满足招标文件中规定的各项综合评价标准;

(2)能够满足招标文件的实质性要求,并且经评审其投标价格最低(投标价格低于成本的除外)。

中标人确定后,招标人应当向中标人发出中标通知书,并同时将中标结果通知所有未中标的投标人。

二、房地产建设工程监理

所谓监理,通常是指有关执行者根据一定的行为准则,对某些行为进行监督管理,使这些行为符合准则要求,并协助行为主体实现其行为目的。

建设工程监理是指针对工程项目建设,社会化、专业化的工程建设监理单位接受业主的委托和授权,根据国家批准的工程项目建设文件、有关工程建设的法律、法规和建设工程监理合同及其他工程建设合同所进行的,旨在实现项目投资目的的微观监督管理活动。

一般而言,建设工程监理这种管理服务活动主要出现在工程项目建设的设计阶段(含设计准备)、招标阶段、施工阶段,以及竣工验收和保修阶段。同时,建设工程监理的目的是协助业主在预定的投资、进度、质量目标内建成项目。它的主要内容是进行投资、进度、质量控制、合同管理、组织协调,这些活动在我国主要发生在项目建设的实施阶段。所以,我国工程建设监理主要发生在项目建设的实施阶段。当然,在项目建设实施阶段,监理单位的服务活动是否是监理活动还要看业主是否授权监理单位监督管理权。之所以这样界定,主要是因为工程建设监理是"第三方"的监督管理行为,它的发生不仅要有委托方(需要与项目业主建立委托与服务关系),而且要有被监理方(需要与只在项目实施阶段才出现的设计、施工和材料设备供应单位等承建商建立监理与被监理关系)。

广义的建设工程监理包含工程咨询;我国建设工程监理尚处于初级阶段,决策阶段的监理目前主要还是由政府行政管理部门进行管理;实施阶段监理我国目前主要是施工监理。

1. 监理活动的实现条件

监理活动的实现,需要具备的基本条件是:

(1)应当有明确的监理"执行者",也就是必须有监理组织;

(2)应当有明确的行为"准则",它是监理的工作依据;

(3)应当有明确的被监理"行为"和被监理"行为主体",它是被监理的对象;

(4)应当有明确的监理目的和行之有效的思想、理论、方法和手段。

2. 工程建设监理的范围

我国法律法规规定,下列建设工程必须实行监理:

(1)国家重点建设工程;

(2)大中型公用事业工程;

(3)成片开发建设的住宅小区工程;

(4)利用外国政府或者国际组织贷款、援助资金的工程;

(5)国家规定必须实行监理的其他工程。

3. 我国工程建设监理的原则

(1)客观、公正性原则。

(2)监理单位独立完成任务的原则。监理单位不得转让工程监理业务。

(3)总监理工程师全权负责原则。总监理工程师是监理单位履行监理合同的全权负责人;监理工程师具体履行监理职责,对总监理工程师负责。

(4)监理事项通知原则。实施建筑工程监理前,建设单位应当将委托的工程监理单位、监理的内容及监理权限,书面通知被监理的建筑施工企业。

(5)监理资质许可原则。实行监理的建筑工程,由建设单位委托具有相应资质条件的工程监理单位监理。建设单位与其委托的工程监理单位应当订立书面委托监理合同。工程监理单位应当在其资质等级许可的监理范围内,承担工程监理业务。上述法律规定是政府对从事工程建设监理的单位资质许可的强制性规定。

4. 建设工程监理的实施

建设工程监理应当依照法律、行政法规及有关的技术标准、设计文件和建筑工程承包合同,对承包单位在施工质量、建设工期和建设资金使用等方面,代表建设单位实施监督。

工程监理人员认为工程施工不符合工程设计要求、施工技术标准和合同约定的,有权要求建筑施工企业改正。

工程监理人员发现工程设计不符合建筑工程质量标准或者合同约定的质量要求的，应当报告建设单位要求设计单位改正。

工程监理单位应当选派具备相应资格的总监理工程师和监理工程师进驻施工现场。未经监理工程师签字，建筑材料、建筑构配件和设备不得在工程上使用或者安装，施工单位不得进行下一道工序的施工。未经总监理工程师签字，建设单位不拨付工程款，不进行竣工验收。

建设工程监理的主要内容是：控制工程建设的投资、建设工期和工程质量；进行工程建设合同管理，协调有关单位之间的工作关系。也就是我们常说的建设工程监理的任务，即"三控两管一协调"共六项任务。"三控"指质量控制、工期控制和投资控制；"两管"指对工程建设承发包合同的管理和建设工程过程中有关信息的管理；"一协调"指业主与施工单位的协调。

单元5　房地产建设工程施工管理

建设工程施工管理是指针对施工企业施工生产过程的管理，即施工企业根据施工合同界定的范围，对建筑工程进行施工的管理过程。它可以是一个建设工程的施工管理活动，也可以是其中的一个单项工程、单位工程和相关专业工程的施工管理活动。

施工管理是施工企业经营管理的一个重要组成部分。企业为了完成建筑产品的施工任务，从接受施工任务起到工程验收止的全过程中，围绕施工对象和施工现场而进行的生产事务的组织管理工作。企业应识别施工范围和相关方需求，分析相关因素，确定施工管理目标。企业应按照项目岗位与部门的责权利关系，控制施工管理目标实施过程中的风险因素，确保各项目标得到有效管理。企业应确定施工管理流程，健全施工管理制度，实施系统管理，持续改进施工管理绩效，提高项目相关方的满意度，确保实现施工管理目标。

一、施工管理流程

（1）启动：企业应围绕施工合同及相关需求确定项目目标、组织机构、职责与程序，配备项目资源，建立文件化的施工管理体系。

（2）策划：项目经理应组织项目管理策划活动，确保策划贯穿施工生产全过程，并形成相应的文件；项目管理策划结果应满足适宜性、充分性与有效性的要求。

（3）实施：项目管理团队应按策划要求推进施工实施过程，收集项目信息，跟踪项目趋势，识别风险因素，进行项目实施偏差控制。

（4）检查与改进：企业监督与施工现场管理检查应保持融合与一致，动态评估项目实施状态，并持续改进施工管理体系。

（5）收尾：企业应实现合同各项要求，实施竣工交付，完成工程结算，进行项目总结，并按照规定完成项目解体。

二、施工管理基本原则

（1）企业应依据招标文件、施工合同、施工图纸、工程量清单和其他文件，确定施工范围管理的工作职责和程序。企业应将范围管理贯穿施工各个阶段，确保工程管理目标的完整实现。

(2)项目经理部应按施工准备、实施和收尾过程进行施工管理活动。

(3)企业应建立健全项目管理制度，规范施工过程的各项管理策划要求，并确保施工过程管理策划的前瞻性与完备性。

(4)企业应识别影响施工管理目标实现的所有过程，确定项目系统管理方法，确定其相互关系和相互作用，集成施工各阶段的管理因素，确保施工管理工作的协调、适宜与有效。

(5)项目管理应围绕建设单位需求，确保发包方满意，兼顾其他相关方的期望和要求。企业应识别项目所有相关方的需求和期望，确保项目各方利益的平衡与和谐。

(6)企业应确保施工管理的持续改进，将外部需求与内部管理相互融合，以满足项目风险预防和企业的发展需求。企业应在施工实施前评估各项改进措施的风险，以保证改进措施的有效性和适宜性。企业应提升员工的持续改进意识，使持续改进成为全员的岗位责任，确保施工项目管理的绩效水平。

三、施工管理组织

1. 收集与分析项目管理信息

(1)收集与分析项目管理信息应遵守下列原则：

1)企业应收集与分析施工项目的所有相关信息。

2)项目信息收集，应围绕项目信息收集的目的，以经济的方式准确、及时、系统、全面地收集适用的数据。

3)信息的来源应包括内部信息和外部信息两类。

(2)企业应实施项目信息的收集与分析活动，项目信息收集与分析宜包括下列内容：

1)施工管理策划需要的市场、项目和相关方信息。

2)施工管理需要的工程安全、质量、进度、环境、成本和其他信息。

3)施工管理需要的检查与改进信息。

2. 构建施工项目管理制度

构建施工项目管理制度应符合下列规定：

(1)企业应在工程施工准备阶段，构建施工管理制度，并在施工过程阶段逐步细化完善。

(2)施工管理制度应保持与企业各专业制度指导思想、管理原则、管理理念相一致，宜结合工程实际突出个性化、高效实用和可操作性强的特点。

(3)施工管理制度应结合工程规模、工程地域、施工条件和其他特点进行编制，分管理专业、管理阶段、管理岗位制定，以满足不同规模、不同类型项目的需求。

(4)施工管理制度应顺应施工过程、企业管理、发包方及监理方要求的变化情况，做到动态完善与提升。

(5)施工管理制度应包括下列内容：

1)项目管理岗位责任制度；

2)项目技术与质量管理制度；

3)图纸和技术档案管理制度；

4)计划、统计与进度报告制度；

5)项目成本核算制度；

6)材料、机械设备管理制度；
7)项目安全管理制度；
8)现场文明和环境管理制度；
9)项目信息管理制度；
10)例会和组织协调制度；
11)分包和劳务管理制度；
12)沟通与协调管理制度；
13)其他管理制度。

3. 施工项目管理目标及项目管理目标责任书

企业应确定项目管理目标并分解到施工全过程，通过各项管理措施实现项目管理目标。

(1)项目管理目标应满足下列要求：

1)进度管理目标应体现施工合同进度实施要求，满足均衡施工、集成推进的进度管理原则；

2)质量管理目标应体现施工合同质量标准要求，满足结构安全、功能可靠的质量管理原则；

3)成本管理目标应体现施工合同造价要求，满足质量和工期规定基础上合理节约的成本管理原则；

4)安全、职业健康和环境管理目标应体现施工合同及相关方要求，满足过程风险预防与绩效持续改进的管理原则。

(2)确定项目管理目标责任书内容应遵守下列要求：

1)项目管理目标责任书应由企业法定代表人或其授权人在项目实施之前，与项目经理协商制定。项目管理目标责任书应属于企业内部明确责任的系统性管理文件，其内容应符合企业制度要求和项目自身特点。

2)项目管理目标责任书应依据下列信息进行编制：

①施工合同文件；
②企业管理制度；
③施工组织设计；
④企业经营方针和目标；
⑤项目特点和实施条件与环境。

(3)项目管理目标责任书宜包括下列内容：

1)项目管理实施目标，包括现场安全、质量、进度、环境、成本和社会责任目标；

2)企业和项目经理部职责、权限和利益的界定；

3)项目设计、采购、施工、试运行管理的内容和要求；

4)项目所需资源的获取和核算办法；

5)法定代表人向项目经理委托的相关事项；

6)项目经理和项目经理部应承担的风险；

7)项目应急事项和突发事件处理的原则和方法；

8)项目管理效果和目标实现的评价原则、内容和方法；

9)项目实施过程中相关责任和问题的认定与处理原则；

10)项目完成后对项目经理的奖惩依据、标准和办法；

11)项目经理解职和项目管理机构解体的条件及办法；

12）缺陷责任期、质量保修期及之后对项目经理的相关要求。

（4）企业应对项目管理目标责任书的完成情况进行考核和认定，并对项目经理和项目管理团队进行奖励或处罚。项目管理目标责任书应根据项目变更进行补充和完善。

4. 施工项目组织模式

（1）确定项目组织模式应遵守下列原则：
1）企业应确定项目管理组织的职责、权限、利益和承担的风险。
2）企业应按项目管理目标对项目进行协调和管理。
3）企业的项目管理活动应符合下列规定。
①制定施工管理制度；
②实施施工计划管理，保证资源的合理配置和有序流动；
③对项目管理层的工作进行指导、监督、检查、考核和服务。
4）应根据企业管理制度确定组织形式，组建项目管理机构。
5）项目经理应根据企业法定代表人授权的范围、时间和项目管理目标责任书中规定的内容，从工程项目的启动至收尾，对其实行全过程、全面管理。

（2）聘用项目经理的条件和选聘程序应符合下列规定：
1）聘用的项目经理应满足以下要求：
①具有相应的技术职称、专业、执业资格并取得安全生产考核合格证书；
②具备决策、组织、领导、沟通与应急能力，能正确处理和协调与项目发包人、项目相关方之间及企业内部各专业、各部门之间的关系；
③具有工程项目管理及相关的经济、法律法规和规范标准知识；
④具有类似项目的管理和经验；
⑤具有良好的信誉。
2）企业法定代表人应按照规定程序，采用直接委派或竞争上岗方式选聘项目经理，并明确项目经理的管理范围、职责、权限，签署工程项目委托聘用书和项目管理目标责任书。

（3）确定项目经理部岗位设置应遵行可靠与效率原则，并符合下列规定：
1）项目经理部岗位可由项目经理、项目副经理、技术负责人、施工员、安全员、材料员、质检员、资料员、合同管理员和其他岗位构成；
2）项目经理部岗位设置应满足责任与权力对等、资源与需求一致的要求。

（4）确定项目经理部岗位职责应遵行合理与可行原则，宜符合下列要求：
1）项目经理应履行并不限于下列职责：
①根据企业授权，组织制定项目总体规划和项目施工组织设计，全面负责项目经理部安全、质量、进度、环境、成本和其他技术与管理工作；
②推进合同履约管理，保证施工管理成果达到国家规定的规范、标准和合同要求；
③负责项目各种施工技术方案、危险性较大工程专项施工方案、进度计划的工作安排和落实，以及根据授权组织施工图纸的编制和实施；
④实施生产要素管理，组织、计划、指挥、协调、控制，确保工程质量和安全，做到进度均衡、文明施工、保护环境与成本控制，保证项目效益；
⑤负责组织完成项目资金计划编制和成本核算工作，审核项目各项费用支出、回收工程款并结算款项；

⑥负责组织项目风险识别与评估工作，实施项目风险应对措施。

2）项目副经理应履行并不限于下列职责：

①协助项目经理按照合同、建设单位和企业要求，组织、落实项目施工生产；

②协助项目经理根据企业施工生产计划，组织编制项目经理部年、季、月度生产计划，实施施工组织协调工作；

③协助项目经理按照企业安全、质量、环境管理及安全标准工地建设要求，组织项目经理部的施工生产，实施施工现场管理，监督检查项目经理部安全、质量、进度、环境管理制度的贯彻执行情况并满足规定要求；

④负责在分管工作范围内，与建设、设计、勘察、监理、分包单位及项目经理部各协作单位的沟通协调工作，负责解决项目施工生产中出现的具体问题。

3）技术负责人应履行并不限于下列职责：

①组织贯彻执行企业技术管理制度及国家颁布的有关行业标准规范，实现设计意图。

②负责组织审核或根据授权编制设计文件，核对工程内容，正确解决施工图纸中的疑问。

③参加施工调查，组织施工复测，具体编制施工组织设计，并按照规定编制施工临时设施建设计划、专项施工方案、质量计划、创优规划和其他专项方案，按程序报批后组织实施。

④指导技术人员的日常工作。组织、实施或复核重点环节、关键工序的专项方案和施工技术交底，解决相关技术问题。

⑤检查、指导现场施工人员对施工技术交底的执行落实情况，纠正现场的违规操作。

⑥办理变更设计及索赔的有关事宜。

4）施工员应履行并不限于下列职责：

①确保责任范围内的施工活动符合工程强制性标准、规范、图纸和施工组织设计的要求。

②参加图纸会审、隐蔽工程验收、技术复核、设计变更签证、中间验收、竣工结算和其他工作，收集所有技术资料并整理归档。

③编制专业生产计划、施工方案和安全、技术交底，组织落实施工工艺、质量及安全技术措施。

④组织协调根据工程进度要求的劳动力安排和机械设备、材料的进、出场。

⑤熟悉图纸及施工规范，实施工程施工部位测量、放线工作，并保证其准确性。

⑥对各分部、分项工程及检验批，应依据相关的规范标准组织施工，并确保安全生产与环境保护工作。

5）安全员应履行并不限于下列职责：

①贯彻执行建筑工程安全生产法令、法规，详细落实各项安全生产规章制度。

②参与协调各种专项安全施工措施的编制，监督安全技术交底工作，对施工过程安全条件实行管理控制，并保存安全记录。

③监督安全设施的设置与提供情况，对施工全过程安全状态进行跟踪检查。对照项目施工组织设计、施工方案和安全技术规范，检查并识别危险源和事故隐患，有权采取相关应急措施，并向项目经理汇报，协助和参与对相关问题的处理。

④落实现场各项安全检查、考核评定、现场签证工作。

6）材料员应履行并不限于下列职责：

①负责工程材料询价、采购、工具管理、劳保用品、机械设备和周转材料的购置与租

赁、材料的存放保管。

②掌握施工需要的各种材料需用量及对材质的要求，了解材料供应方式，合理安排材料进场，实施现场材料的数量、规格、质量的验收工作。规范现场物资保管过程，减少损失浪费，防止丢失。

③确保采购的建筑材料质量满足国家及行业标准，依据图纸、设计及变更的规格型号规定。

④确保采购的材料接受各方监督，同时应配合有关人员实施材料的取样复试工作。材料如有质量或数量偏差，应按照规定联系采购部门进行退换货处理。

7）质检员应履行并不限于下列职责：

①执行有关工程质量的方针政策、施工验收规范、质量检验评定标准及相关规程，对施工质量负有监督、检查与内部验收的责任；

②参与并监督质量计划的交底与实施过程，参加质量检查和重点工序、关键部位的质量复检工作，负责对单位工程和分部、分项、隐蔽工程检验记录的签证；

③对违反国家规定、规范和忽视工程质量的有关单位和个人提出批评和处理意见，对不符合质量标准的施工结果，有权责令停工，行使质量否决权并向项目经理汇报；

④负责整个施工过程的日常质量检查工作；

⑤熟悉工程图纸、规程、规范，监督施工员按图施工，有权纠正错误施工，必要时可令其停工。同时，向项目经理汇报。

8）资料员应履行并不限于下列职责：

①负责工程项目所有图纸的接收、清点、登记、发放、归档、管理工作，并协助项目经理部竣工资料的移交；

②登记整理工程施工过程中所有工程变更、洽商记录、会议纪要和其他资料并归档；

③监督检查施工过程各项施工资料的编制、管理，做到完整、精准，与工程进度同步，保证施工资料的真实性、完整性、有效性。

9）合同管理员应履行并不限于下列职责：

①负责施工合同与分包合同管理的日常工作；

②负责准备并参与施工过程合同变更的评审工作；

③评估合同履约及实施情况，提出合同执行报告；

④组织协调索赔、签证、变更、合理化建议工作；

⑤与发包方沟通，协助项目经理催要预付款、回收工程款。

四、施工前管理

1. 施工准备

施工准备应是为项目满足施工需要而实施的确定与提供资源、方法、途径的准备工作，包括施工管理组织、施工组织设计、施工临时设施提供、施工资源准备。

(1)施工准备依据应包括下列内容：

1）施工合同；

2）施工图纸与规范标准；

3）施工组织设计；

4）施工进度与变更计划；

5)成本控制计划;
6)其他。
(2)施工准备实施应满足下列工作要求:
1)确定组织机构与职责规定;
2)策划施工方式与方法;
3)落实资源提供与配置计划;
4)确保施工现场平面布置满足持续施工的需求。
(3)项目经理部应按照下列程序实施施工准备活动:
1)收集项目信息,分析相关施工准备需求;
2)图纸会审与设计交底,明确相关施工图纸要求;
3)识别施工现场条件及项目风险管理需求;
4)策划施工组织设计;
5)明确施工过程的资源需求,细分施工工序及活动,协调资源配置与使用条件;
6)确定施工现场平面布置,形成施工现场临时设施计划;
7)识别资源准备的适宜途径,评估不同方式、方法的相互影响;
8)确定资源提供计划及相关验收标准,评价其技术经济水平;
9)编制资源提供计划,实施资源提供,并予以监控;
10)评价与改进施工准备工作的绩效。
(4)现场基础条件提供应确保施工现场条件、现场季节性和特殊施工条件满足施工需求。
1)现场基础施工条件应满足下列要求:
①施工现场应完成三通(五通)一平工作,清理场地内有关施工障碍物,规划场区大门、围墙、临时道路的相关要求。三通(五通)一平指施工现场进行的通水、通电、通路(通信、通气)与场地平整等前期准备工作,是开展施工活动的基本条件;
②施工现场应确定施工平面布置,规定现场区域功能,完成临时用水、用电和排水设施建设;
③施工现场应完成办公区、生活区、施工区和其他设施建设;
④施工现场应根据施工消防要求,完成消防设施建设,配备足够的消防器材、消防沙箱、消防水源;
⑤施工现场应综合考虑各种危险因素叠加的可能性,建立应急响应机制,配置各类应急响应资源;
⑥施工现场应完成各种标志、标识、警示、提示标志的设置;
⑦施工现场应完成其他满足生产需要的设施搭建工作。
2)现场季节性和特殊施工条件应满足下列要求:
①针对季节性和特殊条件的施工现场,项目经理部应建立气象信息沟通渠道,根据气象部门预报信息采取防范措施和适宜安排生产;
②结合施工现场所处的寒冬地域环境,项目经理部应制定低温专项施工措施,准备现场各种防冻材料及设备;
③针对高温施工特点,项目经理部应配备高温施工资源,落实防暑降温措施;
④根据大雪、大雨、大风、台风、雷击和雾霾可能造成的影响,项目经理部应准备符

合要求的防雪、防汛、防风、防台、防雷和防雾霾设备、物资及应对预案方案，落实各项季节性和特殊施工条件下的准备措施。

2. 施工组织设计

(1)施工组织设计任务及管理目的应符合下列规定：

1)施工组织设计的基本任务应是根据国家有关技术政策、建设项目要求，结合工程的具体条件，确定经济合理的施工方案，对拟建工程在人力和物力、时间和空间、技术和组织方面统筹安排，以保证按照既定目标，优质、低耗、高速、安全地完成施工任务。

2)施工组织设计的管理目的应是为了提高施工组织设计管理水平与编写质量，明确编制内容、方法、审核及审批程序，规范实施和变更管理行为。

(2)施工组织设计编制应符合下列原则：

1)符合施工招标文件或施工合同中有关工程安全、质量、进度、环境、成本和社会责任方面的要求，并提出切实的保障措施；

2)开发、使用新技术和新工艺，推广应用新材料和新设备；

3)坚持科学施工程序和合理施工顺序，采用流水施工和网络计划及其他方法，科学配置资源，合理布置现场，采取季节性施工措施，实现均衡施工，达到合理的经济技术指标；

4)采取先进合理的技术和管理措施，推广绿色建造、智能建造、精益建造、装配式建筑和其他适宜方法；

5)与质量、环境和职业健康安全管理体系有效结合，形成集成化管理效力，履行企业的社会责任；

6)确保施工组织方法与项目成本管理有机结合，在履行合同承诺的基础上，实现项目成本的合理优化；

7)特殊情况下，施工组织设计可按照逐步具备的条件分阶段编制。

(3)企业及项目经理部应针对施工管理需求收集下列信息并进行分析：

1)工程所在地和行业的法律、法规；

2)项目招标投标文件及相关资料、施工合同；

3)项目所在地的自然环境、社会环境、项目周边环境因素；

4)工程勘察、设计文件及有关资料；

5)与项目施工相关的资源配置及整合情况；

6)与工程有关的各项施工手续、资质、人员配置及相应岗位证书和其他资料；

7)项目技术特点、难点及管理情况。

(4)项目经理部应参加施工图纸会审与设计交底，明确项目图纸详细要求，以保证施工组织设计编制满足设计的相关要求。

(5)施工组织风险识别与评价应遵守下列规定：

1)施工组织设计编制前，编制人员应按照风险管理程序对工程项目进行风险识别与评价，针对需要控制的风险因素确定应对策略；

2)对于技术比较复杂的建设项目，编制人员应围绕技术风险预防，明确施工技术的应用方法。

(6)施工组织设计结构策划应符合下列要求：

1)施工组织设计按编制对象，可分为施工组织总设计、单位工程施工组织设计和施工方案。

2)施工组织设计按照编制阶段的不同,分为投标阶段施工组织设计和实施阶段施工组织设计。实施阶段施工组织设计应是投标阶段施工组织设计的延伸与优化。

3)施工组织设计的表现形式可采用表格、平面图形、三维图形和其他形式并辅以文字说明,电子施工组织设计可以插入动画进行表达。

4)企业宜规定施工组织设计的结构组成与相互作用,明确各阶段与对象关联因素之间的逻辑关系,确保施工组织设计策划成果满足有效性、充分性与适宜性的要求。

(7)施工组织设计内容应确保满足施工管理的各项规定要求。

1)编制依据应符合下列文件和资料的要求:

①与工程建设相关的法律、法规、规章、制度;工程所在地区住房城乡建设主管部门文件;

②与本行业相关的现行标准、规范、图集和其他要求;

③招投标文件、施工合同及其补充文件;

④工程设计文件及图纸会审结果;

⑤施工企业内部标准;

⑥其他相关方合理需求。

2)工程概况应包括下列内容:

①项目基本情况与背景;

②项目主要施工条件;

③其他。

3)施工部署应符合下列要求:

①对项目总体施工做出宏观部署,确定项目管理各项目标,规定施工段划分、施工顺序和相关内容,明确项目分阶段计划;

②针对施工过程的重点和难点进行精准分析,并提出应对措施、方法;

③明确项目管理组织机构形式,宜采用框图的形式表示;

④对用于施工过程的新技术、新工艺、新材料、新设备做出部署;

⑤对主要分包项目施工单位的资质和能力提出明确要求;

⑥确定施工过程的进度、安全、质量、环境与技术经济目标。

4)施工进度计划的编制方法应符合下列要求:

①应按照项目总体施工部署的安排进行编制;

②可采用网络图或横道图表示,并对进度计划中的关键线路工作进行文字说明。

5)施工准备与资源配置计划应包括下列内容:

①应包括技术准备、施工机具与设施准备、材料准备、资金准备、劳动力准备及其他内容,各项准备应满足分阶段施工的需要;

②应满足施工不同工艺方法的各项需求。

6)施工方法应遵守下列要求:

①应对项目涉及的单位(子工程)工程和主要分部(分项)工程所采用的施工方法进行简要说明;

②应对脚手架工程、起重吊装工程、临时用水用电工程、季节性施工及其他专项工程所采用的施工方法进行简要说明;

③应对危险性较大或技术比较复杂的分部分项工程所需采用的施工方法重点进行说明,并与相关专项施工方案进行衔接。

7)施工现场总平面布置应符合下列规定:

①应根据项目总体施工部署,绘制现场不同施工阶段(期)的总平面布置图;

②应确保施工现场总平面布置图绘制符合国家相关标准要求并附必要说明;

③应保证施工总平面布置图包含场地内地形情况、拟建的建(构)筑物位置、临时施工设施、大型机械位置、用地红线、场地周边的既有建(构)筑物信息;

④应确保施工总平面布置,科学合理,减少临时占地,提高运行效率;

⑤应保证施工平面布置的各类设施满足安全、消防、环境保护和社会责任的要求。

8)施工管理计划应符合下列要求:

①应确立系统、适用、配套的计划体系。包括进度管理计划、质量管理计划、安全管理计划、环境管理计划、成本管理计划、信息技术与应用管理计划、沟通管理计划及其他管理计划。

②应具备明确的目标、组织结构、岗位职责、管理制度和保障措施。

③应确保计划内容根据项目特点、工程类型和发包方需求有所侧重。

④应满足项目管理目标分解及相关控制措施的衔接要求。

(8)施工组织设计编制实施应符合下列规定:

1)实施阶段施工组织设计,应在各项管理目标、资源配置、主要施工方法和其他关键指标上与投标阶段施工组织设计保持一致。

2)施工组织设计的内容宜统一格式。编制格式应符合相关标准要求。

(9)施工组织设计审核与批准应符合下列规定:

1)施工组织设计文件编写完成后,应由企业技术负责人或由其授权的技术人员在规定范围内进行审批。

2)企业审批通过的施工组织设计文件,应报送建设单位或监理单位项目负责人审核,并形成审核意见,批准或修改后再批准。

(10)施工组织设计实施过程,发生下列情况之一时,施工组织设计应进行修改或补充,修改或补充的施工组织设计应重新履行报审程序:

1)工程设计有重大修改;

2)有关法律、法规、规范和标准实施、修订和废止;

3)主要施工方法有重大调整;

4)主要施工资源配置有重大调整;

5)施工环境有重大改变。

3. 施工临时设施管理

企业应建立施工临时设施管理制度,实施施工临时设施计划,并确保施工临时设施提供满足规定要求。

(1)施工项目临时设施提供应遵循下列依据:

1)工程类型、工程性质、工程规模、工程环境、施工条件;

2)施工合同、法律法规;

3)安全性、环保性、先进性、实用性、经济性要求;

4)智慧型项目信息化建设需求;

5) 发包方、监理方要求与企业自身品牌形象构建需求。
(2) 施工临时设施提供应依据下列流程实施：
1) 踏勘施工现场；
2) 分析施工现场临时设施需求；
3) 编制施工临时设施计划；
4) 实施并动态完善施工临时设施计划；
5) 持续确保施工临时设施满足施工需求。
(3) 施工临时设施计划应系统完整、重点突出，确保编制依据、内容、流程、方式满足管理需求。
1) 施工临时设施计划编制依据应符合下列要求：
①工程规模、工程性质；
②自然地理、水文地质与区位情况；
③社会安全与周边环境；
④法律法规、施工合同和其他要求。
2) 施工临时设施计划应包括下列内容：
①临时设施目标与时间安排；
②临时设施施工任务及职责分配；
③临时设施平面布置；
④临时设施提供方法与措施；
⑤其他。
3) 施工临时设施计划编制应遵循下列流程：
①施工现场勘查与现场因素分析；
②施工现场平面布置安排策划；
③确定施工现场临时设施建设内容与进度；
④确定施工现场临时设施专项措施；
⑤形成施工临时设施计划；
⑥经授权人批准后实施。
4) 施工临时设施计划可与施工组织设计或专项施工方案结合编制。
(4) 施工平面布置与施工临时设施安排应符合下列规定：
1) 项目经理部应通过拟建项目的施工总平面图完成施工临时设施提供，对施工现场的道路交通、材料仓库、临时房屋、临时水电管线做出系统的规划布置。
2) 项目经理部应规定工程施工期间所需各项设施和永久建筑、拟建工程之间的空间关系与运作规则。
3) 项目经理部应随着工程的进展，按不同阶段对施工总平面图进行调整和修正，以满足不同施工条件下的实施需求。
4) 施工总平面布置与施工临时设施安排应满足下列要求：
①减少施工用地，少占农田，使平面布置紧凑合理；
②合理组织运输，减少运输费用，保证运输方便通畅；
③施工区域的划分和场地的确定，应符合施工流程要求，杜绝或减少专业工种和各工

程之间的干扰；

④利用各种永久性建筑物、构筑物和原有设施为施工服务，降低临时设施的费用；

⑤各种生产、生活设施应便于员工日常生产与生活；

⑥符合安全防火、劳动保护要求。

(5)施工临时设施建设应符合下列规定：

1)施工现场临时设施应结合工程规模、施工周期、现场实际进行建设，满足生产区域与项目办公、生活区域分开设置的要求。

2)施工现场临时设施建设可利用施工现场原有安全的固定建筑或自建。

3)施工现场临时设施建设应系统规划、统筹落实，符合施工临时设施计划与施工组织设计的策划要求。

4)施工临时设施应按照下列要求进行建设：

①项目办公区、生活区应与原有建筑、交通干道、高墙、基坑保持一定的安全距离；

②禁止设置在高压线下，不得建设在挡土墙下、围墙下、傍山沿河地区、雨期易发生滑坡泥石流地段和其他危险处；

③不得设置在沟边、崖边、江河岸边、泄洪道旁、强风口处、已建斜坡、高切坡附近和其他影响安全的地点，应充分考虑周边水文、地质情况，以确保安全可靠。

5)自建临时设施应在开工前完成。自建临时设施完工后，项目经理部应组织内部有关人员进行验收，未经验收或验收不合格的临时设施不得投入使用。

6)自行建设或拆除临时设施时，项目经理部应保持与发包方、监理方的沟通渠道，并应安排专业技术人员监督指导。

4. 施工资源准备

施工资源准备包括技术准备，施工机具与设备准备，劳动力准备，材料供应准备，道路交通、办公、生活及仓库设施准备。

(1)技术准备应遵守下列规定：

1)企业应收集施工现场需要的各项技术标准与规范，了解工程地质及环境情况，建立项目技术保障条件。

2)企业应组织并参加图纸会审与设计交底，与相关方沟通和施工图纸有关的信息，充分理解设计要求，消除可能的障碍与不一致，形成项目精准施工的技术前提。

3)项目经理部技术人员应熟悉施工图和有关技术资料，汇集相关的技术资料与报告，营造项目技术信息平台。

4)项目经理部应完善实施阶段施工组织设计，编制分部分项施工方案，编制各专业施工计划和配合计划，使各项技术文件具备实施条件。

5)项目经理部应实施工程测量和有关技术资料移交、确认，进行测量放线、建立坐标控制点，轴线控制系统，高程控制系统；确保施工现场开工基准准确无误。

6)项目经理部应编制各种检测、检验、配合比设计的实施计划，保证进场施工材料符合技术标准。

7)企业应确定大型及特殊工程项目的科研课题、资金投入和研究方案，构建施工过程技术支持条件。

(2)施工机具与设施准备应符合下列规定：

1)企业应编制施工机具与设施提供计划,确定合格供应方,确保施工机具与设施满足施工准备要求。

2)项目经理部应按照施工进度计划,安排施工机具与设施进场,并进行检查验收。

3)项目经理部应验证进场施工机具与设施的状态,掌握相应的运行档案情况,确认施工机具与设施的安全可靠程度。

4)项目经理部应策划、落实设备配置型号、数量和规格,实施维护维修,确保机械设备处于正常工作状态。

(3)劳动力准备应符合下列规定:

1)项目经理部应根据施工组织设计拟定的劳动力计划,确定劳动力配备与使用计划,确保劳动力投入符合施工需求。

2)企业和项目经理部应根据分包要求选择劳务队伍,宜选择长期合作单位,确保劳动力的质量与数量符合工程需求。

3)项目经理部应按照规定办理各项保险与手续,实行实名制管理。

4)项目经理部应确保劳动力的劳动条件与生活条件符合国家有关要求。

5)项目经理部应确保施工现场劳动力准备满足提前进场、流动有序的要求。

(4)材料供应准备应符合下列规定:

1)根据施工材料需求计划,企业或项目经理部应编制进场的材料供应计划,合理选择材料供应方,确保材料供应满足施工需求。

2)根据施工组织设计的材料质量验收要求,企业和项目经理部应选择和确定供应商,签订材料供应合同,明确双方的合同责任。

3)项目经理部应组织进场材料的质量检测与验收工作,审查相关部门提供的建筑材料和其他复检资料,完成设置现场材料检验试验状态的标识准备工作。

4)项目经理部应确保施工现场进场材料经检验合格后方可使用;材料数量、规格、型号应符合相关规定的要求。

(5)道路交通、办公、生活及仓库设施准备应符合下列规定:

1)施工现场平面布置应规划现场道路交通、办公区、生活区及仓库设施,规定现场运作规则,完成相关标识设置。

2)现场道路交通应方便物流运输、便于资源调配,有利于作业转换。

3)办公设施应与信息技术紧密结合,设置专人负责,形成智慧型管理方式,提供高效的办公信息系统。

4)卫生间、食堂、体育场所应安全布局、卫生清洁。食堂应取得食品卫生许可证。

5)仓库应确保合理设置,安全可靠,存储方式适宜,便于施工资源存储、搬运与使用。

6)危险化学品的储存、搬运、使用应符合国家相关规定。

五、施工过程管理

1. 施工过程管理原则

施工过程管理应遵守下列原则:

(1)施工过程管理应是围绕施工合同,依据项目管理目标,系统实施项目管理的活动,包括施工过程管理策划、资源提供与实施、进度管理、质量管理、成本管理、职业健康安全与环境管理、风险管理及合同管理。

(2)施工合同应是施工过程管理的基本准则。企业应将合同管理贯穿施工管理的全过程，将项目管理与发包方要求相结合，确保施工过程管理与合同管理融合集成。

2. 施工合同管理

施工合同管理应符合下列规定：

(1)企业应建立健全项目合同管理制度，设立合同管理组织机构负责项目合同管理。

(2)企业应根据签约前合同评审的风险结果，确保总承包合同与分包合同责任权利的分配遵循公平、公正和效率原则。

(3)企业应保证合同符合主体合格、内容合法、语言表述准确、权利义务清晰及符合合同当事人需求的基本条件。

(4)企业应实施总包合同交底和分包、分供合同交底，落实企业与项目合同履约的责权利规定。

(5)企业应保持与发包方的沟通渠道，按照施工合同及工程进度要求确保工程进度款和预付款的精准到位。

(6)企业应按合同约定全面履行合同义务、行使合同权利，确保分包、分供方选择、签约、进场、过程管理、退场、结算及履约考核符合合同规定要求。项目经理部负责施工现场分包、分供合同日常履约管理。

(7)企业应按照合同约定的方法，与发包方办理索赔、签证、变更事宜，提出合理化建议，协调工作关系，解决合同纠纷，并进行工程结算。

3. 施工过程管理依据与内容

(1)施工过程管理依据与内容应符合下列要求：

1)企业应组织施工合同履约风险评估，明确项目合同详细要求，解决内部相关问题，以保证施工过程管理与合同要求一致。

2)施工过程管理依据应包括施工合同、施工图纸与规范标准、施工组织设计等。

(2)施工过程管理应依据下列程序实施：

1)掌握并分解工程合同要求，进行合同交底。

2)明确施工过程管理目标，细分施工过程及活动的管理因素。

3)识别施工过程管理的实施途径，评估不同方法对于合同履约的影响。

4)分析施工过程管理方法的风险。

5)确定施工过程管理要求及过程验收标准。

6)评价分包方能力与信用，确保分包合同及履约符合规定要求。

7)落实施工过程实施要求并对照合同及相关要求予以监控。

8)实施分包工程验收与分包合同结算。

9)保证工程变更控制措施得到有效实施。

10)兑现工程合同履约承诺，确保实现施工过程管理的各项目标。

11)检查、评价施工过程管理绩效。

4. 施工过程管理策划

(1)施工过程管理策划基本要求应确保策划制度、流程、方法符合下列规定：

1)施工过程管理策划应是围绕施工过程，为实现施工目标而进行的具体详细的策划活动；由施工过程实施风险识别与分析、施工流程细分与管理目标分解、施工方案策划、施工工序管理策划组成。

2）企业应建立施工过程管理策划制度，应用适宜技术与管理手段，实施工程系统分析，确保项目管理策划持续可靠。

3）项目经理部应建立施工过程管理策划流程，明确策划方法，完善策划责任制度，并负责施工过程实施策划的具体落实。

4）项目经理部应参加图纸会审，确保提出的所有与施工过程有关问题均已明确，并在施工前得到妥善解决。图纸会审结果应形成文件，且得到有效控制。

5）项目经理部应按照规定对项目涉及的施工技术、管理方法、管理手段及相关的技术、管理资源进行合理策划，实施案例对比，确保施工过程策划的有效性、适宜性与前瞻性。

6）项目经理部宜根据信息技术与智慧型项目的工序控制标准，针对影响结构安全和主要使用功能的分部、分项工程、关键工序做法，作业人员的操作行为及工程实体控制结果实施动态策划。

（2）施工过程管理策划依据、内容和程序应系统、严谨、可靠，满足过程控制的规定要求。

1）施工过程管理策划应依据施工合同、施工组织设计、国家相关标准规范及施工现场相关需求进行。

2）施工过程管理策划应包括下列内容：

①施工过程进度、安全、质量、环境、成本目标及分解要求；

②施工过程施工技术、采购、进度、安全、质量、环境、成本、合同管理的工作职责及权限；

③项目关键与特殊过程，适用的施工技术、质量验收规范文件，需要使用技术文件的层次、深度及范围；

④施工过程所需的管理方法与风险控制措施；

⑤所需管理人员、操作人员、设备机具、周转材料、工程用料及相关资源计划。

3）施工过程管理策划应按照下列程序实施：

①识别施工过程；

②分析施工过程影响因素；

③确定管理优先顺序；

④规定技术与管理措施；

⑤评估实施风险。

（3）施工过程管理风险识别与评价应符合下列规定：

1）施工企业应根据项目合同、规范、标准及国家相关要求，识别施工过程的重大风险，评价相关影响，并在指导项目的相关文件中明确施工过程风险的识别与评价结果。

2）项目经理部应根据施工现场条件、施工图纸、施工组织设计、企业要求和相关需求，研究施工过程的变化趋势，识别并确定施工过程管理风险的具体特点与内容，以保证施工过程风险变化识别与评价的有效性。

3）项目经理部应针对施工实施过程风险，界定风险水平，确定风险控制优先顺序的控制权重，确保施工实施过程策划的充分性。

（4）施工流程细分与管理目标分解应符合下列要求：

1)项目经理部应识别并分析影响项目管理目标实现的所有过程及其相互关系,界定关联因素,并采取适宜的方法对各个过程进行细分。

2)项目经理部应按照企业项目管理目标要求,根据施工流程细分结果分解相应的过程或工序管理目标,并形成必要的文件。

3)项目经理部应确保施工流程细分与管理目标分解的结果符合项目管理的深度需求,流程与相应目标对应,满足施工过程风险控制的规定要求。

(5)施工方案策划应确保依据、内容和方法满足规定要求。

1)施工方案应是详细规定施工具体要求的专项性策划,其策划依据应包括施工合同、项目管理范围、施工流程细分与管理目标分解结果、施工组织设计、项目管理策划的其他结果、企业有关施工实施过程策划规定及法律法规及标准规范。

2)施工方案应基于针对性与可操作性,具体包括下列内容:

①施工实施过程管理目标与分解要求;

②需要采用的相关技术及相应的管理措施;

③资源安排与费用估算;

④新技术、新工艺、新材料、新设备应用计划;

⑤施工实施过程管理职责与权限;

⑥风险分析与应对措施。

3)施工方案的结果应形成文件,并经过企业或项目经理部授权人批准。形成的文件应至少包括以下内容:

①施工管理目标;

②施工措施实施计划;

③施工过程实施的技术方法与管理措施。

4)对于结构复杂、技术难度大、重要部位的特殊结构和涉及安全功能的施工过程,项目经理部应根据规定制订专项施工方案,必要时组织外部专家进行论证,其内容必须符合国家相关要求。

(6)施工工序管理策划应确保工序管理有序可控、适宜合理。

1)施工准备阶段,项目经理部应根据项目施工组织设计、项目专项施工方案,确定施工工序管理策划的实施安排。施工工序管理策划应包括技术交底、技术复核、工序控制、技术核定及工程变更。

2)施工工序管理策划的依据应符合下列文件和资料的要求:

①施工流程细分与管理目标分解结果;

②施工图纸和标准、规范;

③施工组织设计;

④施工专项方案;

⑤其他。

3)项目经理部应根据施工工序管理策划的安排,策划各项施工工序管理活动。具体应包括以下内容:

①施工工序实施、控制目标及责任要求;

②工序技术方案和技术文件;

③图纸会审及设计交底的内容；
④技术交底和技术复核的管理方法；
⑤技术核定和工程变更的管理方式；
⑥施工工艺和技术方法的控制模式；
⑦施工工序实施资料的管理细节；
⑧技术开发和新技术的应用手段。

4）项目经理部实施技术交底策划时，策划活动应满足下列要求：
①确保技术交底内容符合规定要求，并在施工前实施；
②所有规定应进行技术交底的要求均得到有效实施；
③确保所有相关人员了解技术要求并在施工过程中正确执行；
④技术交底形成文件，并得到有效控制；
⑤技术交底由项目技术负责人或其授权人组织进行；
⑥项目经理部保存相关的交底记录。

5）项目经理部实施技术复核策划时，策划活动应满足下列要求：
①技术复核在施工前进行，或经过批准在施工过程实施；
②所有规定应进行技术复核的要求均应得到有效实施；
③技术复核的项目和内容应在复核实施前予以明确，并形成文件；
④实施技术复核的人员具备相应的专业能力，设备符合规定要求；
⑤项目经理部保存有关技术复核的记录。

6）项目经理部实施施工工序控制策划时，策划活动应满足下列要求：
①确定施工工序控制措施需求，制定技术与管理措施；
②确保技术与管理措施充分、适宜，并得到有效实施，必要时应进行评审和验证；
③确定新技术应用的实施与风险防范措施；
④评估施工工序控制策划的执行情况并持续改进。

7）项目经理部实施技术核定与工程变更策划时，策划活动应满足下列要求：
①工程变更出具技术核定单，其内容得到发包方和相关单位的确认；
②工程变更应在施工前完成并保存相关记录；
③必要时，应评估工程变更对其他施工过程带来的影响，并采取相应措施。

8）项目施工工序资料应确保内容全面、清晰、真实、完整及可追溯性，以保证施工过程管理策划的依据充分有效，策划绩效准确可靠。

5. 资源提供与实施

（1）项目资源应包括人力、施工机具与设施、工程材料、构配件与设备、劳务与专业分包、信息、资金和其他资源。

（2）资源提供与实施依据应符合下列文件和资料的要求：
1）施工图纸与标准规范；
2）施工合同；
3）施工进度与变更计划；
4）施工组织设计；
5）成本控制计划；

6)其他。

(3)资源提供与实施应满足下列基本要求:

1)编制资源提供计划;

2)落实资源提供与实施要求;

3)实施资源提供变更控制措施。

(4)资源提供与实施应满足下列程序:

1)明确项目的资源需求,细分施工工序及活动的资源配置需求;

2)识别资源提供的适宜途径,评估不同途径的相互影响;

3)评价资源提供方式方法的技术经济水平;

4)确定资源提供计划及相关验收标准;

5)编制资源提供与实施计划,分配与平衡资源使用;

6)落实资源提供与实施计划并予以监控;

7)评价资源提供与实施的有效性与效益。

(5)企业应建立项目人力资源管理制度,明确人力资源的获取、使用与考核规定,并保证项目人力资源管理活动符合下列要求:

1)应编制项目人力资源管理计划。对聘用的项目人员,应根据国家相关法律法规签订劳动合同或用工协议。

2)应对各类人员进行与职业有关的安全、质量、环境、技术知识培训和教育。项目经理部应针对项目的特点和实施要求编制人力资源教育培训计划。

3)应根据项目特点,优化配置工作岗位和人员数量,确定工作制度、工作时间和工作班次,规范人员行为,提高劳动生产率。

4)应通过对管理人员和作业人员的绩效评价,确保不同层次的个人信用与能力满足需求。

(6)项目经理部应编制项目劳务管理计划,制定项目劳务人员薪酬与工资支付管理办法,保护劳动者权益,建立项目劳务突发事件应急响应机制,确保发生劳务突发事件后能精准响应,快速处理。

(7)项目经理部应编制专业承包、供应方管理计划,制定专业承包、供应商采购管理标准、规范,指导项目采购管理工作。企业建立优质专业承包方、供应方资源名册,实行专业承包方、供应方的入库、考核机制,建立专业承包方、供应方资源库、价格库,并建立健全专业承包、供应方相关规章制度。

(8)项目经理部应根据施工进度计划,配备数量、质量符合要求的施工机具与设施,确定安装与拆除专项方案,规定施工运行规则,实施维护保养,确保施工机具与设施符合安全可靠、效率提升的要求。

(9)项目经理部应对项目需用的工程材料、设备与构配件进行分析,制定项目工程材料、构配件与设备采购计划及使用计划,确保施工现场的工程材料、设备与构配件管理满足下列要求:

1)应对进场验收合格的工程材料、构配件与设备进行标准化存放、保管与维护,并确定经济合理的搬运方式。

2)应实施不合格材料、构配件与设备的控制工作。

3)应根据施工方案要求,精确、经济地使用工程材料、构配件与设备。

(10)企业应把握资金运转规律,保证资金循环周转的下列活动符合全过程、全方位的管理要求:

1)根据施工合同及施工组织设计要求,应高效益、低风险地使用资金,以降低项目成本,提高项目经济效益。

2)项目资金管理应实施计划管理、以收定支,合理计量,控制使用,明确职责范围,杜绝资金失控和浪费现象,确保项目资金控制效果。

(11)企业应设立信息安全部门和专门的信息安全管理岗位,确保信息管理满足下列要求:

1)应建立信息管理保障制度,确定信息安全管理工作流程,保证信息管理的合理性和可操作性,并应针对不同媒介、不同安全等级的信息,制定相应的安全保障措施。

2)应在项目开始运行前编制施工管理信息沟通计划,并由授权人批准后实施。项目经理部应评价相关方需求,按项目运行的时间节点和不同需求细化沟通内容,并针对沟通风险准备相应的预案。

(12)企业和项目经理部应配备完善的技术管理部门、合格的技术管理人员及相应的费用、设备、试验条件,并应按照下列要求实施技术管理:

1)项目技术管理计划应符合下列规定:

①根据项目总进度计划、里程碑进度计划、分部分项工程进度计划和其他不同层级的进度计划,采购计划和其他依据,编制相应的技术管理计划。

②根据现场情况、设计变更、工程洽商、施工组织设计、施工方案和其他专项措施的变化调整技术管理计划。

③根据技术管理计划,为施工现场配备符合要求的技术和管理人员、经费、技术资料、仪器设备及相应的协作单位。

2)优化设计应符合下列要求:

①项目经理部应依据施工合同和建设单位要求,利用企业的技术优势和工程经验,提前对设计图纸和相关技术文件进行分析、研究,提出提升质量功能、确保安全环境需求、加快施工进度的方法与措施,增强工程项目的投资价值。

②企业宜鼓励项目经理部在与建设单位、设计单位、监理单位、分包方、供应方充分沟通的基础上进行优化设计,实施价值工程,以降本增效,实现多赢、共赢的目标。

③项目优化设计的技术论证文件应包括造价、工期方面的相关内容。项目经理部应依据审批结果申请有关费用和工期。

3)施工组织设计应符合下列要求:

①重点施工组织设计宜集中企业和项目经理部的技术力量进行编制,为项目的获取和实施提供有力保障。

②施工组织设计应与施工图设计紧密结合,为实现可施工性与经济效益提供条件。

③各分包方、供应方和其他相关方报送的有关施工组织设计内容,经项目经理部审批定稿后留存,并建立台账,定期向企业报备。

4)技术规格书应符合下列规定:

①技术规格书应由发包方负责编制。技术规格书应具有足够的深度和准确性,是设计图纸和技术规范的补充文件,应能准确地指导设计、施工和采购。

②技术规格书应是监理单位进行监理工作、施工企业组织施工的重要依据。

③技术规格书的各项规定、检测试验指标、技术要求、工艺要求应具有可实施性、可操作性，要考虑项目的具体情况，宜包括造价、进度、安全施工、绿色环保和其他的要求。

④技术规格书宜选取合格的厂家及其材料、设备，并避免指定材料、设备供应商。

5)专项设计及深化设计管理应符合下列规定：

①专项设计及深化设计管理应符合有关文件的规定；

②企业可根据合同进行专项设计和相关规定审查，应明确责任，保障设计的合规性与质量水准。

6)设计变更与工程洽商控制应符合下列要求：

①项目经理部应实施设计变更控制，进行工程洽商，并将合理化建议、价值工程活动与设计变更相结合；

②施工现场各项变更与洽商控制应和合同管理、质量管理、进度管理、造价管理、职业健康安全管理和其他管理相结合，满足项目风险防范的需求。

7)"四新"技术应用应符合下列规定：

①企业技术管理部门应收集行业主管部门发布的最新"四新"技术文件并制定"四新"技术应用计划；

②在应用"四新"技术时，项目经理部应研究相关规定要求，实施风险管理。

(13)建筑信息模型技术管理应符合下列要求：

1)建筑信息模型技术应用应符合建筑信息模型施工应用标准的有关规定，并应确保数据的系统性、完整性与准确性。

2)施工难度大、施工工艺复杂的施工组织宜应用建筑信息模型技术进行模拟。

3)当采用新技术、新工艺、新材料、新设备时，宜应用建筑信息模型技术进行施工工艺模拟。

6. 进度管理

(1)进度计划的编制应确保计划的合理性与前瞻性，并满足下列要求：

1)企业应根据合同要求和项目管理需求，编制不同深度的施工进度计划，包括：施工总进度计划、年进度计划、季进度计划、月进度计划、周进度计划和其他计划。

2)各类进度计划应包括编制说明、进度安排、资源需求计划、进度保证措施等。

3)施工进度计划应与各项资源计划、施工技术能力、施工环境及其他方面相衔接，并应遵循以下步骤进行编制：

①确定施工进度计划目标；

②进行工作结构分解与工作活动定义；

③确定工作之间的逻辑关系；

④估算各项工作投入的资源；

⑤估算工作持续时间；

⑥编制施工进度图表和相应资源需求计划；

⑦按照规定审批并发布。

4)企业应根据合同要求编制施工总进度计划，并报送项目监理单位或相关方审核批准后实施。

5)项目经理部应根据施工总进度计划，将施工任务目标按年度分解，编制年进度计划。

施工任务目标分解应均衡、合理，避免抢工、窝工。年进度计划应报送项目监理单位或相关方批准后实施。

6)项目经理部应根据年进度计划，将年度施工任务目标按季、月度分解，编制季、月进度计划。季、月进度计划应经项目经理部技术负责人审核批准后实施。

7)项目经理部应根据月进度计划，将月施工任务目标按周（旬）进行分解，编制周（旬）进度计划。周（旬）进度计划应经项目经理部技术负责人审核批准后实施。

8)施工进度计划宜采用网络计划技术，并应用计算机软件进行编制。

(2)进度控制应按照以下要求开展工作，确保进度控制满足均衡施工的要求。

1)施工进度计划实施中的控制工作应遵循以下步骤：

①熟悉施工进度计划目标、各项工作间逻辑关系、工程量及工作持续时间；

②收集、整理、统计施工过程产生的各项进度数据；

③对照实际施工进度与施工进度计划目标，分析施工进度计划执行情况；

④分析施工进度偏差产生原因，根据需要制定纠偏措施。

2)项目经理部应将施工进度计划中关键线路上的各项施工活动和主要影响因素作为施工进度控制的重点，并应实施施工活动和主要影响因素的控制工作。

3)项目经理部应组织协调相关方工作，确保施工进度工作界面的合理衔接，并应跟踪管理对施工进度有影响的分包方、供应方和其他相关方活动。

(3)进度检查与偏差控制应符合下列要求，确保进度检查与偏差控制满足及时性要求。

1)项目经理部应按规定的检查周期，检查各项施工活动进展情况并保存相关记录。施工进度检查应包括下列内容：

①施工活动工作量完成情况；

②施工活动持续时间执行情况；

③施工资源使用及其与进度计划的匹配情况；

④前次检查提出问题的整改情况。

2)项目经理部应通过对比分析实际施工进度与计划进度，判定施工进度偏差及产生原因，并依据合同文件和工程相关方要求，通过采取技术措施、组织措施、经济措施和其他措施进行纠偏。

(4)进度变更管理应符合以下规定，确保变更管理满足可靠性要求。

1)当采取纠偏措施仍不能实现施工进度计划目标时，项目经理部应调整施工进度计划，并报原计划审批部门批准。

2)施工进度变更调整应符合下列规定：

①明确施工进度计划的调整原因及相关责任；

②调整相关资源供应计划，并与相关方进行沟通；

③调整后，施工进度计划的实施应与企业管理规定及合同要求一致。

六、施工收尾管理

施工收尾应是施工管理的最后阶段，包括项目收尾计划、竣工验收、工程价款结算、工程移交、缺陷责任期、质量保修期、项目管理总结和项目管理绩效评价。

(1)企业应建立项目收尾管理制度，构建项目收尾管理保证体系，明确项目收尾管理的职责和工作程序。

（2）项目进入收尾阶段后，项目经理部应向企业提交项目收尾情况报告，说明项目实施情况、目前状态、剩余工程量及其他工作。

（3）企业应组织评审项目收尾情况报告，对进入收尾阶段的项目宜下发项目收尾通知书及收尾工作人员名单。

（4）项目经理部可根据需求成立收尾工作小组，成员宜包括项目经理，生产副经理，技术负责人，施工、质检、合同管理员和其他相关人员。

（5）项目经理部可根据需求成立收尾工作小组，成员宜包括项目经理，生产副经理，技术负责人，施工、质检、合同管理员和其他相关人员。

（6）项目收尾工作流程应包括下列内容：

1）编制项目收尾计划；

2）实施项目竣工验收；

3）进行项目竣工结算；

4）关闭项目合同；

5）完成项目管理总结；

6）其他。

（7）企业应对项目收尾相关业务进行指导和管理，并组织对施工管理进行绩效评价。

（8）企业应根据项目管理制度及合同约定，在规定时间内完成项目解体工作。

1. 项目收尾计划

项目经理应组织编制项目收尾计划。必要时，项目收尾计划应征得建设单位、发包方或监理单位批准后实施。

项目收尾计划应包括下列内容：

（1）剩余工程完成责任人和时限；

（2）竣工资料完成责任人和时限；

（3）竣工结算资料完成责任人和时限；

（4）项目收尾费用计划；

（5）工程竣工验收计划；

（6）债权债务处理安排；

（7）项目人员安置；

（8）物资设备处置；

（9）施工遗留问题及纠纷处理；

（10）组织项目管理总结；

（11）其他。

2. 竣工验收

竣工验收准备阶段，项目经理部应编制竣工验收计划。竣工验收计划应包括下列内容：

（1）工作内容；

（2）工作顺序与时间安排；

（3）工作原则和要求；

（4）工作职责分工；

(5)其他。

项目经理部应制定单位工程分包项目检查验收方案。单位工程中的分包工程完工后，分包单位应对所承包项目进行自检，并按相关规定的程序进行验收。验收时，总包单位应派人参加，分包单位应将所分包工程的质量控制资料整理完整，并移交给总包单位。

单位工程完工后，企业应按照审批通过的单位工程质量验收方案组织有关人员进行自检，并实施平行发包、分包项目的检查验收。

企业应配合监理单位对工程质量进行竣工预验收。当发现存在施工质量问题时，由企业负责组织整改。整改完毕后，企业应向建设单位或发包方提交工程竣工报告，申请工程竣工验收。

根据竣工计划与建设单位安排，企业应参加由建设单位项目负责人组织监理、施工、设计、勘察单位项目负责人参加的单位工程验收。

工程竣工后，企业应将全部工程档案资料按单位工程分类立卷，装订成册，并列出工程档案资料移交清单，注册资料编号、专业、档案资料内容、页数及附注。企业按清单所列资料，复核查对，为竣工资料移交提供条件。

3. 工程价款结算

(1)企业应根据需求制定项目结算管理制度和结算管理绩效评价制度，明确负责项目工程价款结算管理工作的主管部门，实施施工总承包项目和分包项目的价款结算活动，对工程项目全过程造价进行监督与管控，并负责下列结算管理相关事宜的协调与处理：

1)企业应识别施工过程工程实体与设计图纸的差异，分析各类建筑材料、人工的价格变化和政府对工程结算的政策调整，确定发包方、造价咨询机构、政府行政审计部门和其他相关部门对工程预付款、进度款、签证、索赔和结算文件的审核进展情况。

2)企业应配备符合要求的项目结算管理专业人员，实施工程价款约定、调整和结算管理工作，规范项目结算管理的实施程序和控制要求，以确保项目结算管理的合法性和合规性。

3)企业应规范分包工程结算管理，在分包合同中明确约定分包方应负有配合完成总承包工程项目过程结算、竣工结算的义务。

4)企业应按照合同约定的方式，进行索赔、签证、变更管理工作，获取相关证据资料，并在规定时间内办理相应手续，确保索赔、签证、变更结果满足工程结算的合规性要求。

5)企业宜推行全过程造价管理和施工过程结算，适时控制工程造价，动态实施工程价款结算管理。

(2)承包方与发包方应在签订合同时约定合同价款，实行招标的工程合同价款由合同双方依据中标通知书的中标价款在合同协议书中约定，不实行招标的工程合同价款由合同双方依据施工图预算的总造价在合同协议书中约定，并对以下工程价款结算工作进行管理：

1)工程价款结算应按工程承包合同约定办理，合同未做约定或约定不明的，承包方与发包方应按照下列规定与文件协商处理：

①有关法律法规；

②国务院住房城乡建设主管部门、省、自治区、直辖市或有关部门发布的工程造价计价标准、计价规范和其他规定；

③招标公告、投标书、中标通知书和其他文件；

④施工设计文件；

⑤发承包双方已确认的补充协议、现场签证及其他有效文件；
⑥其他。

2）工程价款的调整应由企业与发包方协商在施工合同中明确约定合同价款的调整内容、调整方法及调整程序。经发、承包双方确认调整的合同价款，作为追加（减）合同价款，应与工程进度款或结算款同期支付。

（3）企业应按照合同约定，与发包方沟通下列工程款项的支付、使用与结算工作：

1）根据确定的工程计量结果，承包方向发包方提出支付工程进度款申请，发包方应按照合同约定的金额与方式向承包方支付工程进度款。

2）预付款应当由发包方和承包方在合同中明确约定抵扣方式，并从进入抵扣期的工程进度款中按一定比例扣回，直到扣回金额达到合同约定的预付款金额为止。

3）承包方的预付款担保金额应由发包方根据预付款扣回的数额相应扣减，但在预付款全部扣回之前一直保持有效。发包方应在预付款扣完后的规定时间内将预付款保函退还给承包方。

4）缺陷责任期内，承包方应履行合同约定的责任，缺陷责任期到期后，承包方可向发包方申请返还质量保证金。

5）承包方已按合同规定完成全部剩余工作且质量合格后，发包方与承包方应按照下列要求结清全部剩余款项：

①最终结清申请。缺陷责任期终止后，承包方已按合同规定完成全部剩余工作且质量合格的，发包方应签发缺陷责任期终止证书。发包方对最终结清申请单有异议的，有权要求承包方进行修正和提供补充资料，由承包方向发包方提交修正后的最终结清申请单。

②最终结清审核。承包方提交最终结清申请单后，应在规定时间内配合发包方予以核实，并获得发包方向承包方签发的最终支付证书。发包方未在约定时间内核实，又未提出具体意见的，应视为承包方提交的最终结清申请单已被发包方认可。

③最终结清支付。承包方应协助发包方在签发最终结清支付证书后的规定时间内，按照最终结清支付证书列明的金额向承包方支付最终结清款。发包方未按期支付的，承包方可催告发包方在合理期限内支付，并有权获得延迟支付利息。承包方对发包方支付的最终结清款有异议的，可按照合同约定的争议解决方式处理。

（4）分包工程结算管理应包括下列内容：

1）分包工程预付款结算应确保及时到位，并包括下列管理内容：

①预付款的支付。分包方应在签订分包合同或向总承包方提供预付款担保后提交预付款支付申请，总承包方应在收到支付申请的规定时间内进行核实，向分包方发出预付款支付证书，并在签发支付证书后的规定时间内向分包方支付预付款。

②预付款的扣回。预付款应当由总承包方和分包方在分包合同中明确约定抵扣方式和抵扣时间，从每一个支付期的工程进度款中按一定比例扣回，直到扣回金额达到合同约定的预付款金额为止。

③预付款担保。企业应采用适宜的预付款担保形式规避风险，并应在预付款扣完后的规定时间内将预付款保函退还给分包方。

2）分包工程进度款结算应确保合规合据，并包括下列管理内容：

①分包工程进度款的计算和申请；

②分包工程进度款的支付审核；
③分包工程进度款的支付。
3）分包工程竣工结算应确保精准可靠，并包括以下管理内容：
①分包工程竣工结算书的编制；
②分包工程竣工结算审核；
③分包工程竣工价款结算支付。

4. 工程移交

收到工程竣工结算价款后，承包方应向发包方办理工程实体和工程档案资料移交。

（1）工程实体移交应符合下列规定：

1）承包方在组织工程移交时，应办理书面交接手续，并明确发包方和承包方的责任界限。

2）承包方在组织工程移交时，应签署工程移交证书、出具工程使用说明书。

3）与工程有关的备品、备件和相关资源应在工程移交时一并移交。

（2）工程资料移交应符合下列规定：

1）承包商的工程资料应按规定时间移交给发包方，并应符合移交规定。工程资料移交时，双方应在资料移交清单上签字盖章，工程资料应与清单目录一致。

2）工程承包合同及补充协议、竣工资料、工程质量保修书、工程技术总结、会议纪要及有关技术资料应列出清单向企业档案管理部门移交，并办理签字手续。

3）项目经理部宜根据企业项目管理信息系统要求，将工程建设过程中的重要文件资料录入竣工管理模块中，并在竣工后报送企业存档。

5. 缺陷责任期管理

缺陷责任期管理应符合下列规定：

（1）企业应制定工程缺陷责任期管理制度。

（2）缺陷责任期内，企业应承担质量保修责任。缺陷责任期届满后，回收质量保证金，实施相关服务工作。

（3）缺陷责任期内，发包方对已接收使用的工程负责日常维护工作。发包方在使用过程中，发现已接收的工程存在新的缺陷、已修复的缺陷部位或部件又遭损坏，应由企业负责修复，所需费用由缺陷的责任方承担。

（4）承包方不能在合理时间内修复的缺陷，发包方可自行修复或委托其他人修复，所需费用由缺陷的责任方承担。

6. 质量保修期管理

质量保修期管理应符合下列规定：

（1）企业应制定工程质量保修制度。

（2）企业在向发包方提交工程竣工验收申请时，应向发包方出具质量保修书，保修书中应明确建设工程的质量保修范围、保修期限、保修责任和保修费用支出和其他内容。

（3）企业应根据质量保修书、质量要求、回访安排和有关规定编制保修工作计划，保修工作计划应包括下列内容：

1）主管保修的部门；
2）执行保修工作的责任者；
3）保修与回访时间；

4）保修工作内容；
5）其他。

（4）任何一项缺陷或损坏修复后，经检查证明其影响工程或设备的使用性能，企业应重新进行合同约定的试验和试运行，所需费用由缺陷的责任方承担。

单元6　房地产建设工程安全生产与质量管理

一、建设工程安全生产

建设工程安全生产管理，坚持安全第一、预防为主的方针。在我国境内从事建设工程的新建、扩建、改建和拆除等有关活动及实施均应进行建设工程安全生产的监督管理。

1. 建设单位的安全责任

建设单位应当向施工单位提供施工现场及毗邻区域内供水、排水、供电、供气、供热、通信、广播电视等地下管线资料，气象和水文观测资料，相邻建筑物和构筑物、地下工程的有关资料，并保证资料的真实、准确、完整。

建设单位因建设工程需要，向有关部门或单位查询前款规定的资料时，有关部门或单位应当及时提供。建设单位不得对勘察、设计、施工、工程监理等单位提出不符合建设工程安全生产法律、法规和强制性标准规定的要求，不得压缩合同约定的工期。建设单位在编制工程概算时，应当确定建设工程安全作业环境及安全施工措施所需费用。建设单位不得明示或者暗示施工单位购买、租赁、使用不符合安全施工要求的安全防护用具、机械设备、施工机具及配件、消防设施和器材。

建设单位在申请领取施工许可证时，应当提供建设工程有关安全施工措施的资料。依法批准开工报告的建设工程，建设单位应当自开工报告批准之日起15日内，将保证安全施工的措施报送建设工程所在地的县级以上地方人民政府住房城乡建设主管部门或其他有关部门备案。

建设单位应当将拆除工程发包给具有相应资质等级的施工单位。建设单位应当在拆除工程施工15日前，将下列资料报送建设工程所在地的县级以上地方人民政府住房城乡建设主管部门或者其他有关部门备案：

（1）施工单位资质等级证明；
（2）拟拆除建筑物、构筑物及可能危及毗邻建筑的说明；
（3）拆除施工组织方案；
（4）堆放、清除废弃物的措施。

2. 勘察、设计、工程监理及其他有关单位的安全责任

（1）勘察单位应当按照法律、法规和工程建设强制性标准进行勘察，提供的勘察文件应当真实、准确，满足建设工程安全生产的需要。勘察单位在勘察作业时，应当严格执行操作规程，采取措施保证各类管线、设施和周边建筑物、构筑物的安全。

（2）设计单位应当按照法律、法规和工程建设强制性标准进行设计，防止因设计不合理导致生产安全事故的发生。设计单位应当考虑施工安全操作和防护的需要，对涉及施工安全的重点部位和环节在设计文件中注明,并对防范生产安全事故提出指导意见。采用新结构、新材料、新工艺的建设工程和特殊结构的建设工程,设计单位应当在设计中提出保障施工作业人员安全和预防生产安全事故的措施建议。设计单位和注册建筑师等注册执业人员应当对其设计负责。

(3)工程监理单位应当审查施工组织设计中的安全技术措施或者专项施工方案是否符合工程建设强制性标准。工程监理单位在实施监理过程中,发现存在安全事故隐患的,应当要求施工单位整改;情况严重的,应当要求施工单位暂时停止施工,并及时报告建设单位。施工单位拒不整改或者不停止施工的,工程监理单位应当及时向有关主管部门报告。工程监理单位和监理工程师应当按照法律、法规和工程建设强制性标准实施监理,并对建设工程安全生产承担监理责任。

(4)为建设工程提供机械设备和配件的单位,应当按照安全施工的要求配备齐全有效的保险、限位等安全设施和装置。

(5)出租的机械设备和施工机具及配件,应当具有生产(制造)许可证、产品合格证。出租单位应当对出租的机械设备和施工机具及配件的安全性能进行检测,在签订租赁协议时,应当出具检测合格证明。禁止出租检测不合格的机械设备和施工机具及配件。

(6)在施工现场安装、拆卸施工起重机械和整体提升脚手架、模板等自升式架设设施,必须由具有相应资质的单位承担。安装、拆卸施工起重机械和整体提升脚手架、模板等自升式架设设施,应当编制拆装方案、制定安全施工措施,并由专业技术人员现场监督。施工起重机械和整体提升脚手架、模板等自升式架设设施安装完毕后,安装单位应当自检,出具自检合格证明,并向施工单位进行安全使用说明,办理验收手续并签字。施工起重机械和整体提升脚手架、模板等自升式架设设施的使用达到国家规定的检验检测期限的,必须经具有专业资质的检验检测机构检测。经检测不合格的,不得继续使用。

(7)检验检测机构对检测合格的施工起重机械和整体提升脚手架、模板等自升式架设设施,应当出具安全合格证明文件,并对检测结果负责。

3. 施工单位的安全责任

施工单位从事建设工程的新建、扩建、改建和拆除等活动,应当具备国家规定的注册资本、专业技术人员、技术装备和安全生产等条件,依法取得相应等级的资质证书,并在其资质等级许可的范围内承揽工程。

(1)施工单位主要负责人依法对本单位的安全生产工作全面负责。施工单位应当建立健全安全生产责任制度和安全生产教育培训制度,制定安全生产规章制度和操作规程,保证本单位安全生产条件所需资金的投入,对所承担的建设工程进行定期和专项安全检查,并做好安全检查记录。施工单位的项目负责人应当由取得相应执业资格的人员担任,对建设工程项目的安全施工负责,落实安全生产责任制度、安全生产规章制度和操作规程,确保安全生产费用的有效使用,并根据工程的特点组织制定安全施工措施,消除安全事故隐患,及时、如实报告生产安全事故。

(2)施工单位对列入建设工程概算的安全作业环境及安全施工措施所需费用,应当用于施工安全防护用具及设施的采购和更新、安全施工措施的落实、安全生产条件的改善,不得挪作他用。

(3)施工单位应当设立安全生产管理机构,配备专职安全生产管理人员。专职安全生产管理人员负责对安全生产进行现场监督检查。发现安全事故隐患,应当及时向项目负责人和安全生产管理机构报告;对违章指挥、违章操作的,应当立即制止。专职安全生产管理人员的配备办法由国务院住房城乡建设主管部门会同国务院其他有关部门制定。

(4)建设工程实行施工总承包的,由总承包单位对施工现场的安全生产负总责。总承包单位应当自行完成建设工程主体结构的施工。总承包单位依法将建设工程分包给其他单位的,分包合同中应当明确各自的安全生产方面的权利、义务。总承包单位和分包单位对分包工程的安全生产承担连带责任。分包单位应当服从总承包单位的安全生产管理,分包单位不服从管理导致生产安全事故的,由分包单位承担主要责任。

(5)垂直运输机械作业人员、安装拆卸工、爆破作业人员、起重信号工、登高架设作业人员等特种作业人员,必须按照国家有关规定经过专门的安全作业培训,并取得特种作业操作资格证书后,方可上岗作业。

(6)施工单位应当在施工组织设计中编制安全技术措施和施工现场临时用电方案,对下列达到一定规模的危险性较大的分部分项工程编制专项施工方案,并附具安全验算结果,经施工单位技术负责人、总监理工程师签字后实施,由专职安全生产管理人员进行现场监督:

1)基坑支护与降水工程;
2)土方开挖工程;
3)模板工程;
4)起重吊装工程;
5)脚手架工程;
6)拆除、爆破工程;
7)国务院住房城乡建设主管部门或者其他有关部门规定的其他危险性较大的工程。

对前款所列工程中涉及深基坑、地下暗挖工程、高大模板工程的专项施工方案,施工单位还应当组织专家进行论证、审查。

(7)建设工程施工前,施工单位负责项目管理的技术人员应当对有关安全施工的技术要求向施工作业班组、作业人员作出详细说明,并由双方签字确认。

(8)施工单位应当在施工现场入口处、施工起重机械、临时用电设施、脚手架、出入通道口、楼梯口、电梯井口、孔洞口、桥梁口、隧道口、基坑边沿、爆破物及有害危险气体和液体存放处等危险部位,设置明显的安全警示标志。安全警示标志必须符合国家标准。施工单位应当根据不同施工阶段和周围环境及季节、气候的变化,在施工现场采取相应的安全施工措施。施工现场暂时停止施工的,施工单位应当做好现场防护,所需费用由责任方承担,或者按照合同约定执行。

(9)施工单位应当将施工现场的办公、生活区与作业区分开设置,并保持安全距离;办公、生活区的选址应当符合安全性要求。职工的膳食、饮水、休息场所等应当符合卫生标准。施工单位不得在尚未竣工的建筑物内设置员工集体宿舍。施工现场临时搭建的建筑物应当符合安全使用要求。施工现场使用的装配式活动房屋应当具有产品合格证。

(10)施工单位对因建设工程施工可能造成损害的毗邻建筑物、构筑物和地下管线等,应当采取专项防护措施。施工单位应当遵守有关环境保护法律、法规的规定,在施工现场采取措施,防止或者减少粉尘、废气、废水、固体废物、噪声、振动和施工照明对人和环境的危害和污染。在城市市区内的建设工程,施工单位应当对施工现场实行封闭围挡。

(11) 施工单位应当在施工现场建立消防安全责任制度，确定消防安全责任人，制定用火、用电、使用易燃易爆材料等各项消防安全管理制度和操作规程，设置消防通道、消防水源，配备消防设施和灭火器材，并在施工现场入口处设置明显标志。

(12) 施工单位应当向作业人员提供安全防护用具和安全防护服装，并书面告知危险岗位的操作规程和违章操作的危害。作业人员有权对施工现场的作业条件、作业程序和作业方式中存在的安全问题提出批评、检举和控告，有权拒绝违章指挥和强令冒险作业。在施工中发生危及人身安全的紧急情况时，作业人员有权立即停止作业或者在采取必要的应急措施后撤离危险区域。

(13) 作业人员应当遵守安全施工的强制性标准、规章制度和操作规程，正确使用安全防护用具、机械设备等。

(14) 施工单位采购、租赁的安全防护用具、机械设备、施工机具及配件，应当具有生产(制造)许可证、产品合格证，并在进入施工现场前进行查验。施工现场的安全防护用具、机械设备、施工机具及配件必须由专人管理，定期进行检查、维修和保养，建立相应的资料档案，并按照国家有关规定及时报废。

(15) 施工单位在使用施工起重机械和整体提升脚手架、模板等自升式架设设施前，应当组织有关单位进行验收，也可以委托具有相应资质的检验检测机构进行验收；使用承租的机械设备和施工机具及配件的，由施工总承包单位、分包单位、出租单位和安装单位共同进行验收。验收合格的方可使用。《特种设备安全监察条例》规定的施工起重机械，在验收前应当经有相应资质的检验检测机构监督检验合格。施工单位应当自施工起重机械和整体提升脚手架、模板等自升式架设设施验收合格之日起 30 日内，向住房城乡建设主管部门或者其他有关部门登记。登记标志应当置于或者附着于该设备的显著位置。

(16) 施工单位的主要负责人、项目负责人、专职安全生产管理人员应当经住房城乡建设主管部门或者其他有关部门考核合格后方可任职。施工单位应当对管理人员和作业人员每年至少进行 1 次安全生产教育培训，其教育培训情况记入个人工作档案。安全生产教育培训考核不合格的人员，不得上岗。

(17) 作业人员进入新的岗位或者新的施工现场前，应当接受安全生产教育培训。未经教育培训或者教育培训考核不合格的人员，不得上岗作业。施工单位在采用新技术、新工艺、新设备、新材料时，应当对作业人员进行相应的安全生产教育培训。

(18) 施工单位应当为施工现场从事危险作业的人员办理意外伤害保险。意外伤害保险费由施工单位支付。实行施工总承包的，由总承包单位支付意外伤害保险费。意外伤害保险期限自建设工程开工之日起至竣工验收合格止。

4. 安全生产监督管理

(1) 国务院负责安全生产监督管理的部门依照《中华人民共和国安全生产法》的规定，对全国建设工程安全生产工作实施综合监督管理。县级以上地方人民政府负责安全生产监督管理的部门依照《中华人民共和国安全生产法》的规定，对本行政区域内建设工程安全生产工作实施综合监督管理。

(2) 国务院住房城乡建设主管部门对全国的建设工程安全生产实施监督管理。国务院铁路、交通、水利等有关部门按照国务院规定的职责分工，负责有关专业建设工程安全生产的监督管理。县级以上地方人民政府住房城乡建设主管部门对本行政区域内的建设工程安全生产实施监督管理。县级以上地方人民政府交通、水利等有关部门在各自的职责范围内，负责本行政区域内的专业建设工程安全生产的监督管理。

（3）住房城乡建设主管部门和其他有关部门应当将规定的有关资料的主要内容抄送同级负责安全生产监督管理的部门。

（4）住房城乡建设主管部门在审核发放施工许可证时，应当对建设工程是否有安全施工措施进行审查，对没有安全施工措施的，不得颁发施工许可证。住房城乡建设主管部门或者其他有关部门对建设工程是否有安全施工措施进行审查时，不得收取费用。

（5）县级以上人民政府负有建设工程安全生产监督管理职责的部门在各自的职责范围内履行安全监督检查职责时，有权采取下列措施：

1）要求被检查单位提供有关建设工程安全生产的文件和资料；

2）进入被检查单位施工现场进行检查；

3）纠正施工中违反安全生产要求的行为；

4）对检查中发现的安全事故隐患，责令立即排除；重大安全事故隐患排除前或者排除过程中无法保证安全的，责令从危险区域内撤出作业人员或者暂时停止施工。

（6）住房城乡建设主管部门或者其他有关部门可以将施工现场的监督检查委托给建设工程安全监督机构具体实施。

（7）国家对严重危及施工安全的工艺、设备、材料实行淘汰制度。具体目录由国务院住房城乡建设主管部门会同国务院其他有关部门制定并公布。

（8）县级以上人民政府住房城乡建设主管部门和其他有关部门应当及时受理对建设工程生产安全事故及安全事故隐患的检举、控告和投诉。

5. 生产安全事故的应急救援和调查处理

（1）县级以上地方人民政府住房城乡建设主管部门应当根据本级人民政府的要求，制定本行政区域内建设工程特大生产安全事故应急救援预案。

（2）施工单位应当制定本单位生产安全事故应急救援预案，建立应急救援组织或者配备应急救援人员，配备必要的应急救援器材、设备，并定期组织演练。

（3）施工单位应当根据建设工程施工的特点、范围，对施工现场易发生重大事故的部位、环节进行监控，制定施工现场生产安全事故应急救援预案。实行施工总承包的，由总承包单位统一组织编制建设工程生产安全事故应急救援预案，工程总承包单位和分包单位按照应急救援预案，各自建立应急救援组织或者配备应急救援人员，配备救援器材、设备，并定期组织演练。

（4）施工单位发生生产安全事故，应当按照国家有关伤亡事故报告和调查处理的规定，及时、如实地向负责安全生产监督管理的部门、住房城乡建设主管部门或其他有关部门报告；特种设备发生事故的，还应当同时向特种设备安全监督管理部门报告。接到报告的部门应当按照国家有关规定，如实上报。实行施工总承包的建设工程，由总承包单位负责上报事故。

（5）发生生产安全事故后，施工单位应当采取措施防止事故扩大，保护事故现场。需要移动现场物品时，应当做出标记和书面记录，妥善保管有关证物。

（6）建设工程生产安全事故的调查、对事故责任单位和责任人的处罚与处理，按照有关法律、法规的规定执行。

二、建设工程质量管理

建设工程质量的优劣，不仅关系到工程建设双方当事人的质量效益问题，同时也涉及社会的公共安全。

1. 建设工程质量管理原则

（1）县级以上政府住房城乡建设主管部门和其他有关部门负责对建设工程质量实行监督管理。

（2）从事建设工程活动，必须严格执行基本建设程序，坚持先勘察、后设计、再施工的原则。

（3）县级以上人民政府及其有关部门不得超越权限审批建设项目或擅自简化基本建设程序。

（4）国家鼓励采用先进的科学技术和管理方法，提高建设工程质量。

2. 建设单位的质量责任和义务

（1）建设单位应当将工程发包给具有相应资质等级的单位。建设单位不得将建设工程肢解发包。

（2）建设单位应当依法对工程建设项目的勘察、设计、施工、监理及与工程建设有关的重要设备、材料等的采购进行招标。

（3）建设单位必须向有关的勘察、设计、施工、工程监理等单位提供与建设工程有关的原始资料。原始资料必须真实、准确、齐全。

（4）建设工程发包单位不得迫使承包方以低于成本的价格竞标，不得任意压缩合理工期。建设单位不得明示或者暗示设计单位或者施工单位违反工程建设强制性标准，降低建设工程质量。

（5）施工图设计文件审查的具体办法，由国务院住房城乡建设主管部门、国务院其他有关部门制定。施工图设计文件未经审查批准的，不得使用。

（6）实行监理的建设工程，建设单位应当委托具有相应资质等级的工程监理单位进行监理，也可以委托具有工程监理相应资质等级并与被监理工程的施工承包单位没有隶属关系或者其他利害关系的该工程的设计单位进行监理。

（7）建设单位在开工前，应当按照国家有关规定办理工程质量监督手续，工程质量监督手续可以与施工许可证或者开工报告合并办理。

（8）按照合同约定，由建设单位采购建筑材料、建筑构配件和设备的，建设单位应当保证建筑材料、建筑构配件和设备符合设计文件和合同要求。建设单位不得明示或者暗示施工单位使用不合格的建筑材料、建筑构配件和设备。

（9）涉及建筑主体和承重结构变动的装修工程，建设单位应当在施工前委托原设计单位或者具有相应资质等级的设计单位提出设计方案；没有设计方案的，不得施工。房屋建筑使用者在装修过程中，不得擅自变动房屋建筑主体和承重结构。

（10）建设单位收到建设工程竣工报告后，应当组织设计、施工、工程监理等有关单位进行竣工验收。建设工程竣工验收应当具备下列条件：

1）完成建设工程设计和合同约定的各项内容；

2）有完整的技术档案和施工管理资料；

3）有工程使用的主要建筑材料、建筑构配件和设备的进场试验报告；
4）有勘察、设计、施工、工程监理等单位分别签署的质量合格文件；
5）有施工单位签署的工程保修书。

建设工程经验收合格的，方可交付使用。

（11）建设单位应当严格按照国家有关档案管理的规定，及时收集、整理建设项目各环节的文件资料，建立、健全建设项目档案，并在建设工程竣工验收后，及时向住房城乡建设主管部门或者其他有关部门移交建设项目档案。

3. 勘察、设计单位的质量责任和义务

（1）从事建设工程勘察、设计的单位应当依法取得相应等级的资质证书，并在其资质等级许可的范围内承揽工程。禁止勘察、设计单位超越其资质等级许可的范围或者以其他勘察、设计单位的名义承揽工程。禁止勘察、设计单位允许其他单位或者个人以本单位的名义承揽工程。勘察、设计单位不得转包或者违法分包所承揽的工程。

（2）勘察、设计单位必须按照工程建设强制性标准进行勘察、设计，并对其勘察、设计的质量负责。注册建筑师、注册结构工程师等注册执业人员应当在设计文件上签字，对设计文件负责。

（3）勘察单位提供的地质、测量、水文等勘察成果必须真实、准确。

（4）设计单位应当根据勘察成果文件进行建设工程设计。设计文件应当符合国家规定的设计深度要求，注明工程合理使用年限。

（5）设计单位在设计文件中选用的建筑材料、建筑构配件和设备，应当注明规格、型号、性能等技术指标，其质量要求必须符合国家规定的标准。除有特殊要求的建筑材料、专用设备、工艺生产线等外，设计单位不得指定生产厂、供应商。

（6）设计单位应当就审查合格的施工图设计文件向施工单位作出详细说明。

（7）设计单位应当参与建设工程质量事故分析，并对因设计造成的质量事故，提出相应的技术处理方案。

4. 施工单位的质量责任和义务

（1）施工单位应当依法取得相应等级的资质证书，并在其资质等级许可的范围内承揽工程。禁止施工单位超越本单位资质等级许可的业务范围或者以其他施工单位的名义承揽工程。禁止施工单位允许其他单位或者个人以本单位的名义承揽工程。施工单位不得转包或者违法分包工程。

（2）施工单位对建设工程的施工质量负责。施工单位应当建立质量责任制，确定工程项目的项目经理、技术负责人和施工管理负责人。建设工程实行总承包的，总承包单位应当对全部建设工程质量负责；建设工程勘察、设计、施工、设备采购的一项或者多项实行总承包的，总承包单位应当对其承包的建设工程或者采购的设备的质量负责。

（3）总承包单位依法将建设工程分包给其他单位的，分包单位应当按照分包合同的约定对其分包工程的质量向总承包单位负责，总承包单位与分包单位对分包工程的质量承担连带责任。

（4）施工单位必须按照工程设计图纸和施工技术标准施工，不得擅自修改工程设计，不得偷工减料。施工单位在施工过程中发现设计文件和图纸有差错的，应当及时提出意见和建议。

（5）施工单位必须按照工程设计要求、施工技术标准和合同约定，对建筑材料、建筑构

配件、设备和商品混凝土进行检验，检验应当有书面记录和专人签字；未经检验或者检验不合格的，不得使用。

(6)施工单位必须建立、健全施工质量的检验制度，严格工序管理，做好隐蔽工程的质量检查和记录。隐蔽工程在隐蔽前，施工单位应当通知建设单位和建设工程质量监督机构。

(7)施工人员对涉及结构安全的试块、试件及有关材料，应当在建设单位或者工程监理单位监督下现场取样，并送具有相应资质等级的质量检测单位进行检测。

(8)施工单位对施工中出现质量问题的建设工程或者竣工验收不合格的建设工程，应当负责返修。

(9)施工单位应当建立、健全教育培训制度，加强对职工的教育培训；未经教育培训或者考核不合格的人员，不得上岗作业。

5. 工程监理单位的质量责任和义务

(1)工程监理单位应当依法取得相应等级的资质证书，并在其资质等级许可的范围内承担工程监理业务。禁止工程监理单位超越本单位资质等级许可的范围或者以其他工程监理单位的名义承担工程监理业务。禁止工程监理单位允许其他单位或者个人以本单位的名义承担工程监理业务。工程监理单位不得转让工程监理业务。

(2)工程监理单位与被监理工程的施工承包单位以及建筑材料、建筑构配件和设备供应单位有隶属关系或者其他利害关系的，不得承担该项建设工程的监理业务。

(3)工程监理单位应当依照法律、法规及有关技术标准、设计文件和建设工程承包合同，代表建设单位对施工质量实施监理，并对施工质量承担监理责任。

(4)工程监理单位应当选派具备相应资格的总监理工程师和监理工程师进驻施工现场。未经监理工程师签字，建筑材料、建筑构配件和设备不得在工程上使用或者安装，施工单位不得进行下一道工序的施工。未经总监理工程师签字，建设单位不拨付工程款，不进行竣工验收。

(5)监理工程师应当按照工程监理规范的要求，采取旁站、巡视和平行检验等形式，对建设工程实施监理。

6. 建设工程质量保修

建设工程实行质量保修制度。建设工程承包单位在向建设单位提交工程竣工验收报告时，应当向建设单位出具质量保修书。质量保修书中应当明确建设工程的保修范围、保修期限和保修责任等。

(1)在正常使用条件下，建设工程的最低保修期限如下：

1)基础设施工程、房屋建筑的地基基础工程和主体结构工程，为设计文件规定的该工程的合理使用年限；

2)屋面防水工程、有防水要求的卫生间、房间和外墙面的防渗漏，为5年；

3)供热与供冷系统，为2个采暖期、供冷期；

4)电气管线、给排水管道、设备安装和装修工程，为2年。

5)其他项目的保修期限由发包方与承包方约定。建设工程的保修期，自竣工验收合格之日起计算。

(2)建设工程在保修范围和保修期限内发生质量问题的，施工单位应当履行保修义务，并对造成的损失承担赔偿责任。

(3)建设工程在超过合理使用年限后需要继续使用的，产权所有人应当委托具有相应资质等级的勘察、设计单位鉴定，并根据鉴定结果采取加固、维修等措施，重新界定使用期。

7. 监督管理

国家实行建设工程质量监督管理制度。国务院住房城乡建设主管部门对全国的建设工程质量实施统一监督管理。国务院铁路、交通、水利等有关部门按照国务院规定的职责分工，负责对全国的有关专业建设工程质量的监督管理。县级以上地方人民政府住房城乡建设主管部门对本行政区域内的建设工程质量实施监督管理。县级以上地方人民政府交通、水利等有关部门在各自的职责范围内，负责对本行政区域内的专业建设工程质量的监督管理。

(1)国务院住房城乡建设主管部门和国务院铁路、交通、水利等有关部门应当加强对有关建设工程质量的法律、法规和强制性标准执行情况的监督检查。

(2)国务院发展计划部门按照国务院规定的职责，组织稽查特派员，对国家出资的重大建设项目实施监督检查。国务院经济贸易主管部门按照国务院规定的职责，对国家重大技术改造项目实施监督检查。

(3)建设工程质量监督管理，可以由住房城乡建设主管部门或者其他有关部门委托的建设工程质量监督机构具体实施。从事房屋建筑工程和市政基础设施工程质量监督的机构，必须按照国家有关规定经国务院住房城乡建设主管部门或者省、自治区、直辖市人民政府住房城乡建设主管部门考核；从事专业建设工程质量监督的机构，必须按照国家有关规定经国务院有关部门或者省、自治区、直辖市人民政府有关部门考核。经考核合格后，方可实施质量监督。

(4)县级以上地方人民政府住房城乡建设主管部门和其他有关部门应当加强对有关建设工程质量的法律、法规和强制性标准执行情况的监督检查。

(5)县级以上人民政府住房城乡建设主管部门和其他有关部门履行监督检查职责时，有权采取下列措施：

1)要求被检查的单位提供有关工程质量的文件和资料；

2)进入被检查单位的施工现场进行检查；

3)发现有影响工程质量的问题时，责令改正。

(6)建设单位应当自建设工程竣工验收合格之日起 15 日内，将建设工程竣工验收报告和规划、公安消防、环保等部门出具的认可文件或者准许使用文件报住房城乡建设主管部门或者其他有关部门备案。住房城乡建设主管部门或者其他有关部门发现建设单位在竣工验收过程中有违反国家有关建设工程质量管理规定行为的，责令停止使用，重新组织竣工验收。

(7)有关单位和个人对县级以上人民政府住房城乡建设主管部门和其他有关部门进行的监督检查应当支持与配合，不得拒绝或者阻碍建设工程质量监督检查人员依法执行职务。

(8)供水、供电、供气、公安消防等部门或者单位不得明示或者暗示建设单位、施工单位购买其指定的生产供应单位的建筑材料、建筑构配件和设备。

(9)建设工程发生质量事故，有关单位应当在 24 h 内向当地住房城乡建设主管部门和其他有关部门报告。对重大质量事故，事故发生地的住房城乡建设主管部门和其他有关部门应当按照事故类别和等级向当地人民政府和上级住房城乡建设主管部门和其他有关部门报告。特别重大质量事故的调查程序按照国务院有关规定办理。

(10)任何单位和个人对建设工程的质量事故、质量缺陷都有权检举、控告、投诉。

拓展阅读

建设项目设计各阶段内容及深度

(1) 初步设计。初步设计一般应包括以下文字说明和图样：
1) 设计依据；
2) 设计指导思想；
3) 产品方案；
4) 各类资源的用量和来源；
5) 主要建筑物和构成物；
6) 公共辅助设施；
7) 新技术采用情况；
8) 外部协作条件；
9) 占地面积和土地利用情况；
10) 综合利用和"三废"治理；
11) 抗震和人防措施；
12) 各项技术经济指标；
13) 建设顺序和期限；
14) 总概算等。

初步设计的深度应满足以下要求：
1) 设计方案的比较选择和确定；
2) 主要设备和材料的订货；
3) 土地征用；
4) 基建投资的控制；
5) 施工图设计的编制；
6) 施工组织的编制；
7) 施工准备等。

(2) 技术设计。技术设计的内容，由有关部门根据工程的特点和需要自行制定。其深度应能满足确定设计方案中重大技术问题和有关实验、设备制造等方面的要求。

(3) 施工图设计。施工图设计应根据已获批准的初步设计进行。其深度能满足以下要求：设备、材料的安排和非标准设备的制作、施工图预算的编制、施工要求等。

模块小结

从事房地产开发和经营的企业，按照企业条件分为一、二、三、四级四个资质等级。勘察、设计是房地产项目前期准备工作至关重要的一步，它是规划设计、基础设施建设及项目建设的基础。房地产建设实行报建、施工许可及招投标制度，工程报建制度是指建单位工程建设项目通过立项、可行性研究、项目评估等前期筹备工作后,向建设行政主管部门报告前期工作结束,申请转入工程建设实施阶段,建设行政主管部门依法进行审查,对符合发包条件的,准许其进行发包制度。施工许可是指建设行政主管部门或其他行政主管部门根据建设单位和从事建筑活动的单位、个人的申请,依法准许公民、法人和其他组织从事建筑活动的具体行政行为。房地产建设工程招投标活动应当遵循公开、公平、公正和诚实信用的原则。施工管理是施工企业经营管理的一个重要组成部分。企业应识别施工范围和相关方需求,分析相关因素,确定施工管理目标。企业应按照项目岗位与部门的责权利关系,控制施工管理目标实施过程中的风险因素,确保各项目标得到有效管理。企业应确定施工管理流程,健全施工管理制度,实施系统管理,持续改进施工管理绩效,提高项目相关方满意度,确保实现施工管理目标。

思考题

一、填空题

1. _____负责全国房地产开发企业的资质管理工作。
2. 房地产开发企业资质按照企业条件分为_____级_____资质等级。
3. 房地产开发企业资质等级实行_____审批。
4. _____、_____是工程地质勘察常用的两种方式。
5. 一般建设项目的设计可按_____和_____两个阶段进行。
6. 地震烈度为_____地区和今后有可能发生破坏性地震的所有地震区的所有新建、改建、扩建工程都必须进行抗震设防。
7. 工程投资额在_____的建筑工程,可以不申请办理施工许可证。
8. 一次完整的招投标活动包括_____、_____、_____、_____和_____许多环节。
9. 公开招标是指_____。
10. _____应当对招标文件提出的实质性要求和条件作出响应。
11. 招标人可以授权_____直接确定中标人。
12. 中标人确定后,招标人应当向中标人发出_____,并同时将中标结果通知所有未中标的投标人。
13. 信息的来源应包括_____和_____两类。
14. 施工收尾应是施工管理的最后阶段,包括_____、_____、_____、_____、_____、_____、_____。
15. 收到工程竣工结算价款后,承包方应向发包方办理_____和_____移交。

二、选择题

1. 新设立的房地产开发企业,应当自领取营业执照之日起(　　)内,持下列文件到登记机关所在地的房地产开发主管部门备案。

  A. 30 日   B. 60 日   C. 180 日   D. 1 年

2. 房地产开发主管部门应当在收到备案申请后（　　）内向符合条件的企业核发《暂定资质证书》。
   A. 30 日　　　　B. 60 日　　　　C. 180 日　　　　D. 1 年
3. 《暂定资质证书》有效期为（　　）。
   A. 30 日　　　　B. 60 日　　　　C. 180 日　　　　D. 1 年
4. 企业涂改、出租、转让、出卖资质证书的，由原资质审批部门公告资质证书作废，收回证书，并可处以（　　）万元以下的罚款。
   A. 1　　　　　　B. 2　　　　　　C. 3　　　　　　D. 5
5. 进行工程设计、编制设计文件的主要依据是（　　）。
   A. 项目评估报告　　　　　　　　B. 项目建议书
   C. 项目标书　　　　　　　　　　D. 工程项目预算
6. 建设单位应当自领取施工许可证之日起（　　）个月内开工。
   A. 1　　　　　　B. 2　　　　　　C. 3　　　　　　D. 6
7. 为了保证招标的竞争性，招标人应当向（　　）个以上的潜在投标人发出邀请。
   A. 1　　　　　　B. 2　　　　　　C. 3　　　　　　D. 6
8. 评标由（　　）负责。
   A. 招标人　　　　　　　　　　　B. 投标人
   C. 招标人依法组建的评标委员会　D. 投标人依法组建的评标委员会
9. "三控制"不包括（　　）。
   A. 质量控制　　　B. 工期控制　　　C. 投资控制　　　D. 安全控制

三、判断题

1. 《暂定资质证书》有效期不得延长。（　　）
2. 应当申请领取施工许可证的建筑工程未取得施工许可证的，一律不得开工。（　　）
3. 施工许可证不得伪造和涂改。（　　）
4. 邀请招标又称为无限竞争性招标。（　　）
5. 投标人应当按照投标文件的要求编制招标文件。（　　）
6. 开标由投标人主持，并邀请所有投标人参加。（　　）

四、问答题

1. 房地产开发企业的设立条件是什么？
2. 一级资质房地产开发企业应具备哪些条件？
3. 简述勘察工作的主要程序。
4. 工程报建的内容有哪些？
5. 招标文件的内容是什么？
6. 实现监理活动需要具备哪些基本条件？
7. 简述工程施工管理流程。
8. 聘用项目经理应满足哪些条件？
9. 工程项目施工过程管理应遵守哪些原则？

模块 6 房地产交易管理制度与政策

知识目标

1. 了解房地产交易特征，熟悉房地产交易管理机构与职责，掌握房地产交易价格管理；
2. 掌握房地产转让方式、条件、程序，房地产转让合同及经济适用房的转让与商品房买卖相关知识；
3. 了解房地产抵押的特点，掌握房地产抵押范围、设定、估价及房地产抵押合同与最高额抵押权；
4. 了解房地产租赁的特点，熟悉房地产租赁分类，掌握房地产租赁条件、房屋租赁合同及其他房屋租赁相关规定。

能力目标

能够明确房地产转让、抵押、租赁相关制度与政策，能够处理地产交易价格管理事务及房地产转让、抵押、租赁过程中相关事务。

单元1 房地产交易管理简介

房地产交易管理指政府房地产管理部门及其他相关部门采取法律的、行政的、经济的手段，其对房地产交易活动进行指导和监督，是房地产市场管理的重要内容。房地产交易应当遵循自愿、公平、诚实信用等原则。房地产交易包括房地产转让、房地产抵押和房屋租赁3种形式。

一、房地产交易管理机构及其职责

国务院住房城乡建设主管部门、省级住房城乡建设主管部门和各市、县房地产管理部门及房地产管理部门授权的房地产交易管理所(房地产市场管理处、房地产交易中心等)。

房地产交易管理机构主要职责如下：

（1）执行国家有关房地产交易管理的法规，并制定具体实施办法。

（2）整顿和规范房地产交易秩序，对房地产交易、经营等活动进行指导和监督，查处违法行为，维护当事人的合法权益。

（3）负责房地产交易合同网签备案、资金监管等工作。

（4）协助财政、税务部门征收与房地产交易有关的税款。

（5）为房地产交易提供洽谈协议、交流信息、展示行情等各种服务。

（6）发布市场交易信息，为政府宏观决策和正确引导市场发展服务。

二、房地产交易价格管理

1. 房地产成交价格的申报

房地产交易价格管理是房地产交易管理的主要环节之一，它不仅关系着当事人之间的财产权益，而且关系着国家的税费收益。因此，加强房地产交易价格管理，对于保护当事人的合法权益和保障国家的税收收入，促进房地产市场健康有序发展，有着极其重要的作用。

中华人民共和国城市房地产管理法

在房地产成交价格申报制度中，《中华人民共和国城市房地产管理法》（2019修订）（以下简称《城市房地产管理法》）规定："国家实行房地产成交价格申报制度。房地产权利人转让房地产，应当向县级以上地方人民政府规定的部门如实申报成交价，不得瞒报或作不实的申报。"《城市房地产转让管理规定》中指出，房地产转让当事人在房地产转让合同签订后90日内持房地产权属证书、当事人的合法证明、转让合同等有关文件向房地产所在地的房地产管理部门提出申请，并申报成交价格。房地产转让应当以申报的成交价格作为缴纳税费的依据。房地产管理部门在接到价格申报后，应核实申报的成交价，如成交价格明显低于市场正常价格的，应当及时通知交易双方当事人，按不低于税收机关确认的价格缴纳有关税费后，房地产管理部门方可办理房地产交易手续，核发权属证书。这些规定为房地产价格申报制度提供了法律依据，也说明了房地产价格申报是房地产交易受法律保护的必要条件之一。

房地产权利人转让房地产，如房地产抵押权人依法拍卖房地产，应当向房屋所在地人民政府房地产行政主管部门如实申报成交价格，由国家对成交价格实施登记审验后，才予以办理产权转移手续，取得确定的法律效力。需要说明的是，房地产行政主管部门发现交易双方的成交价格明显低于市场正常价格时，并不是要求交易双方当事人更改房地产成交价格，只是通知交易双方应当按照什么价格缴纳有关税费，无论其合同中价格为多少，都不影响其办理房地产交易和办理权属证书等有关手续。

2. 房地产价格评估

房地产价格评估是指房地产专业估价人员根据估价目的，遵循估价原则，按照估价程序，采用科学的估价方法，并结合估价经验对于影响房地产价格因素的分析，对房地产最可能实现的合理价格所作出的推测与判断。

《城市房地产管理法》第三十四条规定："国家实行房地产价格评估制度。房地产价格评估，应当遵循公正、公平、公开的原则，按照国家规定的技术标准和评估程序，以基准地价、标定地价和各类房屋的重置价格为基础，参照当地的市场价格进行评估。"基准地价、标定地价和各类房屋的重置价格应当定期确定并公布，具体办法由国务院规定。其中，基准地价是指按照不同的土地级别、区域分别评估和测算的商业、工业、住宅等各类用地的使用权的平均价格；标定地价是指对需要进行土地使用权出让、转让、抵押的地块评定的具体价格；房屋的重置价格是指按照当前的建筑技术、工艺水平、建筑材料价格、人工和运输费用等条件，重新建造同类结构、式样、质量标准的房屋的价格。

《城市房地产管理法》规定："国家实行房地产价格评估人员资格认证制度。"

三、房地产交易特征

房地产交易的特征是由房产和地产的特殊性质决定的。房地产交易与其他商品交易相比，具有以下方面最突出的特征：

(1)房地产交易对象的固定性。房地产交易的对象是房屋和土地，房屋和土地同属于不动产。由于房屋和土地都具有不动产特征，在交易中就显示出与其他商品交易的显著区别：一般商品交易的时间与空间均可分离，特别是在空间上一般都发生移动，而房屋的流通和土地使用权的有偿转让，其交易过程只是货币单方面的运动，并不发生物体的空间移动。

(2)房地产交易形式的多样性。由于房屋使用期长、价值量大、产权性质多元、土地资源的稀缺，引起的土地价格的递增等特征，它们参与交易的金额大，因而具有多种交易形式。除房屋的买卖、租赁两种主要形式外，还有交换、抵押、典当、信托等其他形式。

(3)地产交易的垄断性。商品交易的前提条件是交易主体对该商品拥有所有权，而房地产交易对象之一的土地却有其特殊性，城市土地所有权属于国家。按法律规定，除国家用法律手段征收集体所有的土地外，城市土地的所有权是不能发生转移、不允许进行买卖的。但是，土地作为生产要素，其使用权可以进入市场流通。因此，所谓地产交易，实质是土地使用权交易，即交易的只是土地在一定期限内的使用权，而不是土地的所有权。目前，我国城市所实行的土地使用权的有偿出让、转让，都属于这种性质。由于土地的所有权始终掌握在代表国家的各级政府手中，所以，地产交易实际上属于政府控制垄断的。

单元 2　房地产转让管理

房地产转让，是指房地产权利人通过买卖、赠与或者其他合法方式将其房地产转移给他人的行为。

一、房地产转让方式

房地产转让可以通过各种方式进行，主要方式见表 6-1。

表 6-1　房地产转让的主要方式

主要方式	具体内容
房地产买卖	房地产买卖是指房地产权利人将其合法拥有的土地使用权和房屋所有权交付给买受人所有，并由买受人支付约定价款的行为

续表

主要方式	具体内容
房地产赠与	房地产赠与是指房地产权利人依法将其拥有的土地使用权和房屋所有权无偿转移给他人，不要求受赠人支付任何费用或为此承担任何义务的行为
房地产互换	房地产互换是指不同的房地产权利人之间将自己合法拥有的土地使用权和房屋所有权相互转移的行为
房地产继承	房地产继承是指被继承人死亡后，其遗留的个人合法房地产转移给继承人所有的行为
房地产遗赠	房地产遗赠是指房地产权利人生前以遗嘱方式将其个人合法房地产的一部或全部赠给国家、社会团体、集体组织或个人，并于死亡时发生效力的行为

除表6-1中的房地产转让方式外，房地产转让还有房屋分割、合并；以房屋出资入股；法人或者其他组织分立、合并等法律法规规定的其他转让方式。

从房地产转让方式中可以看出其转让主要有两种情况：一种是有偿的，主要指买卖和交换；另一种是无偿的，主要指赠与、继承和遗赠。无论有偿的还是无偿的，房地产转让都是指权利人的转移，即土地使用权人和房屋所有人的变更。

二、房地产转让条件

（1）下列房地产，不得转让：

1）以出让方式取得土地使用权的，不符合《城市房地产转让管理规定》第十条规定的条件的；

2）司法机关和行政机关依法裁定、决定查封或者以其他形式限制房地产权利的；

3）依法收回土地使用权的；

4）共有房地产，未经其他共有人书面同意的；

5）权属有争议的；

6）未依法登记领取权属证书的；

7）法律、行政法规规定禁止转让的其他情形。

（2）以出让方式取得土地使用权的，转让房地产时，应当符合下列条件：

1）按照出让合同约定已经支付全部土地使用权出让金，并取得土地使用权证书；

2）按照出让合同约定进行投资开发，属于房屋建设工程的，完成开发投资总额的25%以上，属于成片开发土地的，形成工业用地或者其他建设用地条件。

转让房地产时房屋已经建成的，还应当持有房屋所有权证书。

三、房地产转让程序

房地产转让必须按照一定的程序。由于存在土地使用权取得的方式、转让方式的不同，其转让的程序也略有不同。根据《城市房地产转让管理规定》的规定，房地产转让的程序如下：

（1）房地产转让当事人签订转让合同；

（2）房地产转让当事人在房地产转让合同签订后90日内持房地产权属证书、当事人的合法证件、转让合同等有关材料向房地产所在地的房地产管理部门提出申请，并申报成交价格；

(3)房地产管理部门在收到有关材料后对其进行审查,并在 7 日内作出是否受理该申请的书面答复,未作出书面答复的,视为同意受理;

(4)房地产管理部门审核申报的成交价格,并根据需要对转让的房地产进行现场查勘和评估;

(5)房地产转让当事人按照规定缴纳有关税费;

(6)房地产管理部门办理房屋权属登记手续,核发房地产权属证书。

四、房地产转让合同

房地产转让时,转让人与受让人应当订立书面转让合同。房地产转让合同是指房地产转让当事人之间签订的用于明确双方权利、义务关系的书面协议。为了严格执行房地产交易法律法规,规范房地产市场行为,保障转让当事人的合法利益,房地产转让合同一般使用统一的标准合同本文。

房地产转让合同应当明确以下主要内容:

(1)双方当事人姓名或名称、住所;

(2)房地产权属证书名称和编号;

(3)房地产坐落位置、面积、四至界限;

(4)土地宗地号、土地使用权取得的方式及年限;

(5)房地产的用途或使用性质;

(6)成交价格及支付方式;

(7)房地产交付使用的时间;

(8)违约责任;

(9)双方约定的其他事项。

五、经济适用房的转让

经济适用住房是指政府提供政策优惠,限定套型面积和销售价格,按照合理标准建设,面向城市低收入住房困难家庭供应,具有保障性质的政策性住房。其中,城市低收入住房困难家庭是指城市和县人民政府所在地镇的范围内,家庭收入、住房状况等符合市、县人民政府规定条件的家庭。

发展经济适用住房应当在国家统一政策指导下,各地区因地制宜,由政府主导、社会参与。市、县人民政府要根据当地经济社会发展水平、居民住房状况和收入水平等因素,合理确定经济适用住房的政策目标、建设标准、供应范围和供应对象等,并组织实施。省、自治区、直辖市人民政府对本行政区域经济适用住房工作负总责,对所辖市、县人民政府实行目标责任制管理。

由于经济适用房得到政府优惠政策支持,故经济适用房购房人所拥有的产权有限,购买经济适用住房不满 5 年,不得直接上市交易,购房人因特殊原因确需转让经济适用住房的,由政府按照原价格并考虑折旧和物价水平等因素进行回购。购买经济适用住房满 5 年,购房人上市转让经济适用住房的,应按照届时同地段普通商品住房与经济适用住房差价的一定比例向政府交纳土地收益等相关价款,具体交纳比例由市、县人民政府确定,政府可优先回购；购房人也可以按照政府所定的标准向政府交纳土地收益等相关价款后，取得完全产权。上述规定应在经济适用住房购买合同中予以载明，并明确相关违约责任。

六、商品房买卖

1. 商品房买卖方式

商品房买卖的方式有商品房预售、商品房现售和商品房代理销售，见表6-2。

表6-2　商品房销售方式

商品房销售方式	具体说明
商品房预售	商品房预售是指房地产开发企业将正在建设中的商品房预先售给买受人，并由买受人支付定金或房价款的行为。 商品房预售，应当符合下列条件： (1)已交付全部土地使用权出让金，取得土地使用权证书； (2)持有建设工程规划许可证； (3)按提供预售的商品房计算，投入开发建设的资金达到工程建设总投资的25%以上，并已经确定施工进度和竣工交付日期； (4)向县级以上人民政府房产管理部门办理预售登记，取得商品房预售许可证明。 商品房预售人应当按照国家有关规定将预售合同报县级以上人民政府房产管理部门和土地管理部门登记备案。 商品房预售所得款项，必须用于有关的工程建设。 商品房预售的，商品房预购人将购买的未竣工的预售商品房再行转让的问题，由国务院规定
商品房现售	商品房现售是指房地产开发企业将竣工验收合格的商品房出售给买受人，并由买受人支付房价款的行为。 房地产开发企业应当在商品房现售前将房地产开发项目手册及符合商品房现售条件的有关证明报送房地产开发主管部门备案。同时，要求商品房现售应当符合以下条件： (1)现售商品房的房地产开发企业应当具有企业法人营业执照和房地产开发企业资质证书； (2)取得土地使用权证书或者使用土地的批准文件； (3)持有建设工程规划许可证和施工许可证； (4)已通过竣工验收； (5)拆迁安置已经落实； (6)供水、供电、供热、燃气、通信等配套设施具备交付使用条件，其他配套设施和公共设备具备交付使用条件或已确定施工进度和交付日期； (7)物业管理方案已落实
商品房代理销售	商品房代理销售是指房地产开发企业开发建设的许可预(销)售的商品房，委托具有房地产经纪资格的房地产中介服务机构代理销售或委托房地产中介服务机构以包销的形式销售商品房的行为。商品房代理销售包括代销和包销两种形式。 房地产开发企业可以自行销售商品房，也可以委托房地产中介服务机构销售商品房。房地产开发企业委托中介服务机构销售商品房的，受托机构应当是依法设立并取得工商营业执照的房地产中介服务机构

2. 商品房买卖合同

(1)商品房买卖合同应当明确以下主要内容：

1)当事人名称或者姓名和住所。

2）商品房基本状况。
3）商品房的销售方式。
4）商品房价款的确定方式及总价款、付款方式、付款时间。
5）交付使用条件及日期。
6）装饰、设备标准承诺。
7）供水、供电、供热、燃气、通信、道路、绿化等配套基础设施和公共设施的交付承诺和有关权益、责任。
8）公共配套建筑的产权归属。
9）面积差异的处理方式。
10）办理产权登记有关事宜。
11）解决争议的方法。
12）违约责任。
13）双方约定的其他事项。

（2）商品房计价方式。商品房可以按套（单元）计价，也可以按套内建筑面积或建筑面积计价。按套、套内建筑面积计价并不影响用建筑面积进行产权登记。

商品房建筑面积由套内建筑面积和分摊的共有建筑面积组成，套内建筑面积部分为专有部分，分摊的共有面积部分为共有产权，买受人按照法律、法规的规定对其享有权利，承担责任。

（3）面积误差的处理。

1）按套内建筑面积或者建筑面积计价的，当事人可以在合同中约定合同约定面积误差比。面积误差比是实测面积与预测面积之差与预测面积之比，公式为

$$面积误差比＝（实测面积－预测面积）/预测面积×100\%$$

2）合同中没有约定面积误差比的，按以下原则处理：

①按套内建筑面积计价的，面积误差比绝对值在3％以内（含3％，下同）的，据实结算房价款；按建筑面积计价的，建筑面积或套内建筑面积误差比绝对值均在3％以内的，根据实测建筑面积结算房价款。

②按套内建筑面积计价，面积误差比绝对值超过3％时，买受人有权解除合同。按建筑面积计价的，建筑面积或套内建筑面积任何一个的误差比绝对值超过3％的，买受人就有权解除合同。买受人解除合同的，房地产开发企业应当自解除合同通知送达之日起15日内退还买受人已付全部房价款（含已付贷款部分），并自买受人付款之日起，按照不低于中国人民银行公布的同期贷款基准利率计付利息。

3）买受人不退房的，实测面积大于预测面积时，面积误差比在3％之内的房价款由买受人补足；超出3％部分的房价款由房地产开发企业承担，产权归买受人。

4）实测面积小于预测约定面积时，面积误差比绝对值在3％（含3％）以内部分的房价款由房地产开发企业返还买受人；绝对值超过3％的房价款由房地产开发企业双倍返还买受人。

（4）中途变更规划、设计。房地产开发企业不得擅自变更规划、设计。经规划部门批准的规划变更、设计单位同意的设计变更，房地产开发企业应当在变更确立之日起10日内，书面通知买受人。买受人有权在通知到达之日起15日内做出是否退房的书面答复。买受人在通知到达之日起15日内未做出书面答复的，视同接受规划、设计变更以及由此引起的房

价款的变更

(5) 保修责任。当事人应当在合同中就保修范围、保修期限、保修责任等内容作出约定。房地产开发企业承担的保修期从房地产开发企业(出卖人)将商品房交付给买受人之日起计算。

3. 商品房买卖的限制性规定

商品房买卖禁止有下列行为:

(1) 房地产开发企业不得在未解除商品房买卖合同前,将作为合同标的物的商品房再行销售给他人。

(2) 房地产开发企业不得采取返本销售或者变相返本销售的方式销售商品房。

(3) 房地产开发企业不得采取售后包租或者变相售后包租的方式销售未竣工商品房。

(4) 商品住宅按套销售,不得分割拆零销售。

单元3 房地产抵押管理

房地产抵押,是指抵押人以其合法的房地产以不转移占有的方式向抵押权人提供债务履行担保的行为。债务人不履行债务时,抵押权人有权依法以抵押的房地产拍卖所得的价款优先受偿。

一、房地产抵押的特点

1. 房地产抵押权的从属性

抵押权是为了担保债权而设立的,它与所担保的债权形成主从关系。

(1) 抵押权的存在以债权的存在为前提。被担保的主债权有效存在,房地产抵押权存在,主债权无效或被撤销,其抵押权也随之失去效力。

(2) 抵押权随主债权的转移而转移。抵押权与所担保的债权不可分离,抵押权人不能仅将债权转让与他人而自己保留抵押权,也不能自己保留债权而仅将抵押权转让他人,更不能将债权与抵押权分别转让于他人。

(3) 抵押权随债权的消灭而消灭。

2. 房地产抵押权的特定性

房地产抵押权的特定性是指其以特定的抵押房地产担保特定的债权的特征。房地产抵押人只能以现存的房地产(包括预售房屋)供作抵押,不能以将可以得到的房地产供作抵押;抵押房地产还必须是明确的、特定的,有其具体的范围。另一方面,房地产抵押权是针对某一明确的、特定的债权,而不能担保债务人的一切债务。

3. 房地产抵押权的物上代位性

房地产抵押权的物上代位性是指在抵押房地产变化其原有形态或性质时,抵押权的效力仍及于抵押房地产的转换物上。如抵押房地产因毁损、拆除等原因灭失而获得的保险金、赔偿金、补偿费、拆迁费及其他损害赔偿费等,这些都是抵押房地产的价值转化形式,归房地产权利人所有,这些成为抵押房地产的代位物,抵押权人可对其行使抵押权。

4. 房地产抵押权的优先受偿权

抵押权的实质和担保作用在于当债务人超过抵押合同规定期限没有履行债务时,抵押权人可以拍卖抵押物，并从中优先受偿，这就保证了房地产抵押权可以优先于其他债权人，以抵押的房地产价值确定自己的债权。当存在多个抵押权时，优先受偿权的次序以设定抵押物的时间先后来决定，时间在前的，其优先受偿权在前。

二、房地产抵押范围

房地产抵押范围是指房地产抵押权标的的范围。

1. 可抵押范围

（1）房屋所有权连同该房屋占用范围内的土地使用权；
（2）在取得国有土地使用权的出让土地上建成房屋，该房屋连同土地使用权可成为抵押财产，即使仅取得出让土地使用权而未予投资开发建设的，也可以成为抵押财产；
（3）抵押房地产的附属物，房地产附属物是指附属在房地产之上的物；
（4）抵押房地产的从物，在一般情况下，抵押房地产的从物应当随同主物列入抵押范围；
（5）依法获得的预售商品房等。

2. 不得抵押的范围

（1）土地所有权；
（2）耕地、宅基地、自留地、自留山等集体所有的土地使用权，但法律规定可以抵押的除外；
（3）学校、幼儿园、医院等以公益为目的的事业单位、社会团体的教育设施、医疗卫生设施和其他社会公益设施；
（4）所有权、使用权不明或者有争议的财产；
（5）依法被查封、扣押、监管的财产；
（6）法律、行政法规规定不得抵押的其他财产。

三、房地产抵押的设定

房地产抵押的设定是指设立房地产抵押的具体法律规定。房地产抵押设定的具体法律法规规定如下：

（1）抵押人所担保的债权不得超出其抵押物的价值。房地产抵押后，该抵押房地产的价值大于所担保债权的余额部分，可以再次抵押，但不得超出余额部分。
（2）以享受国家优惠政策购买的房地产抵押的，其抵押额以房地产权利人可以处分和收益的份额比例为限。
（3）以出让土地使用权设定抵押权的，抵押权设定前原有的地上房屋及其他附属物应同时抵押。
（4）以两宗以上房地产设定同一抵押权的，共同视为同一抵押房地产；但当事人另有约定的除外。
（5）国有企业、事业单位法人以国家授予其经营管理的房地产设定抵押权的，应当符合国有资产管理的有关规定。
（6）以集体所有制企业的房地产设定抵押权的，必须经集体所有制企业职工（代表）大会通过，并报其上级主管机关备案。

(7)以中外合资企业、合作经营企业和外商独资企业的房地产设定抵押权的,必须经董事会通过,但企业章程另外规定的除外。

(8)以有限责任公司、股份有限公司的房地产设定抵押权的,必须经董事会或股东大会通过,但企业章程另有规定的除外。

(9)以有经营期限的企业以其所有的房地产设定抵押权的,其设定的抵押期限不得超过该企业的经营期限。

(10)以具有土地使用年限的房地产设定抵押的,所担保债务的履行期限不得超过土地使用权出让合同规定的使用年限减去已经使用年限后的剩余年限。

(11)以共同共有的房地产设定抵押的,抵押人应事先征得其他共有人的书面同意,所有共有人均为抵押人。

(12)以预购商品房贷款抵押的,其前提条件是商品房开发项目必须符合房地产转让条件并取得商品房预售许可证,并须持有商品房预售合同及按规定办妥其有关登记手续。

(13)以有限产权房屋设定抵押权的,只能以房屋所有人原来出资的比例为限,并且必须符合国家及地方关于有限产权房屋的管理规定。

(14)以已出租的房地产设定抵押权的,抵押人应当将租赁情况告知抵押权人,并将抵押情况告知承租人,原租赁关系继续有效。

(15)已设定抵押权的房地产再作抵押时,抵押人应当事先将已抵押的状况告知拟接受再抵押者,并必须征得前一个的抵押权人的书面同意,后一个抵押权所担保的债务履行期限不得早于前一个抵押权所担保的债务的履行期限。

(16)企事业单位法人分立或合并后,原抵押合同继续有效。其权利和义务由拥有抵押物的企业享有和承担。抵押人死亡、依法被宣告死亡或被宣告失踪时,其房地产合法继承人或者代管人应当继续履行原抵押合同。

(17)抵押权人在债务履行期届满前,不得与抵押人约定债务人不履行到期债务时抵押财产归债权人所有。

(18)担保期间,担保财产毁损、灭失或者被征收等,担保物权人可以就获得的保险金、赔偿金或者补偿金等优先受偿。被担保债权的履行期未届满的,也可以提存该保险金、赔偿金或者补偿金等。

(19)以正在建造的建筑物抵押的,应当办理抵押登记。抵押权自登记时设立。

(20)被担保的债权既有物的担保又有人的担保的,债务人不履行到期债务或者发生当事人约定的实现担保物权的情形,债权人应当按照约定实现债权;没有约定或约定不明确的,债务人自己提供物的担保的,债权人应当先就该物的担保实现债权;第三人提供物的担保的,债权人可以就物的担保实现债权,也可以要求保证人承担保证责任。提供担保的第三人承担担保责任后,有权向债务人追偿。

(21)其他法律、行政法规的规定。

四、房地产抵押合同

1. 房地产抵押合同的订立

为了保障抵押当事人的合法权益,房地产抵押必须签订书面合同。双方应当就合同主要条款协商一致。内容符合有关法律法规。签订抵押合同前,依法应对抵押房地产进行估价的,可以由抵押当事人协商确定,也可以委托授权认可的估价机构评估,估算出并确认抵押房地产的实际价值。对于抵押房地产的评估结果,应当在抵押合同中载明。

2. 房地产抵押合同的主要内容

房地产抵押合同一般应载明以下主要内容:
(1)抵押人、抵押权人的名称或者个人姓名、住所。
(2)主债权的种类、数额。
(3)抵押房地产的处所、名称、状况、建筑面积、用地面积以及四至等。
(4)抵押房地产的价值。
(5)抵押房地产的占用管理人、占用管理方式、占用管理责任以及意外损毁、灭失的责任。
(6)债务人履行债务的期限。
(7)抵押权灭失的条件。
(8)违约责任。
(9)争议解决方式。
(10)抵押合同订立的时间与地点。
(11)双方约定的其他事项。

3. 房地产抵押登记

房地产抵押合同订立后,抵押当事人必须在该抵押合同签订之日起 30 日内,按房地产登记管理权限向房地产管理部门办理抵押登记。房地产抵押合同自抵押登记之日起生效。办理抵押登记时,抵押当事人应当向登记机关交验下列有关文件:
(1)抵押当事人的身份证明或法人资格证明。
(2)抵押登记申请书。
(3)抵押合同。
(4)《国有土地使用权证》《房屋所有权证》或《房地产权证》,共有的房屋还必须提交《房屋共有权证》和其他共有人同意抵押的证明。
(5)可以证明抵押人有权设定抵押权的文件与证明材料。
(6)可以证明抵押房地产价值的资料。
(7)登记机关认为必要的其他文件。

当事人也可委托代理人办理房地产抵押登记手续。没有经过抵押登记的房地产抵押行为无效。

登记机关应当对申请人的申请进行审核。凡权属清楚、证明材料齐全的,应当在受理登记之日起 7 日内决定是否予以登记,对不予登记的,应当书面通知申请人。以依法取得的房屋所有权证书的房地产抵押的,登记机关应当在原《房屋所有权证》上做他项权利记载后,由抵押人收执。并向抵押人颁发《房屋他项权证》。

五、房地产抵押估价

商业银行在发放房地产抵押贷款前,可以与抵押人协商确定房地产的抵押价值,也可以委托房地产估价机构评估房地产抵押价值。

房地产抵押价值为抵押房地产在估价时点假定未设立法定优先受偿权利下的市场价值减去房地产估价师知悉的法定优先受偿款。扣除的法定优先受偿款一般是指在抵押的房地产上债权人依法拥有的优先受偿款,即假定在估价时点实现抵押权时,法律规定优先于本次抵押贷款受偿的款额,包括发包人拖欠承包人的建筑工程价款,已抵押担保的债权数额,以及其他法定优先受偿款。

1. 房地产估价师的职责

(1)了解抵押房地产的法定优先受偿权利等情况。

(2)必要时对委托人提供的有关情况和资料进行核查。

(3)全面、细致了解估价对象,对估价对象现状与相关权属证明材料逐一对照,做好实地查勘记录,拍摄反映其内外状况和周围环境的照片。

(4)处置房地产时,除评估房地产的公开市场价值外,同时给出快速变现价值意见及其理由等。

2. 房地产抵押估价报告

房地产抵押估价报告的内容包括:

(1)要全面、详细地界定估价对象的范围和在估价时点的法定用途、实际用途及区位、实物、权益状况。

(2)披露估价对象已设定的抵押权。

(3)分析估价对象的变现能力。

(4)披露已作为假设和限制条件,对估价结果有重大影响的因素,并说明其对估价结果可能产生的影响。

(5)将法定优先受偿权利等情况的书面查询资料和调查记录、内外部状况照片作为估价报告的附件。

六、最高额抵押权

对由于各种原因不能拍摄内外部状况照片的,应当在估价报告中予以披露。房地产抵押估价报告应用有效期从估价报告出具之日起计算,不得超过1年。房地产估价师预计估价对象的市场价格将有较大变化的,应当缩短估价报告应用有效期。

最高额抵押权是指为担保债务的履行,债务人或者第3人对一定期间内将要连续发生的债权提供担保财产的,债务人不履行到期债务或者发生当事人约定的实现抵押权的情形,抵押权人有权在最高债权额限度内就该担保财产优先受偿。

1. 最高额抵押变更及转让

最高额抵押所担保的最高债权额是确定的,但实际发生额不确定。

设定最高额抵押权时,债权尚未发生,为担保将来债权的履行,抵押人和抵押权人协议确定担保的最高数额,在此额度内对债权担保。

最高额抵押权设立前已经存在的债权,经当事人同意,可以转入最高额抵押担保的债权范围。最高额抵押担保的债权确定前,部分债权转让的,最高额抵押权不得转让,但当事人另有约定的除外。

最高额抵押担保的债权确定前,抵押权人与抵押人可以通过协议变更债权确定的期间、债权范围及最高债权额,但变更的内容不得对其他抵押权人产生不利影响。

2. 抵押权人的债权确定

有下列情形之一的,抵押权人的债权确定:

(1)约定的债权确定期间届满；

(2)没有约定债权确定期间或者约定不明确，抵押权人或者抵押人自最高额抵押权设立之日起满2年后请求确定债权；

(3)新的债权不可能发生；

(4)抵押权人知道或应当知道抵押财产被查封、扣押；

(5)债务人、抵押人被宣告破产或解散；

(6)法律规定债权确定的其他情形。

3. 房地产抵押登记与抵押的效力

房地产抵押应当签订书面抵押合同并办理抵押登记。抵押权自登记时设立。房地产抵押未经登记的，抵押权不生效，抵押权人不享有优先受偿权。

抵押权为价值权而非实体权。抵押人设定抵押后，房地产的所有权仍然属于抵押人，抵押人仍可以对抵押物行使占有、使用、收益、处分的权利，但抵押人所享有的所有权受到限制。

房地产抵押关系存续期间，抵押人应当维护抵押房地产的安全完好，抵押人的行为足以使抵押物价值减少的，抵押权人有权要求抵押人停止其行为。抵押物价值减少时，抵押权人有权要求抵押人恢复抵押房地产的价值，或者提供与减少的价值相当的担保。抵押人不恢复抵押房地产的价值也不提供担保的，抵押权人有权要求债务人提前清偿债务。

4. 房地产抵押权的实现

债务人不履行到期债务或者发生当事人约定的实现抵押权的情形，抵押权人可以与抵押人协议以抵押房地产折价或者以拍卖、变卖该抵押房地产所得的价款优先受偿。

协议损害其他债权人利益的，其他债权人可以请求法院撤销该协议。抵押权人与抵押人未就抵押权实现方式达成协议的，抵押权人可以请求人民法院拍卖、变卖抵押房地产。抵押房地产折价或者变卖的，应当参照市场价格。

人民法院依法对抵押物拍卖的，拍卖财产经过评估的，评估价即为第一次拍卖的保留价；未做评估的，参照市价确定，并应当征询当事人的意见。拍卖保留价由人民法院参照评估确定。

5. 多个抵押的清偿顺序

同一房地产向两个以上债权人抵押的，拍卖、变卖抵押房地产所得的价款依照以下规定清偿：

(1)抵押权已登记的，按照登记的先后顺序清偿；

(2)抵押权已登记的先于未登记的受偿；

(3)抵押权未登记的，按照债权比例清偿。

6. 特殊情况的处理

(1)对于设定房地产抵押权的土地使用权是以划拨方式取得的，依法拍卖该房地产后，应当从拍卖所得的价款中缴纳相当于应缴纳的土地使用权出让金的款额后，抵押权人方可优先受偿。

(2)房地产抵押合同签订后，土地上新增的房屋不属于抵押财产。需要拍卖该抵押的房地产时，可以依法将土地上新增的房屋与抵押财产一同拍卖，但对拍卖新增房屋所得，抵押权人无权优先受偿。

(3)土地承包经营权，乡镇、村企业的厂房等建筑物占用范围内的建设用地使用权一并抵押的，实现抵押权后，未经法定程序不得改变土地所有权的性质和土地用途。

（4）抵押权因抵押物灭失而消失。因灭失所得的赔偿金，应当作为抵押财产。

7. 实现抵押权时应注意的问题

抵押权人应当在主债权诉讼时效期内行使抵押权；未行使的，人民法院不予保护。

人民法院对已经依法设定抵押的被执行人及其所扶养家属居住的房屋，在裁定拍卖、变卖或者抵债后，应给予被执行人6个月的宽限期。被执行人属于低保对象且无法自行解决居住问题的，人民法院不应强制迁出。

在金钱债权执行中，符合下列情形之一，被执行人以执行标的系本人及所扶养家属维持生活必需的居住房屋为由提出异议的，人民法院不予支持：

（1）对被执行人有扶养义务的人名下有其他能够维持生活必需的居住房屋的；

（2）执行依据生效后，被执行人为逃避债务转让其名下其他房屋的；

（3）申请执行人按照当地廉租住房保障面积标准为被执行人及所扶养家属提供居住房屋，或者同意参照当地房屋租赁市场平均租金标准从该房屋的变价款中扣除5~8年租金的。

执行依据确定被执行人交付居住的房屋，自执行通知送达之日起，已经给予3个月的宽限期，被执行人以该房屋系本人及所扶养家属维持生活的必需品为由提出异议的，人民法院不予支持。

单元4 房屋租赁管理

房屋租赁，是指房屋所有权人作为出租人将其房屋出租给承租人使用，由承租人向出租人支付租金的行为。

一、房屋租赁的特征

房屋租赁作为一种特定的商品交换的经济活动形式，具有以下特征：

1. 房屋租赁的标的物是特定物的房屋

房屋作为不动产，不同于其他财产，它是特定物，而不是种类物。出租人在提供房屋时，只能按合同规定的房屋出租，而不能用其他的同类房屋替代；租赁合同终止后，承租人应将原房屋交还给出租人，而不能以同类房屋来替代。

2. 房屋租赁是一种经济的契约关系

（1）房屋租赁是一种民事法律行为，出租人和承租人应当签订书面租赁合同，约定租赁期限、租赁用途、租赁价格、修缮责任等条款，以及双方的其他权利和义务，并向房地产管理部门登记备案。

（2）房屋租赁是双方有偿的。在房屋租赁关系中，租赁双方都享有权利和承担义务：出租人有义务将房屋交付给承租人使用，同时享有向承租人收取租金的权利；承租人有义务按期支付租金，同时有权利使用出租人提供的房屋。

（3）房屋租赁中的所有权和使用权暂时分离。在房屋租赁关系中，出租人只是不定期或定期地转移出租房屋的占有权和使用权，该房屋的处分权始终属于出租人。在房屋租赁关系存续期间，即使出租房屋的所有权发生转移，原租赁的合同关系依然有效，房屋所有人或受让人必须尊重承租人的合法权益。

(4)违约必须承担法律责任。租赁双方必须依法履行合同，如果违约，就要承担民事责任。

3. 租赁双方都必须是符合法律法规规定的责任人

出租人一般应是拥有房屋所有权的自然人、法人或其他组织，才能有权将房屋所有权中的占有权、使用权转移给他人。代理他人出租，必须在产权人的明确授权下方可行使。承租人可以是中华人民共和国境内外的自然人、法人或其他组织，但首先是应当具有民事行为能力的人，能签订租赁合同；其次是要符合土地使用权出让合同、土地租赁合同等约定的对象。

二、房屋租赁的分类

房屋租赁按照不同的标准，可作不同分类，见表6-3。

表6-3 房屋租赁的分类

分类标准	类型	具体内容
按房屋用途分类	住宅租赁	住宅租赁是最常见的，主要用于居住、日常生活
	非住宅租赁	非住宅中的商业用房、办公用房的租赁随着市场经济的发展日趋增多，并已形成专业化管理
按房屋产权性质不同分类	供方租赁	公房一般为国家所有的房屋
	私房租赁	私房一般是指城镇居民个人所有的房屋
按租赁期限不同分类	定期租赁	定期租赁是指如不续租，则在合同租期届满之日终止
	不定期租赁	不定期租赁是指出租人可随时要求收回房屋，但应提前通知承租人（一般为提前3个月）

三、房屋租赁的条件

出租商品住房的，应当以原设计的房间为最小出租单位，人均租住建筑面积不得低于当地人民政府规定的最低标准。厨房、卫生间、阳台和地下储藏室不得出租供人员居住。

有下列情形之一的房屋不得出租：

(1)属于违法建筑的；
(2)不符合安全、防灾等工程建设强制性标准的；
(3)违反规定改变房屋使用性质的；
(4)法律、法规规定禁止出租的其他情形。

四、房屋租赁合同与登记备案

房屋租赁，出租人和承租人应当签订书面租赁合同，约定租赁期限、租赁用途、租赁价格、修缮责任等条款，以及双方的其他权利和义务，并向房产管理部门登记备案。

1. 房屋租赁合同的内容

房屋租赁合同的内容由当事人双方约定，一般应当包括以下内容：

(1)房屋租赁当事人的姓名（名称）和住所；

(2)房屋的坐落、面积、结构、附属设施，家具和家电等室内设施状况；

(3)租金和押金数额、支付方式；

(4)租赁用途和房屋使用要求；

(5)房屋和室内设施的安全性能；

(6)租赁期限；

(7)房屋维修责任；

(8)物业服务、水、电、燃气等相关费用的缴纳；

(9)争议解决办法和违约责任；

(10)其他约定。

住房城乡建设(房地产)管理部门可以会同工商行政管理部门制定房屋租赁合同示范文本，供当事人选用。

2. 租赁双方当事人的权利和义务

(1)房屋租赁当事人应当在房屋租赁合同中约定房屋被征收或者拆迁时的处理办法。

(2)出租人应当按照合同约定履行房屋的维修义务并确保房屋和室内设施安全。未及时修复损坏的房屋，影响承租人正常使用的，应当按照约定承担赔偿责任或者减少租金。房屋租赁合同期内，出租人不得单方面随意提高租金水平。

(3)承租人应当按照合同约定的租赁用途和使用要求合理使用房屋，不得擅自改动房屋承重结构和拆改室内设施，不得损害其他业主和使用人的合法权益。承租人因使用不当等原因造成承租房屋和设施损坏的，承租人应当负责修复或者承担赔偿责任。

(4)承租人转租房屋的，应当经出租人书面同意。承租人未经出租人书面同意转租的，出租人可以解除租赁合同，收回房屋并要求承租人赔偿损失。

3. 房屋租赁登记备案

房屋租赁合同订立后30日内，房屋租赁当事人应当到租赁房屋所在地直辖市、市、县人民政府住房城乡建设(房地产)主管部门办理房屋租赁登记备案。房屋租赁当事人可以书面委托他人办理租赁登记备案。

(1)办理房屋租赁登记备案，房屋租赁当事人应当提交下列材料：

1)房屋租赁合同；

2)房屋租赁当事人身份证明；

3)房屋所有权证书或者其他合法权属证明；

4)直辖市、市、县人民政府住房城乡建设(房地产)主管部门规定的其他材料。

房屋租赁当事人提交的材料应当真实、合法、有效，不得隐瞒真实情况或者提供虚假材料。

(2)对符合下列要求的，直辖市、市、县人民政府建设(房地产)主管部门应当在3个工作日内办理房屋租赁登记备案，向租赁当事人开具房屋租赁登记备案证明：

1)申请人提交的申请材料齐全并且符合法定形式；

2)出租人与房屋所有权证书或者其他合法权属证明记载的主体一致；

3)不属于《商品房屋租赁管理办法》第六条规定不得出租的房屋。

申请人提交的申请材料不齐全或者不符合法定形式的，直辖市、市、县人民政府建设(房地产)主管部门应当告知房屋租赁当事人需要补正的内容。

(3)房屋租赁登记备案证明应当载明出租人的姓名或者名称、承租人的姓名或者名称、有效身份证件种类和号码、出租房屋的坐落、租赁用途、租金数额、租赁期限等。

(4)房屋租赁登记备案证明遗失的,应当向原登记备案的部门补领。

(5)房屋租赁登记备案内容发生变化、续租或者租赁终止的,当事人应当在 30 日内,到原租赁登记备案的部门办理房屋租赁登记备案的变更、延续或者注销手续。

(6)直辖市、市、县住房城乡建设(房地产)主管部门应当建立房屋租赁登记备案信息系统,逐步实行房屋租赁合同网上登记备案,并纳入房地产市场信息系统。房屋租赁登记备案记载的信息应当包含以下内容:

1)出租人的姓名(名称)、住所;

2)承租人的姓名(名称)、身份证件种类和号码;

3)出租房屋的坐落、租赁用途、租金数额、租赁期限;

4)其他需要记载的内容。

五、房屋租赁其他规定

(1)房屋租赁期间内,因赠与、析产、继承或者买卖转让房屋的,原房屋租赁合同继续有效。承租人在房屋租赁期间死亡的,与其生前共同居住的人可以按照原租赁合同租赁该房屋。

(2)房屋租赁期间出租人出售租赁房屋的,应当在出售前合理期限内通知承租人,承租人在同等条件下有优先购买权。

(3)违反《商品房屋租赁管理办法》第六条规定的,由直辖市、市、县人民政府住房城乡建设(房地产)主管部门责令限期改正,对没有违法所得的,可处以 5 000 元以下罚款;对有违法所得的,可以处以违法所得 1 倍以上 3 倍以下,但不超过 30 000 元的罚款。

(4)违反《商品房屋租赁管理办法》第八条规定的,由直辖市、市、县人民政府建设(房地产)主管部门责令限期改正,逾期不改正的,可处以 5 000 元以上 30 000 元以下罚款。

(5)违反《商品房屋租赁管理办法》第十四条第一款、第十九条规定的,由直辖市、市、县人民政府住房城乡建设(房地产)主管部门责令限期改正;个人逾期不改正的,处以 1 000 元以下罚款;单位逾期不改正的,处以 1 000 元以上 10 000 元以下罚款。

(6)直辖市、市、县人民政府住房城乡建设(房地产)主管部门对符合本办法规定的房屋租赁登记备案申请不予办理,对不符合本办法规定的房屋租赁登记备案申请予以办理,或者对房屋租赁登记备案信息管理不当,给租赁当事人造成损失的,对直接负责的主管人员和其他直接责任人员依法给予处分;构成犯罪的,依法追究刑事责任。

(7)保障性住房租赁按照国家有关规定执行。

模块小结

房地产交易管理指政府房地产管理部门及其他相关部门采取法律的、行政的、经济的手段,其对房地产交易活动进行指导和监督,是房地产市场管理的重要内容。房地产交易价格不仅关系着当事人之间的财产权益,而且关系着国家的税费收益,国家对房地产交易

模块 6　房地产交易管理制度与政策

价格管理实行房地产成交价格申报制度和价格评估制度。房地产交易包括房地产转让、房地产抵押和房屋租赁3种形式。房地产转让，是指房地产权利人通过买卖、赠与或者其他合法方式将其房地产转移给他人的行为。房地产抵押，是指抵押人以其合法的房地产以不转移占有的方式向抵押权人提供债务履行担保的行为。房屋租赁，是指房屋所有权人作为出租人将其房屋出租给承租人使用，由承租人向出租人支付租金的行为。国家对房地产转让、抵押、租赁的交易活动均实行了一系列制度与政策，使房地产交易管理更加规范。

思考题

一、填空题

1. 房地产交易包括_____、_____和_____3种形式。
2. 房地产交易的特征是由_____决定的。
3. 房地产转让是指_____。
4. 转让房地产时房屋已经建成的，还应当持有_____。
5. 房地产转让时，_____与_____应当订立书面转让合同。
6. 商品房买卖的方式有_____、_____和_____。
7. 商品房预售是指_____。
8. 商品房预售人应当按照国家有关规定将预售合同报_____和_____登记备案。
9. 商品房可以按_____计价，也可以按_____或_____计价。
10. 房地产抵押是指_____。
11. _____是为了担保债权而设立的，它与所担保的债权形成主从关系。
12. 房地产抵押权的特定性是指_____。
13. 房地产抵押范围是指_____的范围。
14. 房地产抵押的设定是指_____。
15. 抵押权为_____而非_____。
16. 房屋租赁是指_____。
17. 房屋租赁的标的物是_____。

二、选择题

1. 房地产转让方式不包括（　　）。
   A. 买卖　　　　　　B. 继承　　　　　　C. 赠与　　　　　　D. 抵押
2. 套内建筑面积计价的，面积误差比绝对值在（　　）的，据实结算房价款。
   A. 3%以内（含3%）　　　　　　B. 4%以内（含4%）
   C. 5%以内（含5%）　　　　　　D. 6%以内（含6%）
3. 下列关于房地产抵押合同的描述错误的是（　　）。
   A. 房地产抵押合同的内容应符合有关法律法规
   B. 房地产抵押双方应当就合同主要条款协商一致
   C. 对于抵押房地产的评估结果，应当在抵押合同中载明

D. 房地产抵押合同可以是书面形式，也可以是口头形式

4. 房地产抵押合同订立后，抵押当事人必须在该抵押合同签订之日起（　　）内，按房地产登记管理权限向房地产管理部门办理抵押登记。

A. 30 日　　　　　　B. 60 日　　　　　　C. 半年　　　　　　D. 1 年

5. 房地产抵押估价报告应用有效期从估价报告出具之日起计算，不得超过（　　）。

A. 30 日　　　　　　B. 60 日　　　　　　C. 半年　　　　　　D. 1 年

6. 人民法院对已经依法设定抵押的被执行人及其所扶养家属居住的房屋，在裁定拍卖、变卖或者抵债后，应给予被执行人（　　）的宽限期。

A. 30 日　　　　　　B. 60 日　　　　　　C. 半年　　　　　　D. 1 年

7. 房屋租赁合同订立后（　　）内，房屋租赁当事人应当到租赁房屋所在地直辖市、市、县人民政府住房城乡建设（房地产）主管部门办理房屋租赁登记备案。

A. 30 日　　　　　　B. 60 日　　　　　　C. 半年　　　　　　D. 1 年

三、判断题

1. 房地产交易价格管理与国家的税费收益无关。（　　）
2. 房地产转让都是有偿的。（　　）
3. 房地产转让都是指权利人的转移，即土地使用权人和房屋所有人的变更。（　　）
4. 经济适用房可以正常转让。（　　）
5. 商品房预售所得款项，必须用于有关的工程建设。（　　）
6. 按套、套内建筑面积计价并不影响用建筑面积进行产权登记。（　　）
7. 抵押权不会随债权的消灭而消灭。（　　）
8. 房地产附属物是指附属在房地产之上的物。（　　）
9. 当事人不可以委托代理人办理房地产抵押登记手续。（　　）
10. 没有经过抵押登记的房地产抵押行为无效。（　　）
11. 房屋租赁是一种经济的契约关系。（　　）
12. 租赁双方都必须是符合法律法规规定的责任人。（　　）
13. 房屋租赁当事人不得委托他人办理租赁登记备案。（　　）

四、问答题

1. 简述房地产交易管理机构的主要职责。
2. 房地产交易有哪些特殊性？
3. 哪些房产不得进行转让？
4. 商品房转让合同应明确哪些内容？
5. 商品房预售应符合哪些条件？
6. 商品房买卖过程中，应禁止哪些行为？
7. 房地产抵押合同的内容有哪些？
8. 房地产估价师的职责是什么？
9. 哪些房屋不得出租？

模块 7 不动产登记权属登记制度与政策

知识目标

1. 了解不动产登记目的，熟悉不动产登记类型；
2. 熟悉不动产登记范围，掌握不动产登记的程序；
3. 掌握集体土地所有权登记、国有建设用地使用权及房屋所有权登记、宅基地使用权及房屋所有权登记、集体建设用地使用权及建筑物、构筑物所有权登记、土地承包经营权登记、海域使用权登记、地役权登记及抵押权登记申请相关内容。

能力目标

能够明确不动产登记权属登记相关制度与政策，完成集体土地所有权登记、国有建设用地使用权及房屋所有权登记、宅基地使用权及房屋所有权登记、集体建设用地使用权及建筑物、构筑物所有权登记、土地承包经营权登记、海域使用权登记、地役权登记及抵押权登记工作。

单元 1 不动产登记目的与类型

国家实行不动产登记制度。不动产登记，是指不动产登记机构依法将不动产权利归属和其他法定事项记载于不动产登记簿的行为。其中，不动产是指土地、海域以及房屋、林木等定着物。不动产登记遵循严格管理、稳定连续、方便群众的原则。国务院国土资源主管部门负责指导、监督全国不动产登记工作。不动产登记由不动产所在地的县级人民政府不动产登记机构办理；直辖市、设区的市人民政府可以确定本级不动产登记机构统一办理所属各区的不动产登记。跨县级行政区域的不动产登记，由所跨县级行政区域的不动产登记机构分别办理。不能分别办理的，由所跨县级行政区域的不动产登记机构协商办理；协商不成的，由共同的上一级人民政府不动产登记主管部门指定办理。国务院确定的重点国有林区的森林、林木和林地，国务院批准项目用海、用岛，中央国家机关使用的国有土地等不动产登记，由国务院国土资源主管部门会同有关部门规定。

一、不动产登记的目的

1. 保护不动产权利人的物权

物权取得、变动需要通过一定方式向外界加以展示。登记是一种展示的方法。

2. 维护交易安全

（1）不动产登记簿具有公信效力。即便不动产登记簿上记载的物权归属和内容与真实情况不一致，只要权利人、利害关系人没有申请更正登记或异议登记，善意信赖登记簿记载的当事人不动产交易就应当得到保护。

（2）不动产物权交易的当事人通过查询不动产登记簿，就可以判断作为交易标的物的不动产上的物权归属与内容，可以正确判断能否进行交易，避免受到他人欺诈。

3. 利于国家对不动产进行管理、征收赋税和进行宏观调控

（1）在房屋所有权转移登记和建设用地使用权的转移登记中，当事人没有提交契税完税凭证，土地或房产登记机构不能办理转移登记。

（2）纳税人未按照本条例缴纳土地增值税的，土地管理部门、房产管理部门不得办理有关的权属变更手续。

二、不动产登记的类型

不动产登记包括不动产首次登记、变更登记、转移登记、注销登记、更正登记、异议登记、预告登记、查封登记等。

1. 不动产首次登记

不动产首次登记是指不动产权利第一次登记。未办理不动产首次登记的，不得办理不动产其他类型登记，但法律、行政法规另有规定的除外。

市、县人民政府可以根据情况对本行政区域内未登记的不动产，组织开展集体土地所有权、宅基地使用权、集体建设用地使用权、土地承包经营权的首次登记。依照规定办理首次登记所需的权属来源、调查等登记材料，由人民政府有关部门组织获取。

2. 不动产变更登记

下列情形之一的，不动产权利人可以向不动产登记机构申请变更登记：

（1）权利人的姓名、名称、身份证明类型或者身份证明号码发生变更的；

（2）不动产的坐落、界址、用途、面积等状况变更的；

（3）不动产权利期限、来源等状况发生变化的；

（4）同一权利人分割或者合并不动产的；

（5）抵押担保的范围、主债权数额、债务履行期限、抵押权顺位发生变化的；

（6）最高额抵押担保的债权范围、最高债权额、债权确定期间等发生变化的；

（7）地役权的利用目的、方法等发生变化的；

（8）共有性质发生变更的；

（9）法律、行政法规规定的其他不涉及不动产权利转移的变更情形。

3. 不动产转移登记

因下列情形导致不动产权利转移的，当事人可以向不动产登记机构申请转移登记：

(1)买卖、互换、赠与不动产的；
(2)以不动产作价出资(入股)的；
(3)法人或者其他组织因合并、分立等原因致使不动产权利发生转移的；
(4)不动产分割、合并导致权利发生转移的；
(5)继承、受遗赠导致权利发生转移的；
(6)共有人增加或者减少以及共有不动产份额变化的；
(7)因人民法院、仲裁委员会的生效法律文书导致不动产权利发生转移的；
(8)因主债权转移引起不动产抵押权转移的；
(9)因需役地不动产权利转移引起地役权转移的；
(10)法律、行政法规规定的其他不动产权利转移情形。

4. 不动产注销登记

有下列情形之一的，当事人可以申请办理注销登记：
(1)不动产灭失的；
(2)权利人放弃不动产权利的；
(3)不动产被依法没收、征收或者收回的；
(4)人民法院、仲裁委员会的生效法律文书导致不动产权利消灭的；
(5)法律、行政法规规定的其他情形。

不动产上已经设立抵押权、地役权或者已经办理预告登记，所有权人、使用权人因放弃权利申请注销登记的，申请人应当提供抵押权人、地役权人、预告登记权利人同意的书面材料。

5. 更正登记

权利人、利害关系人认为不动产登记簿记载的事项有错误，可以申请更正登记。权利人申请更正登记的，应当提交下列材料：
(1)不动产权属证书；
(2)证实登记确有错误的材料；
(3)其他必要材料。

利害关系人申请更正登记的，应当提交利害关系材料、证实不动产登记簿记载错误的材料以及其他必要材料。

不动产权利人或者利害关系人申请更正登记，不动产登记机构认为不动产登记簿记载确有错误的，应当予以更正；但在错误登记之后已经办理了涉及不动产权利处分的登记、预告登记和查封登记的除外。

不动产权属证书或者不动产登记证明填制错误以及不动产登记机构在办理更正登记中，需要更正不动产权属证书或者不动产登记证明内容的，应当书面通知权利人换发，并把换发不动产权属证书或者不动产登记证明的事项记载于登记簿。

不动产登记簿记载无误的，不动产登记机构不予更正，并书面通知申请人。

不动产登记机构发现不动产登记簿记载的事项错误，应当通知当事人在 30 个工作日内办理更正登记。当事人逾期不办理的，不动产登记机构应当在公告 15 个工作日后，依法予以更正；但在错误登记之后已经办理了涉及不动产权利处分的登记、预告登记和查封登记的除外。

6. 异议登记

利害关系人认为不动产登记簿记载的事项错误，权利人不同意更正的，利害关系人可以申请异议登记。

利害关系人申请异议登记的，应当提交下列材料：

(1)证实对登记的不动产权利有利害关系的材料；

(2)证实不动产登记簿记载的事项错误的材料；

(3)其他必要材料。

不动产登记机构受理异议登记申请的，应当将异议事项记载于不动产登记簿，并向申请人出具异议登记证明。异议登记申请人应当在异议登记之日起15日内，提交人民法院受理通知书、仲裁委员会受理通知书等提起诉讼、申请仲裁的材料；逾期不提交的，异议登记失效。异议登记失效后，申请人就同一事项以同一理由再次申请异议登记的，不动产登记机构不予受理。

异议登记期间，不动产登记簿上记载的权利人以及第三人因处分权利申请登记的，不动产登记机构应当书面告知申请人该权利已经存在异议登记的有关事项。申请人申请继续办理的，应当予以办理，但申请人应当提供知悉异议登记存在并自担风险的书面承诺。

7. 预告登记

(1)有下列情形之一的，当事人可以按照约定申请不动产预告登记：

1)商品房等不动产预售的；

2)不动产买卖、抵押的；

3)以预购商品房设定抵押权的；

4)法律、行政法规规定的其他情形。

(2)预告登记生效期间，未经预告登记的权利人书面同意，处分该不动产权利申请登记的，不动产登记机构应当不予办理。

(3)预告登记后，债权未消灭且自能够进行相应的不动产登记之日起3个月内，当事人申请不动产登记的，不动产登记机构应当按照预告登记事项办理相应的登记。

(4)申请预购商品房的预告登记，应当提交下列材料：

1)已备案的商品房预售合同；

2)当事人关于预告登记的约定；

3)其他必要材料。

预售人和预购人订立商品房买卖合同后，预售人未按照约定与预购人申请预告登记，预购人可以单方申请预告登记。预购人单方申请预购商品房预告登记，预售人与预购人在商品房预售合同中对预告登记附有条件和期限的，预购人应当提交相应材料。申请预告登记的商品房已经办理在建建筑物抵押权首次登记的，当事人应当一并申请在建建筑物抵押权注销登记，并提交不动产权属转移材料、不动产登记证明。不动产登记机构应当先办理在建建筑物抵押权注销登记，再办理预告登记。

(5)申请不动产转移预告登记的，当事人应当提交下列材料：

1)不动产转让合同；

2)转让方的不动产权属证书；

3)当事人关于预告登记的约定；

4）其他必要材料。

(6) 抵押不动产，申请预告登记的，当事人应当提交下列材料：

1) 抵押合同与主债权合同；

2) 不动产权属证书；

3) 当事人关于预告登记的约定；

4) 其他必要材料。

(7) 预告登记未到期，有下列情形之一的，当事人可以持不动产登记证明、债权消灭或者权利人放弃预告登记的材料，以及法律、行政法规规定的其他必要材料申请注销预告登记：

1) 预告登记的权利人放弃预告登记的；

2) 债权消灭的；

3) 法律、行政法规规定的其他情形。

8. 查封登记

(1) 人民法院要求不动产登记机构办理查封登记的，应当提交下列材料：

1) 人民法院工作人员的工作证；

2) 协助执行通知书；

3) 其他必要材料。

(2) 两个以上人民法院查封同一不动产的，不动产登记机构应当为先送达协助执行通知书的人民法院办理查封登记，对后送达协助执行通知书的人民法院办理轮候查封登记。轮候查封登记的顺序按照人民法院协助执行通知书送达不动产登记机构的时间先后进行排列。

(3) 查封期间，人民法院解除查封的，不动产登记机构应当及时根据人民法院协助执行通知书注销查封登记。不动产查封期限届满，人民法院未续封的，查封登记失效。

(4) 人民检察院等其他国家有权机关依法要求不动产登记机构办理查封登记的，参照本节规定办理。

单元 2　不动产登记范围与程序

一、不动产登记的范围

不动产登记的范围包括：

(1) 集体土地所有权；

(2) 房屋等建筑物、构筑物所有权；

(3) 森林、树木所有权；

(4) 耕地、林地、草地等土地承包经营权；

(5) 建设用地使用权；

(6) 宅基地使用权；

(7) 海域使用权；

(8) 地役权；

(9)抵押权；

(10)法律规定需要登记的其他不动产权利。

二、不动产登记程序

1. 申请

(1)因买卖、设定抵押权等申请不动产登记的，应当由当事人双方共同申请。属于下列情形之一的，可以由当事人单方申请：

1)尚未登记的不动产首次申请登记的；

2)继承、接受遗赠取得不动产权利的；

3)人民法院、仲裁委员会生效的法律文书或者人民政府生效的决定等设立、变更、转让、消灭不动产权利的；

4)权利人姓名、名称或者自然状况发生变化，申请变更登记的；

5)不动产灭失或者权利人放弃不动产权利，申请注销登记的；

6)申请更正登记或者异议登记的；

7)法律、行政法规规定可以由当事人单方申请的其他情形。

(2)当事人或者其代理人应当到不动产登记机构办公场所申请不动产登记。不动产登记机构将申请登记事项记载于不动产登记簿前，申请人可以撤回登记申请。

(3)申请人应当提交下列材料，并对申请材料的真实性负责：

1)登记申请书；

2)申请人、代理人身份证明材料、授权委托书；

3)相关的不动产权属来源证明材料、登记原因证明文件、不动产权属证书；

4)不动产界址、空间界限、面积等材料；

5)与他人利害关系的说明材料；

6)法律、行政法规以及本条例实施细则规定的其他材料。

2. 受理

不动产登记机构未当场书面告知申请人不予受理的，视为受理。

(1)不动产登记机构收到不动产登记申请材料，应当分别按照下列情况办理：

1)属于登记职责范围，申请材料齐全、符合法定形式，或者申请人按照要求提交全部补正申请材料的，应当受理并书面告知申请人；

2)申请材料存在可以当场更正的错误的，应当告知申请人当场更正，申请人当场更正后，应当受理并书面告知申请人；

3)申请材料不齐全或者不符合法定形式的，应当当场书面告知申请人不予受理并一次性告知需要补正的全部内容；

4)申请登记的不动产不属于本机构登记范围的，应当当场书面告知申请人不予受理并告知申请人向有登记权的机构申请。

(2)不动产登记机构受理不动产登记申请的，应当按照下列要求进行查验：

1)不动产界址、空间界限、面积等材料与申请登记的不动产状况是否一致；

2)有关证明材料、文件与申请登记的内容是否一致；

3)登记申请是否违反法律、行政法规规定。

模块7 不动产登记权属登记制度与政策

(3)属于下列情形之一的，不动产登记机构可以对申请登记的不动产进行实地查看：

1)房屋等建筑物、构筑物所有权首次登记；

2)在建建筑物抵押权登记；

3)因不动产灭失导致的注销登记；

4)不动产登记机构认为需要实地查看的其他情形。

对可能存在权属争议，或者可能涉及他人利害关系的登记申请，不动产登记机构可以向申请人、利害关系人或者有关单位进行调查。不动产登记机构进行实地查看或者调查时，申请人、被调查人应当予以配合。

3. 登记

除法律另有规定外，不动产登记机构应当自受理登记申请之日起 30 个工作日内办结不动产登记手续。登记事项自记载于不动产登记簿时完成登记。对于违反法律、行政法规规定的，存在尚未解决的权属争议的，申请登记的不动产权利超过规定期限的情形及法律、行政法规规定不予登记的其他情形，不动产登记机构应当不予登记，并书面告知申请人。

不动产登记的载体为不动产登记簿。不动产登记机构应当按照国务院国土资源主管部门的规定设立统一的不动产登记簿。不动产登记簿应当采用电子介质，暂不具备条件的，可以采用纸质介质。不动产登记机构应当明确不动产登记簿唯一、合法的介质形式。不动产登记簿采用电子介质的，应当定期进行异地备份，并具有唯一、确定的纸质转化形式。采用电子介质不动产登记簿的，应当配备专门的存储设施，并采取信息网络安全防护措施。采用纸质介质不动产登记簿的，应当配备必要的防盗、防火、防渍、防有害生物等安全保护设施。

不动产登记以不动产单元为基本单位进行登记。不动产单元具有唯一编码。不动产登记簿应当记载以下事项：

(1)不动产的坐落、界址、空间界限、面积、用途等自然状况；

(2)不动产权利的主体、类型、内容、来源、期限、权利变化等权属状况；

(3)涉及不动产权利限制、提示的事项；

(4)其他相关事项。

不动产登记机构应当依法将各类登记事项准确、完整、清晰地记载于不动产登记簿。任何人不得损毁不动产登记簿，除依法予以更正外不得修改登记事项。不动产登记簿由不动产登记机构永久保存。不动产登记簿损毁、灭失的，不动产登记机构应当依据原有登记资料予以重建。行政区域变更或者不动产登记机构职能调整的，应当及时将不动产登记簿移交相应的不动产登记机构。

不动产登记机构完成登记，应当依法向申请人核发不动产权属证书或者登记证明。

单元3 典型不动产权利登记规定

一、集体土地所有权登记

(1)集体土地所有权登记，依照下列规定提出申请：

1)土地属于村农民集体所有的,由村集体经济组织代为申请,没有集体经济组织的,由村民委员会代为申请;
2)土地分别属于村内两个以上农民集体所有的,由村内各集体经济组织代为申请,没有集体经济组织的,由村民小组代为申请;
3)土地属于乡(镇)农民集体所有的,由乡(镇)集体经济组织代为申请。
(2)申请集体土地所有权首次登记的,应当提交下列材料:
1)土地权属来源材料;
2)权籍调查表、宗地图以及宗地界址点坐标;
3)其他必要材料。
(3)农民集体因互换、土地调整等原因导致集体土地所有权转移,申请集体土地所有权转移登记的,应当提交下列材料:
1)不动产权属证书;
2)互换、调整协议等集体土地所有权转移的材料;
3)本集体经济组织三分之二以上成员或者三分之二以上村民代表同意的材料;
4)其他必要材料。
(4)申请集体土地所有权变更、注销登记的,应当提交下列材料:
1)不动产权属证书;
2)集体土地所有权变更、消灭的材料;
3)其他必要材料。

二、国有建设用地使用权及房屋所有权登记

(1)依法取得国有建设用地使用权,可以单独申请国有建设用地使用权登记。依法利用国有建设用地建造房屋的,可以申请国有建设用地使用权及房屋所有权登记。
(2)申请国有建设用地使用权首次登记,应当提交下列材料:
1)土地权属来源材料;
2)权籍调查表、宗地图以及宗地界址点坐标;
3)土地出让价款、土地租金、相关税费等缴纳凭证;
4)其他必要材料。
上述规定的土地权属来源材料,根据权利取得方式的不同,包括国有建设用地划拨决定书、国有建设用地使用权出让合同、国有建设用地使用权租赁合同以及国有建设用地使用权作价出资(入股)、授权经营批准文件。
(3)申请在地上或者地下单独设立国有建设用地使用权登记的,按上述(1)(2)规定办理。
(4)申请国有建设用地使用权及房屋所有权首次登记的,应当提交下列材料:
1)不动产权属证书或者土地权属来源材料;
2)建设工程符合规划的材料;
3)房屋已经竣工的材料;
4)房地产调查或者测绘报告;
5)相关税费缴纳凭证;

6)其他必要材料。

(5)办理房屋所有权首次登记时,申请人应当将建筑区划内依法属于业主共有的道路、绿地、其他公共场所、公用设施和物业服务用房及其占用范围内的建设用地使用权一并申请登记为业主共有。业主转让房屋所有权的,其对共有部分享有的权利依法一并转让。

(6)申请国有建设用地使用权及房屋所有权变更登记的,应当根据不同情况,提交下列材料:

1)不动产权属证书;

2)发生变更的材料;

3)有批准权的人民政府或者主管部门的批准文件;

4)国有建设用地使用权出让合同或者补充协议;

5)国有建设用地使用权出让价款、税费等缴纳凭证;

6)其他必要材料。

(7)申请国有建设用地使用权及房屋所有权转移登记的,应当根据不同情况,提交下列材料:

1)不动产权属证书;

2)买卖、互换、赠与合同;

3)继承或者受遗赠的材料;

4)分割、合并协议;

5)人民法院或者仲裁委员会生效的法律文书;

6)有批准权的人民政府或者主管部门的批准文件;

7)相关税费缴纳凭证;

8)其他必要材料。

(8)不动产买卖合同依法应当备案的,申请人申请登记时须提交经备案的买卖合同。

(9)具有独立利用价值的特定空间以及码头、油库等其他建筑物、构筑物所有权的登记,按《不动产登记暂行条例实施细则》中房屋所有权登记有关规定办理。

三、宅基地使用权及房屋所有权登记

(1)依法取得宅基地使用权,可以单独申请宅基地使用权登记。依法利用宅基地建造住房及其附属设施的,可以申请宅基地使用权及房屋所有权登记。

(2)申请宅基地使用权及房屋所有权首次登记的,应当根据不同情况,提交下列材料:

1)申请人身份证和户口簿;

2)不动产权属证书或者有批准权的人民政府批准用地的文件等权属来源材料;

3)房屋符合规划或者建设的相关材料;

4)权籍调查表、宗地图、房屋平面图以及宗地界址点坐标等有关不动产界址、面积等材料;

5)其他必要材料。

(3)因依法继承、分家析产、集体经济组织内部互换房屋等导致宅基地使用权及房屋所有权发生转移申请登记的,申请人应当根据不同情况,提交下列材料:

1)不动产权属证书或者其他权属来源材料;

2)依法继承的材料；
3)分家析产的协议或者材料；
4)集体经济组织内部互换房屋的协议；
5)其他必要材料。

(4)申请宅基地等集体土地上的建筑物区分所有权登记的，参照国有建设用地使用权及建筑物区分所有权的规定办理登记。

四、集体建设用地使用权及建筑物、构筑物所有权登记

(1)依法取得集体建设用地使用权，可以单独申请集体建设用地使用权登记。依法利用集体建设用地兴办企业，建设公共设施，从事公益事业等的，可以申请集体建设用地使用权及地上建筑物、构筑物所有权登记。

(2)申请集体建设用地使用权及建筑物、构筑物所有权首次登记的，申请人应当根据不同情况，提交下列材料：
1)有批准权的人民政府批准用地的文件等土地权属来源材料；
2)建设工程符合规划的材料；
3)权籍调查表、宗地图、房屋平面图以及宗地界址点坐标等有关不动产界址、面积等材料；
4)建设工程已竣工的材料；
5)其他必要材料。

集体建设用地使用权首次登记完成后，申请人申请建筑物、构筑物所有权首次登记的，应当提交享有集体建设用地使用权的不动产权属证书。

(3)申请集体建设用地使用权及建筑物、构筑物所有权变更登记、转移登记、注销登记的，申请人应当根据不同情况，提交下列材料：
1)不动产权属证书；
2)集体建设用地使用权及建筑物、构筑物所有权变更、转移、消灭的材料；
3)其他必要材料。

因企业兼并、破产等原因致使集体建设用地使用权及建筑物、构筑物所有权发生转移的，申请人应当持相关协议及有关部门的批准文件等相关材料，申请不动产转移登记。

五、土地承包经营权登记

(1)承包农民集体所有的耕地、林地、草地、水域、滩涂以及荒山、荒沟、荒丘、荒滩等农用地，或者国家所有依法由农民集体使用的农用地从事种植业、林业、畜牧业、渔业等农业生产的，可以申请土地承包经营权登记；地上有森林、林木的，应当在申请土地承包经营权登记时一并申请登记。

(2)依法以承包方式在土地上从事种植业或者养殖业生产活动的，可以申请土地承包经营权的首次登记。以家庭承包方式取得的土地承包经营权的首次登记，由发包方持土地承包经营合同等材料申请。以招标、拍卖、公开协商等方式承包农村土地的，由承包方持土地承包经营合同申请土地承包经营权首次登记。

（3）已经登记的土地承包经营权有下列情形之一的，承包方应当持原不动产权属证书以及其他证实发生变更事实的材料，申请土地承包经营权变更登记：

1）权利人的姓名或者名称等事项发生变化的；

2）承包土地的坐落、名称、面积发生变化的；

3）承包期限依法变更的；

4）承包期限届满，土地承包经营权人按照国家有关规定继续承包的；

5）退耕还林、退耕还湖、退耕还草导致土地用途改变的；

6）森林、林木的种类等发生变化的；

7）法律、行政法规规定的其他情形。

（4）已经登记的土地承包经营权发生下列情形之一的，当事人双方应当持互换协议、转让合同等材料，申请土地承包经营权的转移登记：

1）互换；

2）转让；

3）因家庭关系、婚姻关系变化等原因导致土地承包经营权分割或者合并的；

4）依法导致土地承包经营权转移的其他情形。

以家庭承包方式取得的土地承包经营权，采取转让方式流转的，还应当提供发包方同意的材料。

（5）已经登记的土地承包经营权发生下列情形之一的，承包方应当持不动产权属证书、证实灭失的材料等，申请注销登记：

1）承包经营的土地灭失的；

2）承包经营的土地被依法转为建设用地的；

3）承包经营权人丧失承包经营资格或者放弃承包经营权的；

4）法律、行政法规规定的其他情形。

（6）以承包经营以外的合法方式使用国有农用地的国有农场、草场，以及使用国家所有的水域、滩涂等农用地进行农业生产，申请国有农用地的使用权登记的，参照《不动产登记暂行条例实施细则》有关规定办理。国有农场、草场申请国有未利用地登记的，依照上述（1）～（5）规定办理。

（7）国有林地使用权登记，应当提交有批准权的人民政府或者主管部门的批准文件，地上森林、林木一并登记。

六、海域使用权登记

（1）依法取得海域使用权，可以单独申请海域使用权登记。依法使用海域，在海域上建造建筑物、构筑物的，应当申请海域使用权及建筑物、构筑物所有权登记。申请无居民海岛登记的，参照海域使用权登记有关规定办理。

（2）申请海域使用权首次登记的，应当提交下列材料：

1）项目用海批准文件或者海域使用权出让合同；

2）宗海图以及界址点坐标；

3）海域使用金缴纳或者减免凭证；

4）其他必要材料。

(3)有下列情形之一的，申请人应当持不动产权属证书、海域使用权变更的文件等材料，申请海域使用权变更登记：
1）海域使用权人姓名或者名称改变的；
2）海域坐落、名称发生变化的；
3）改变海域使用位置、面积或者期限的；
4）海域使用权续期的；
5）共有性质变更的；
6）法律、行政法规规定的其他情形。
(4)有下列情形之一的，申请人可以申请海域使用权转移登记：
1）因企业合并、分立或者与他人合资、合作经营、作价入股导致海域使用权转移的；
2）依法转让、赠与、继承、受遗赠海域使用权的；
3）因人民法院、仲裁委员会生效法律文书导致海域使用权转移的；
4）法律、行政法规规定的其他情形。
(5)申请海域使用权转移登记的，申请人应当提交下列材料：
1）不动产权属证书；
2）海域使用权转让合同、继承材料、生效法律文书等材料；
3）转让批准取得的海域使用权，应当提交原批准用海的海洋行政主管部门批准转让的文件；
4）依法需要补交海域使用金的，应当提交海域使用金缴纳的凭证；
5）其他必要材料。
(6)申请海域使用权注销登记的，申请人应当提交下列材料：
1）原不动产权属证书；
2）海域使用权消灭的材料；
3）其他必要材料。
因围填海造地等导致海域灭失的，申请人应当在围填海造地等工程竣工后，依照《不动产登记暂行条例实施细则》规定申请国有土地使用权登记，并办理海域使用权注销登记。

七、地役权登记

(1)按照约定设定地役权，当事人可以持需役地和供役地的不动产权属证书、地役权合同以及其他必要文件，申请地役权首次登记。
(2)经依法登记的地役权发生下列情形之一的，当事人应当持地役权合同、不动产登记证明和证实变更的材料等必要材料，申请地役权变更登记：
1）地役权当事人的姓名或者名称等发生变化的；
2）共有性质变更的；
3）需役地或者供役地自然状况发生变化的；
4）地役权内容变更的；
5）法律、行政法规规定的其他情形。
供役地分割转让办理登记，转让部分涉及地役权的，应当由受让人与地役权人一并申请地役权变更登记。

(3)已经登记的地役权因土地承包经营权、建设用地使用权转让发生转移的,当事人应当持不动产登记证明、地役权转移合同等必要材料,申请地役权转移登记。申请需役地转移登记的,或者需役地分割转让,转让部分涉及已登记的地役权的,当事人应当一并申请地役权转移登记,但当事人另有约定的除外。当事人拒绝一并申请地役权转移登记的,应当出具书面材料。不动产登记机构办理转移登记时,应当同时办理地役权注销登记。

(4)已经登记的地役权,有下列情形之一的,当事人可以持不动产登记证明、证实地役权发生消灭的材料等必要材料,申请地役权注销登记:

1)地役权期限届满;

2)供役地、需役地归于同一人;

3)供役地或者需役地灭失;

4)人民法院、仲裁委员会的生效法律文书导致地役权消灭;

5)依法解除地役权合同;

6)其他导致地役权消灭的事由。

(5)地役权登记,不动产登记机构应当将登记事项分别记载于需役地和供役地登记簿。供役地、需役地分属不同不动产登记机构管辖的,当事人应当向供役地所在地的不动产登记机构申请地役权登记。供役地所在地不动产登记机构完成登记后,应当将相关事项通知需役地所在地不动产登记机构,并由其记载于需役地登记簿。地役权设立后,办理首次登记前发生变更、转移的,当事人应当提交相关材料,就已经变更或者转移的地役权,直接申请首次登记。

八、抵押权登记

(1)对下列财产进行抵押的,可以申请办理不动产抵押登记:

1)建设用地使用权;

2)建筑物和其他土地附着物;

3)海域使用权;

4)以招标、拍卖、公开协商等方式取得的荒地等土地承包经营权;

5)正在建造的建筑物;

6)法律、行政法规未禁止抵押的其他不动产。

以建设用地使用权、海域使用权抵押的,该土地、海域上的建筑物、构筑物一并抵押;以建筑物、构筑物抵押的,该建筑物、构筑物占用范围内的建设用地使用权、海域使用权一并抵押。

(2)自然人、法人或者其他组织为保障其债权的实现,依法以不动产设定抵押的,可以由当事人持不动产权属证书、抵押合同与主债权合同等必要材料,共同申请办理抵押登记。抵押合同可以是单独订立的书面合同,也可以是主债权合同中的抵押条款。

(3)同一不动产上设立多个抵押权的,不动产登记机构应当按照受理时间的先后顺序依次办理登记,并记载于不动产登记簿。当事人对抵押权顺位另有约定的,从其规定办理登记。

(4)有下列情形之一的,当事人应当持不动产权属证书、不动产登记证明、抵押权变更等必要材料,申请抵押权变更登记:

1)抵押人、抵押权人的姓名或者名称变更的;
2)被担保的主债权数额变更的;
3)债务履行期限变更的;
4)抵押权顺位变更的;
5)法律、行政法规规定的其他情形。

因被担保债权主债权的种类及数额、担保范围、债务履行期限、抵押权顺位发生变更申请抵押权变更登记时,如果该抵押权的变更将对其他抵押权人产生不利影响的,还应当提交其他抵押权人书面同意的材料与身份证或者户口簿等材料。

(5)因主债权转让导致抵押权转让的,当事人可以持不动产权属证书、不动产登记证明、被担保主债权的转让协议、债权人已经通知债务人的材料等相关材料,申请抵押权的转移登记。

(6)有下列情形之一的,当事人可以持不动产登记证明、抵押权消灭的材料等必要材料,申请抵押权注销登记:
1)主债权消灭;
2)抵押权已经实现;
3)抵押权人放弃抵押权;
4)法律、行政法规规定抵押权消灭的其他情形。

(7)设立最高额抵押权的,当事人应当持不动产权属证书、最高额抵押合同与一定期间内将要连续发生的债权的合同或者其他登记原因材料等必要材料,申请最高额抵押权首次登记。当事人申请最高额抵押权首次登记时,同意将最高额抵押权设立前已经存在的债权转入最高额抵押担保的债权范围的,还应当提交已存在债权的合同以及当事人同意将该债权纳入最高额抵押权担保范围的书面材料。

(8)有下列情形之一的,当事人应当持不动产登记证明、最高额抵押权发生变更的材料等必要材料,申请最高额抵押权变更登记:
1)抵押人、抵押权人的姓名或者名称变更的;
2)债权范围变更的;
3)最高债权额变更的;
4)债权确定的期间变更的;
5)抵押权顺位变更的;
6)法律、行政法规规定的其他情形。

因最高债权额、债权范围、债务履行期限、债权确定的期间发生变更申请最高额抵押权变更登记时,如果该变更将对其他抵押权人产生不利影响的,当事人还应当提交其他抵押权人的书面同意文件与身份证或者户口簿等。

(9)当发生导致最高额抵押权担保的债权被确定的事由,从而使最高额抵押权转变为一般抵押权时,当事人应当持不动产登记证明、最高额抵押权担保的债权已确定的材料等必要材料,申请办理确定最高额抵押权的登记。

(10)最高额抵押权发生转移的,应当持不动产登记证明、部分债权转移的材料、当事人约定最高额抵押权随同部分债权的转让而转移的材料等必要材料,申请办理最高额抵押权转移登记。

模块 7　不动产登记权属登记制度与政策

债权人转让部分债权，当事人约定最高额抵押权随同部分债权的转让而转移的，应当分别申请下列登记：

1）当事人约定原抵押权人与受让人共同享有最高额抵押权的，应当申请最高额抵押权的转移登记；

2）当事人约定受让人享有一般抵押权、原抵押权人就扣减已转移的债权数额后继续享有最高额抵押权的，应当申请一般抵押权的首次登记以及最高额抵押权的变更登记；

3）当事人约定原抵押权人不再享有最高额抵押权的，应当一并申请最高额抵押权确定登记以及一般抵押权转移登记。

最高额抵押权担保的债权确定前，债权人转让部分债权的，除当事人另有约定外，不动产登记机构不得办理最高额抵押权转移登记。

（11）以建设用地使用权以及全部或者部分在建建筑物（指正在建造、尚未办理所有权首次登记的房屋等建筑物）设定抵押的，应当一并申请建设用地使用权以及在建建筑物抵押权的首次登记。当事人申请在建建筑物抵押权首次登记时，抵押财产不包括已经办理预告登记的预购商品房和已经办理预售备案的商品房。

（12）申请在建建筑物抵押权首次登记的，当事人应当提交下列材料：

1）抵押合同与主债权合同；

2）享有建设用地使用权的不动产权属证书；

3）建设工程规划许可证；

4）其他必要材料。

（13）在建建筑物抵押权变更、转移或者消灭的，当事人应当提交下列材料，申请变更登记、转移登记、注销登记：

1）不动产登记证明；

2）在建建筑物抵押权发生变更、转移或者消灭的材料；

3）其他必要材料。

在建建筑物竣工，办理建筑物所有权首次登记时，当事人应当申请将在建建筑物抵押权登记转为建筑物抵押权登记。

（14）申请预购商品房抵押登记，应当提交下列材料：

1）抵押合同与主债权合同；

2）预购商品房预告登记材料；

3）其他必要材料。

预购商品房办理房屋所有权登记后，当事人应当申请将预购商品房抵押预告登记转为商品房抵押权首次登记。

模块小结

不动产登记是指不动产登记机构依法将不动产权利归属和其他法定事项记载于不动产登记簿的行为，包括不动产首次登记、变更登记、转移登记、注销登记、更正登记、异议登记、预告登记、查封登记等，不动产登记程序为：申请→受理→登记。典型的不动产登记包括集体土地所有权登记、国有建设用地使用权及房屋所有权登记、宅基地使用权及房屋所有权登记、集体建设用地使用权及建筑物、构筑物所有权登记、土地承包经营权登记、海域使用权登记、地役权登记及抵押权登记,这些典型不动产登记申请时应提交的资料及申请过程中应注意的问题是不动产登记的重要内容,也是不动产登记权属登记制度及政策的重要内容。

思考题

一、填空题

1. 不动产登记是指_____。
2. 国家实行不动产_____登记制度。
3. 不动产登记包括_____等。
4. 利害关系人申请更正登记的,应当提交_____、_____以及其他必要材料。
5. 不动产登记机构完成登记,应当依法向申请人核发_____或者_____。
6. 不动产登记机构应当依法将各类登记事项准确、完整、清晰地记载于_____。
7. 不动产登记以_____为基本单位进行登记。

二、选择题

1. 下列各项中,(　　)不是不动产登记的目的。
 A. 规范土地使用权
 B. 保护不动产权利人的物权
 C. 维护交易安全
 D. 利于国家对不动产进行管理、征收赋税和进行宏观调控

2. 不动产登记机构发现不动产登记簿记载的事项错误,应当通知当事人在(　　)个工作日内办理更正登记。
 A. 10　　　　B. 20　　　　C. 30　　　　D. 40

3. 异议登记申请人应当在异议登记之日起(　　)日内,提交人民法院受理通知书、仲裁委员会受理通知书等提起诉讼、申请仲裁的材料。
 A. 7　　　　B. 10　　　　C. 15　　　　D. 30

4. 下列各项中,哪种情形当事人不能申请办理注销登记?(　　)
 A. 不动产灭失的
 B. 权利人放弃不动产权利的
 C. 不动产被依法没收、征收或者收回的
 D. 以不动产作价出资(入股)的

三、判断题

1. 国家实行不动产分级登记制度。(　　)
2. 不动产登记簿具有公信效力。(　　)

模块 7　不动产登记权属登记制度与政策

3. 权利人、利害关系人认为不动产登记簿记载的事项有错误，可以申请注销登记。（　　）

4. 利害关系人认为不动产登记簿记载的事项错误，权利人不同意更正的，利害关系人可以申请变更登记。（　　）

5. 轮候查封登记的顺序按照人民法院协助执行通知书送达不动产登记机构的时间先后进行排列。（　　）

6. 不动产登记机构未当场书面告知申请人不予受理的，视为受理。（　　）

7. 不动产登记的载体为不动产登记证书。（　　）

8. 不动产登记簿只能采用纸质介质。（　　）

9. 不动产单元具有唯一编码。（　　）

10. 不动产买卖合同依法应当备案的，申请人申请登记时须提交经备案的买卖合同。（　　）

11. 供役地分割转让办理登记，转让部分涉及地役权的，应当由受让人与地役权人一并申请地役权变更登记。（　　）

12. 最高额抵押权担保的债权确定前，债权人转让部分债权的，除当事人另有约定外，不动产登记机构应办理最高额抵押权转移登记。（　　）

四、问答题

1. 试述不动产登记的范围。
2. 哪些情况下，不动产权利人可以向不动产登记机构申请变更登记？
3. 哪些情况下，当事人可以向不动产登记机构申请转移登记？
4. 哪些情况下，当事人可以申请办理注销登记？
5. 申请集体土地所有权首次登记的，应当提交哪些材料？
6. 土地登记簿应载明哪些内容？
7. 申请国有建设用地使用权及房屋所有权转移登记的，应当根据不同情况，提交哪些材料？
8. 哪些情况下，申请人可以申请海域使用权转移登记？

模块 8 房地产中介服务管理制度与政策

知识目标

1. 了解房地产中介服务的特点及房地产中介服务人员要求，熟悉房地产中介机构成立条件及房地产中介服务费；
2. 熟悉房地产咨询机构、房地产估价机构、房地产经纪机构及其人员管理；
3. 熟悉房地产中介服务行业信用档案的构成及其管理。

能力目标

能够熟知房地产咨询机构、估价机构、积极机构及其人员管理制度与政策及房地产中介服务行业信用档案的构成与管理。

单元1 房地产中介服务简介

房地产中介服务是指具有专业执业资格的人员在房地产投资、开发、销售、交易等各个环节中，为当事人提供专业服务的经营活动，是房地产咨询、房地产估价、房地产经纪等活动的总称。

一、房地产中介服务的特点

1. 人员特定

从事房地产中介服务的人员必须是具有特定资格的专业人员。这些特定资格的专业人员都有一定的学历和专业经历，并通过了专业资格考试，掌握了一定的专业技能。在中介活动过程中，他们凭借自身了解市场、熟悉各类物业特点的优势，节约了流通时间和费用，同时也刺激了房地产商品的生产和流通。如从事房地产估价业务的人员必须取得房地产估价师执业资格并经注册取得《房地产估价师注册证书》，未取得房地产估价师资格的人员不

模块 8　房地产中介服务管理制度与政策

能从事房地产估价活动。从事房地产经纪活动的人员必须取得房地产经纪人员职业资格，仅取得房地产经纪人协理资格的人员不能独立从事房地产经纪业务。

2. 委托服务

房地产中介服务是受当事人委托进行的，并在当事人委托的范围内从事房地产中介服务活动，提供当事人所要求的服务。如在房地产买卖过程中，房地产经纪人利用自己的经验和掌握的房地产专业知识和信息，为交易双方相互传递信息，代办相关事务。由房地产经纪人代理房地产交易，按照规定的程序去办理各种手续，不仅给交易双方带来方便，而且起到了规范交易行为的作用。

3. 服务有偿

房地产中介服务是一种服务性的经营活动，委托人应按照一定的标准向房地产中介服务机构支付报酬、佣金。

二、房地产中介服务机构成立条件

从事房地产中介服务活动应设立相应的房地产中介服务机构，房地产中介服务机构成立条件如下：

1. 有自己的名称和组织机构

任何机构有自己名称才能被社会承认，也可以和其他机构进行有效区别。而组织机构则是一个行业对外从事活动的机构总称，没有组织机构就无法从事正常的业务活动。

2. 有固定的服务场所

经营一个公司或者机构肯定需要有一个固定的场所，不能是"皮包公司"，也不能是打一枪换一个地方，需要有承载社会责任和经营的义务。

3. 有注册资本

房地产中介机构经营的时候，需要有必要的财产和经费，否则就无法独立承担民事经营活动。

4. 有足够数量的专业技术人员

房地产中介服务是一个专业性很强的行业，如果没有数量相当的专业技术人员来运作，服务的质量就无法得到保证，从而失去其应有的价值。

三、房地产中介服务人员职业道德

房地产中介属服务性质，房地产中介服务人员除应具备扎实的房地产专业知识，较全面的金融知识，通晓有关的法律、法规外，对其职业道德要求也很高。如在美国，经纪人如违反职业道德，问题严重的将被暂停或吊销执照；经纪人只要有一次因违反职业道德而被暂停或吊销执照的行为，就会被刊登在经纪人的广告刊物上，从此就不可能再从事这一职业，没有机构会雇佣他，也不会再有人委托他从事中介服务。这种严格的职业道德规范要求从业者必须加强自律，确保了整个行业的健康发展。

我国房地产中介服务行业尚处于发育阶段，因此，房地产中介服务人员更要从维护行业发展、维护行业信誉、维护自身利益的角度出发，在加强业务技能学习、树立现代市场营销观念的同时，不断提高个人职业道德修养，做到遵纪守法、诚实待客、严格守信、爱

模块 8 房地产中介服务管理制度与政策

岗敬业，自觉维护职业形象，以促进房地产中介服务市场的健康发展。

四、房地产中介服务费

1. 房地产咨询服务收费

按照服务形式分为口头咨询和书面咨询，收费由双方协商议定。房地产中介服务机构接受委托，提供有关房地产政策法规、技术及相关信息等咨询的服务收费，实行市场调节价。

2. 房地产估价服务收费

房地产估价收费一般按照评估总额的一定比例收取。该自 2015 年 1 月 1 日起，放开房地产估价收费。

估价机构要严格落实明码标价制度，在经营场所醒目位置公示价目表和投诉举报电话等信息，不得在标价之外收取任何未予标明的费用。

3. 房地产经纪服务收费

房屋租赁代理收费，无论成交的租赁期限长短，一般均按半月至一月成交租金额标准，由双方协商议定一次性计收。房屋买卖代理收费，一般按成交价格总额的一定比例收取。该比例一般为 0.5%～3%。

房地产经纪服务收费实行市场调节价，房地产经纪服务收费标准由委托和受托双方，依据服务内容、服务成本、服务质量和市场供求状况协商确定。

一项服务包含多个项目和标准的，应明确标示每一个项目名称和收费标准，不得混合标价、捆绑标价；代收代付的税、费也应予以标明。房地产中介服务机构不得收取任何未标明费用。

单元 2 房地产咨询机构和人员管理

房地产咨询是指为从事房地产活动的当事人提供法律、法规、政策、信息、技术等方面服务的经营活动。例如，公民之间签订房屋租赁合同，要向有关机构咨询有关租金及国家和地方政策法规的具体要求等方面的情况；房地产开发商要向有关机构咨询地价、土地使用权的出让条件与出让方式、待出让地块的具体情况等。

一、房地产咨询机构

从事房地产咨询业务的机构称为房地产咨询机构。房地产咨询机构可以单独设立，也可以附设于房地产经营公司或房地产交易市场。

二、房地产咨询人员

房地产咨询机构根据其经营的业务，一般应配备各种既有理论基础又有实践经验的专业人员，如房地产经纪人、房地产估价师、会计师、建筑设计师、律师等。

从事房地产咨询业务的人员，必须是具有房地产及相关专业中等以上学历，有与房地产咨询业务相关的初级以上专业技术职称并取得考试合格证书的专业技术人员。

房地产咨询人员的考试办法，由省、自治区人民政府住房城乡建设主管部门和直辖市房地产管理部门制定。

单元3　房地产估价机构和人员管理

房地产估价是指专业房地产估价人员根据特定的估价目的，遵循公认的估价原则，按照严谨的估价程序，运用科学的估价方法，在对影响房地产价值的因素进行综合分析的基础上，对房地产在特定时点的价值进行测算和判定的活动。无论是房地产的买卖、交换、租赁入股、抵押贷款、征用赔偿、课税、保险、典当、纠纷处理，还是企业合资、合作、承包经营、股份制改组、兼并、分割、破产清算及房地产管理和会计成本分析等，都需要房地产估价。房地产评估是房地产开发经营全过程中一项必不可少的基础性工作。

一、房地产估价机构

从事房地产估价业务的机构，称为房地产估价机构。房地产估价机构分为政府、房地产估价机构和非政府房地产估价机构（房地产估价事务所）两类。

房地产估价机构可以采取合伙制，也可以采取公司制。合伙形式的评估机构，应当有2名以上评估师；其合伙人2/3以上应当是具有3年以上从业经历且最近3年内未受停止从业处罚的评估师。采取公司形式的评估机构，应当有8名以上评估师和2名以上股东，其中2/3以上股东应当是具有3年以上从业经历且最近3年内未受停止从业处罚的评估师。评估机构的合伙人或者股东为2名的，2名合伙人或者股东都应当是具有3年以上从业经历且最近3年内未受停止从业处罚的评估师。

设立评估机构，应当向工商行政管理部门申请办理登记。评估机构应当自领取营业执照之日起30日内向有关评估行政管理部门备案。评估行政主管部门应当及时将备案情况向社会公示。2016年12月1日起，设立房地产评估机构实行备案管理制度，不再实行资质核准。从事房地产估价的机构应当自领取营业执照后30日内向所在地省级住房城乡建设（房地产）主管部门备案。

（一）房地产估价机构资质等级

房地产估价机构资质等级分为一、二、三级。新设立房地产估价机构资质等级核定为三级资质，设1年的暂定期。

1. 一级房地产估价机构标准

（1）机构名称有房地产估价或者房地产评估字样。

（2）从事房地产估价活动连续6年以上，且取得二级房地产估价机构3年以上。

（3）有15名以上专职注册房地产估价师。

（4）在申请核定资质等级之日前3年平均每年完成估价标的物建筑面积50万平方米以上或者土地面积25万平方米以上。

（5）法定代表人或执行合伙人是注册后从事房地产估价工作3年以上的专职注册房地产

估价师。

(6)有限责任公司的股东中有3名以上、合伙企业的合伙人中有2名以上专职注册房地产估价师，股东或者合伙人中有一半以上是注册后从事房地产估价工作3年以上的专职注册房地产估价师。

(7)有限责任公司的股份或者合伙企业的出资额中专职注册房地产估价师的股份或者出资额合计不低于60%。

(8)有固定的经营服务场所。

(9)估价质量管理、估价档案管理、财务管理等各项企业内部管理制度健全。

(10)随机抽查的1份房地产估价报告符合《房地产估价规范》的要求。

(11)在申请核定资质等级之日前3年内无《房地产估价机构管理办法》第三十三条禁止的行为：

1)涂改、倒卖、出租、出借或者以其他形式非法转让资质证书；

2)超越资质等级业务范围承接房地产估价业务；

3)以迎合高估或者低估要求、给予回扣、恶意压低收费等方式进行不正当竞争；

4)违反房地产估价规范和标准；

5)出具有虚假记载、误导性陈述或者重大遗漏的估价报告；

6)擅自设立分支机构；

7)未经委托人书面同意，擅自转让受托的估价业务；

8)法律、法规禁止的其他行为。

2. 二级房地产估价机构标准

(1)机构名称有房地产估价或者房地产评估字样。

(2)取得三级房地产估价机构资质后从事房地产估价活动连续4年以上。

(3)有8名以上专职注册房地产估价师。

(4)在申请核定资质等级之日前3年平均每年完成估价标的物建筑面积30万平方米以上或者土地面积15万平方米以上。

(5)法定代表人或执行合伙人是注册后从事房地产估价工作3年以上的专职注册房地产估价师。

(6)有限责任公司的股东中有3名以上、合伙企业的合伙人中有2名以上专职注册房地产估价师，股东或者合伙人中有一半以上是注册后从事房地产估价工作3年以上的专职注册房地产估价师。

(7)有限责任公司的股份或者合伙企业的出资额中专职注册房地产估价师的股份或者出资额合计不低于60%。

(8)有固定的经营服务场所。

(9)估价质量管理、估价档案管理、财务管理等各项企业内部管理制度健全。

(10)随机抽查的1份房地产估价报告符合《房地产估价规范》的要求。

(11)在申请核定资质等级之日前3年内无《房地产估价机构管理办法》第三十三条规定禁止的行为。

3. 三级房地产估价机构标准

(1)机构名称有房地产估价或者房地产评估字样。

(2)有 3 名以上专职注册房地产估价师。

(3)在暂定期内完成估价标的物建筑面积 8 万平方米以上或者土地面积 3 万平方米以上。

(4)法定代表人或执行合伙人是注册后从事房地产估价工作 3 年以上的专职注册房地产估价师。

(5)有限责任公司的股东中有 2 名以上、合伙企业的合伙人中有 2 名以上专职注册房地产估价师,股东或者合伙人中有一半以上是注册后从事房地产估价工作 3 年以上的专职注册房地产估价师。

(6)有限责任公司的股份或者合伙企业的出资额中专职注册房地产估价师的股份或者出资额合计不低于 60%。

(7)有固定的经营服务场所。

(8)估价质量管理、估价档案管理、财务管理等各项企业内部管理制度健全。

(9)随机抽查的 1 份房地产估价报告符合《房地产估价规范》的要求。

(10)在申请核定资质等级之日前 3 年内无《房地产估价机构管理办法》第三十条禁止的行为。

(二)房地产估价机构业务范围

房地产估价活动,包括土地、建筑物、构筑物、在建工程、以房地产为主的企业整体资产、企业整体资产中的房地产等各类房地产评估,以及因转让、抵押、房屋征收补偿、司法鉴定、课税、公司上市、企业改制、企业清算、资产重组、资产处置等需要进行的房地产评估。

各资质房地产估价机构范围:

(1)一级资质房地产估价机构可以从事各类房地产估价业务;

(2)二级资质房地产估价机构可以从事除公司上市、企业清算以外的房地产估价业务;

(3)三级资质房地产估价机构可以从事除公司上市、企业清算、司法鉴定以外的房地产估价业务;

(4)暂定期内的三级房地产估价机构可以从事除公司上市、企业清算、司法鉴定、房屋征收、在建工程抵押以外的房地产估价业务。

(三)房地产估价机构业务监管

1. 业务承揽

房地产估价机构及执行房地产估价业务的估价人员与委托人或者估价业务相对人有利害关系的,应当回避。房地产估价业务由房地产估价机构统一接受委托,统一收取费用。分支机构应当以设立该分支机构的房地产估价机构名义承揽估价业务。

承揽房地产估价业务时,房地产估价机构应当与委托人签订书面估价委托合同。

房地产估价师不得以个人名义承揽估价业务。

委托人要求出具虚假估价报告或者有其他非法干预估价结果情形的,房地产估价机构有权解除合同。房地产估价机构根据业务需要建立职业风险基金,或者自愿办理职业责任保险,完善风险防范机制。

2. 异地执业

房地估价机构在其工商注册所在地行政区域外从事房地产估价业务的，完成估价业务后，房地产估价机构应向业务发生地县级以上地方政府建设行政主管部门留存房地产估价报告备查。

3. 业务转让

经委托人书面同意，房地产估价机构可以与其他房地产估价机构合作完成估价业务，以合作双方的名义共同出具估价报告。

4. 估价所需资料获取

委托人及相关当事人应当协助房地产估价机构进行实地查勘，如实向房地产估价机构提供估价所必需的资料，并对其所提供资料的真实性负责。因估价需要，房地产估价机构和注册估价师可以向住房城乡建设（房地产）主管部门查询房地产交易、登记信息。

5. 报告出具

房地产估价报告由房地产估价机构出具，加盖房地产估价机构公章，并有至少2名专职注册房地产估价师签字。分支机构以设立该分支机构的房地产估价机构的名义出具估价报告，有至少2名专职注册房地产估价师签字并加盖该房地产估价机构公章。

6. 估价档案保管

根据《中华人民共和国资产评估法》（以下简称《资产评估法》），评估档案的保存期限不得少于15年，属于法定评估业务的，保存期限不得少于30年。

《房地产估价机构管理办法》还规定，房地产估价报告的保管期限届满而估价服务的行为尚未结束的，应当保管到估价服务的行为结束为止。

房地产估价机构破产、解散时，其房地产估价报告及相关资料应当移交当地住房城乡建设（房地产）主管部门或其指定的机构。

（四）房地产估价机构的禁止行为

（1）利用开展业务之便，谋取不正当利益；
（2）允许其他机构以本机构名义开展业务，或者冒用其他机构名义开展业务；
（3）以恶性压价、支付回扣、虚假宣传，或者贬损、诋毁其他评估机构等不正当手段招揽业务；
（4）受理与自身有利害关系的业务；
（5）分别接受利益冲突双方的委托，对同一评估对象进行评估；
（6）出具虚假评估报告或者有重大遗漏的评估报告；
（7）聘用或者指定不符合资产评估法规定的人员从事评估业务；
（8）违反法律、行政法规的其他行为。

（五）房地产估价机构的法律责任

房地产估价机构违反《资产评估法》规定和法律的，由住房城乡建设主管部门予以警告，可以责令停业1个月以上6个月以下；有违法所得的，没收违法所得，并处违法所得1倍以上5倍以下罚款；情节严重的，由工商行政管理部门吊销营业执照；构成犯罪的，依法追究刑事责任。

房地产估价机构、房地产估价师在 1 年内累计 3 次因违反《资产评估》法规定受到责令停业、责令停止从业以外处罚的，可以责令其停业或者停止从业 1 年以上 5 年以下。

房地产估价师违反《资产评估法》规定，给委托人或者其他相关当事人造成损失的，由其所在的房地产估价机构依法承担赔偿责任。房地产估价机构履行赔偿责任后，可以向有故意或者重大过失行为的评估专业人员追偿。

二、房地产估价人员

国家实行房地产价格评估人员水平认证制度。

（一）房地产评估专业人员管理规定

评估专业人员包括评估师和其他具有评估专业知识及实践经验的评估从业人员。评估师是指通过评估师资格考试的评估专业人员。

因故意犯罪或者在从事评估、财务、会计、审计活动中因过失犯罪而受刑事处罚，自刑罚执行完毕之日起不满 5 年的人员，不得从事评估业务。

1. 评估专业人员的权利

（1）要求委托人提供相关的权属证明、财务会计信息和其他资料，以及为执行公允的评估程序所需的必要协助；

（2）依法向有关国家机关或者其他组织查阅从事业务所需的文件、证明和资料；

（3）拒绝委托人或者其他组织、个人对评估行为和评估结果的非法干预；

（4）依法签署评估报告；

（5）法律、行政法规规定的其他权利。

2. 评估专业人员的义务

（1）诚实守信，依法独立、客观、公正从事业务；

（2）遵守评估准则，履行调查职责，独立分析估算，勤勉谨慎从事业务；

（3）完成规定的继续教育，保持和提高专业能力；

（4）对评估活动中使用的有关文件、证明和资料的真实性、准确性、完整性进行核查和验证；

（5）对评估活动中知悉的国家秘密、商业秘密和个人隐私予以保密；

（6）与委托人或者其他相关当事人及评估对象有利害关系的，应当回避；

（7）接受行业协会的自律管理，履行行业协会章程规定的义务；

（8）法律、行政法规规定的其他义务。

3. 评估专业人员的禁止行为

（1）私自接受委托从事业务、收取费用；

（2）同时在两个以上评估机构从事业务；

（3）采用欺骗、利诱、胁迫，或者贬损、诋毁其他评估专业人员等不正当手段招揽业务；

（4）允许他人以本人名义从事业务，或者冒用他人名义从事业务；

（5）签署本人未承办业务的评估报告；

（6）索要、收受或者变相索要、收受合同约定以外的酬金、财物，或者谋取其他不正当

利益;

(7)签署虚假评估报告或者有重大遗漏的评估报告;

(8)违反法律、行政法规的其他行为。

4. 评估专业人员的法律责任

评估专业人员违反《资产评估法》规定,有下列情形之一的,由有关评估行政管理部门予以警告,可以责令停止从业6个月以上1年以下;有违法所得的,没收违法所得;情节严重的,责令停止从业1年以上5年以下;构成犯罪的,依法追究刑事责任:

(1)私自接受委托从事业务、收取费用的;

(2)同时在两个以上评估机构从事业务的;

(3)采用欺骗、利诱、胁迫,或者贬损、诋毁其他评估专业人员等不正当手段招揽业务的;

(4)允许他人以本人名义从事业务,或者冒用他人名义从事业务的;

(5)签署本人未承办业务的评估报告或者有重大遗漏的评估报告的;

(6)索要、收受或者变相索要、收受合同约定以外的酬金、财物,或者谋取其他不正当利益的。

(二)房地产估价师执业资格管理

房地产估价师执业水平考试,由国务院住房城乡建设主管部门和人事行政主管部门共同负责。

1. 房地产估价师执业资格考试

房地产估价师执业资格考试实行全国统一组织、统一大纲、统一命题、统一考试的制度。

(1)报名条件。凡中华人民共和国公民,遵纪守法并具备下列条件之一的,可申请参加房地产估价师执业资格考试:

1)取得房地产估价相关学科(包括房地产经营、房地产经济、土地管理、城市规划等,下同)中等专业学历,具有8年以上相关专业工作经历,其中从事房地产估价实务满5年;

2)取得房地产估价相关学科大专学历,具有6年以上相关专业工作经历,其中从事房地产估价实务满4年;

3)取得房地产估价相关学科学士学位,具有4年以上相关专业工作经历,其中从事房地产估价实务满3年;

4)取得房地产估价相关学科硕士学位或第二学位、研究生班毕业,从事房产估价实务满2年;

5)取得房地产估价相关学科博士学位的;

6)不具备上述规定学历,但通过国家统一组织的经济专业初级资格或审计、会计、统计专业助理级资格考试并取得相应资格,具有10年以上相关专业工作经历,其中从事房地产估价实务满6年,成绩特别突出的。

(2)考试科目。考试科目有4科,包括如下内容:

第1科为《房地产基本制度与政策》和《房地产估价相关知识》,主要包括房地产管理制度与法规,其中以《民法典》《中华人民共和国城市房地产管理法》《中华人民共和国土地管理法》《国有土地上房屋征收与补偿条例》《城市房地产抵押管理办法》《房地产估价机构管理办法》《注册房地产估价师管理办法》等法律、法规、规章为重点。另外，还包括房地产估价人员应当掌握的经济、金融、保险、证券、统计、会计、建筑、测绘、法律等相关学科的知识。

第2科为《房地产开发经营与管理》，主要包括房地产投资分析、房地产市场分析、房地产开发等方面的知识。

第3科为《房地产估价理论与方法》，主要包括房地产估价的基本理论、房地产估价中应用的基本方法及其具体应用。

第4科为《房地产估价案例与分析》，主要包括不同估价目的和不同类型房地产估价的特点与估价技术路线，通过对不同估价目的和不同类型房地产估价案例的分析，考查其实际工作能力与业务水平。

(3)考试合格认证。房地产估价师执业资格考试合格者，由住房和城乡建设部及人力资源和社会保障部联合公告合格人员名单。由人力资源和社会保障部或其授权的部门颁发统一印制的《房地产估价师执业资格证书》。

2. 房地产估价师注册

注册房地产估价师是指通过全国房地产估价师执业资格考试或者资格认定、资格互认，取得中华人民共和国房地产估价师执业资格(以下简称执业资格)，并按照《注册房地产估价师管理办法》注册，取得中华人民共和国房地产估价师注册证书(以下简称注册证书)，从事房地产估价活动的人员。国家实行房地产估价人员执业资格认证和注册登记制度。

根据《资产评估法》的规定，评估专业人员从事评估业务，应当加入评估机构，并且只能在一个评估机构从事业务。房地产估价师从事房地产估价，应当加入房地产估价机构并经注册后，方可执业。房地产估价师注册需管理部门为住房和城乡建设部。

房地产估价师分为初始注册、变更注册、延续注册、注销注册和撤销注册。初始注册、变更注册、延续注册需由当事人申请；注销注册可由当事人申请，也可由国务院住房城乡建设主管部门依职权直接作出；撤销注册由国务院住房城乡建设主管部门依据职权或者根据利害关系人的请求直接作出。

(1)房地产估价师注册的条件：
1)取得房地产估价师执业资格；
2)达到房地产估价师继续教育合格标准；
3)受聘于具有资质的房地产估价机构；
4)无《注册房地产估价师管理办法》第十四条规定不予注册的情形。
(2)不予注册的情形：
1)不具有完全民事行为能力的；
2)刑事处罚尚未执行完毕的；
3)因房地产估价及相关业务活动受刑事处罚，自刑事处罚执行完毕之日起至申请注册之日止不满5年的；
4)因房地产估价及相关业务活动受刑事处罚以外原因受刑事处罚，自刑事处罚执行完毕之日起至申请注册之日止不满3年的；
5)被吊销注册证书，自被处罚之日起至申请注册之日止不满3年的；

6) 以欺骗、贿赂等不正当手段获准的房地产估价师注册被撤销，自被撤销注册之日起至申请注册之日止不满 3 年的；

7) 申请在 2 个或者 2 个以上房地产估价机构执业的；

8) 为现职公务员的；

9) 年龄超过 65 周岁的；

10) 法律、行政法规规定不予注册的其他情形。

(3) 房地产估价师注册申请。自 2016 年 10 月 20 日起，房地产估价师执业资格注册试行网上申报、受理和审批。房地产估价师申请初始、变更、延续、注销注册的，应通过"房地产估价师注册系统"向住房和城乡建设部提出注册申请。申请新设立房地产估价机构、分支机构注册的，应在申报房地产估价机构资质或者分支机构备案的同时，申请办理注册手续。

(4) 房地产估价师注册需提交的材料(表 8-1)。

表 8-1 房地产估价师注册需提交的材料

项目	内容
初始注册需提交	初始注册申请表、房地产估价师执业资格证件和身份证件复印件、与聘用单位签订的劳动合同复印件、聘用单位委托人才服务中心托管人事档案的证明和社会保险缴纳凭证的复印件。取得执业资格超过 3 年申请初始注册的，还要提供达到继续教育合格标准的证明材料
延续注册需提交	延续注册申请表、与聘用单位签订的劳动合同的复印件、申请人注册有效期内达到继续教育合格标准的证明材料
变更注册需提交	变更注册申请表、与新聘用单位签订的劳动合同复印件、与原聘用单位解除劳动合同的证明文件、聘用单位委托人才服务中心托管人事档案的证明和社会保险缴纳凭证的复印件

离退休人员，大专院校、科研院所从事房地产教学、研究的人员，外国人和台港澳人员，在房地产估价师注册中不需要提供聘用单位委托人才服务中心托管人事档案的证明和社会保险缴纳凭证，但应分别提供劳动、人事部门颁发的离退休证的复印件，所在大专院校、科研院所同意其在房地产估价机构注册的书面意见，外国人就业证书、台港澳人员就业证书的复印件。

(5) 房地产估价师注册决定。对申请初始注册、变更注册、延续注册和注销注册的，住房和城乡建设部应当自受理之日起 15 日内作出决定。

(6) 房地产估价师注册有效期。房地产估价师注册有效期为 3 年，应在注册有效期满 30 日前，申请办理延续注册。准予延续注册的，注册有效期延续 3 年。注册房地产估价师变更执业单位，应与原聘用单位解除劳动合同，并申请办理变更注册手续。变更注册后的注册有效期，仍为原注册有效期。

(7) 房地产估价师注册证书。注册证书是注册房地产估价师的执业凭证。注册房地产估价师下列情形之一的，其注册证书失效：

1) 聘用单位破产的；

2) 聘用单位被吊销营业执照的；

3) 聘用单位被吊销或者撤回房地产估价机构资质证书的；

4) 已与聘用单位解除劳动合同且未被其他房地产估价机构聘用的；

5)注册有效期满且未延续注册的;
6)年龄超过65周岁的;
7)死亡或者不具有完全民事行为能力的;
8)其他导致注册失效的情形。

(8)房地产估价师注销注册。有下列情形之一的,注册房地产估价师应当及时向国务院住房城乡建设主管部门提出注销注册的申请,交回注册证书,国务院住房城乡建设主管部门办理注销手续,公告其注册证书作废:

1)注册证书失效的;
2)依法被撤销注册的;
3)依法被吊销注册证书的;
4)受到刑事处罚的;
5)法律、法规规定应当注销注册的其他情形。

(9)房地产估价师撤销注册。注册房地产估价师有下列情形之一的,国务院住房城乡建设主管部门依据职权或者根据利害关系人的请求,可以撤销房地产估价师注册:

1)注册机关工作人员滥用职权、玩忽职守作出准予房地产估价师注册行政许可的;
2)超越法定职权作出准予房地产估价师注册许可的;
3)违反法定程序作出准予房地产估价师注册许可的;
4)对不符合法定条件的申请人作出准予房地产估价师注册许可的;
5)依法可以撤销房地产估价师注册的其他情形。

3. 注册房地产估价师享有的权利

(1)使用注册房地产估价师名称;
(2)在规定范围内执行房地产估价及相关业务;
(3)签署房地产估价报告;
(4)发起设立房地产估价机构;
(5)保管和使用本人的注册证书;
(6)对本人执业活动进行解释和辩护;
(7)参加继续教育;
(8)获得相应的劳动报酬;
(9)对侵犯本人权利的行为进行申诉。

4. 注册房地产估价师应当履行的义务

(1)遵守法律、法规、行业管理规定和职业道德规范;
(2)执行房地产估价技术规范和标准;
(3)保证估价结果的客观公正,并承担相应责任;
(4)保守在执业中知悉的国家秘密和他人的商业、技术秘密;
(5)与当事人有利害关系的,应当主动回避;
(6)接受继续教育,努力提高执业水准;
(7)协助注册管理机构完成相关工作。

5. 注册房地产估价师执业

(1)取得房地产估价师执业资格的人员,受聘于一个具有房地产估价机构资质的单位,经国务院住房城乡建设主管部门准予房地产估价师执业资格注册后，方能以注册房地产估价师的名义执业。

(2)注册房地产估价师可以在全国范围内开展与其聘用单位业务范围相符的房地产估价活动。

(3)注册房地产估价师从事执业活动，由聘用单位接受委托并统一收费。

(4)房地产估价师在房地产估价过程中给当事人造成经济损失，聘用单位依法应当承担赔偿责任的，可依法向负有过错的注册房地产估价师追偿。

6. 注册房地产估价师继续教育

(1)注册房地产估价师继续教育，由中国房地产估价师与房地产经纪人学会负责组织，经继续教育达到合格标准的，颁发继续教育合格证书。

(2)每一注册有效期内（即 3 年内），继续教育的时间为 120 学时，其中，必修课和选修课各为 60 学时。

7. 注册房地产估价师禁止行为

(1)不履行注册房地产估价师义务；

(2)在执业过程中，索贿、受贿或者谋取合同约定费用外的其他利益；

(3)在执业过程中实施商业贿赂；

(4)签署有虚假记载、误导性陈述或者重大遗漏的估价报告；

(5)在估价报告中隐瞒或者歪曲事实；

(6)允许他人以自己的名义从事房地产估价业务；

(7)同时在 2 个或者 2 个以上房地产估价机构执业；

(8)以个人名义承揽房地产估价业务；

(9)涂改、出租、出借或者以其他形式非法转让注册证书；

(10)超出聘用单位业务范围从事房地产估价活动；

(11)严重损害他人利益、名誉的行为；

(12)法律、法规禁止的其他行为。

8. 注册房地产估价师信用档案的建立

注册房地产估价师信用档案包括注册房地产估价师的基本情况、业绩、良好行为、不良行为等内容。违法违规行为、被投诉举报处理、行政处罚等情况应当作为注册房地产估价师的不良行为记入其信用档案。注册房地产估价师信用档案信息按照有关规定向社会公示。

9. 注册房地产估价师监督管理与违规处罚

注册房地产估价师违法从事房地产估价活动的，由违法行为发生地直辖市、市、县、市辖区人民政府房地产主管部门依法查处，并将违法事实、处理结果告知注册房地产估价师注册所在地的省、自治区、直辖市房地产主管部门；依法需撤销注册的，应当将违法事实、处理建议及有关材料报国务院住房城乡建设主管部门。

注册房地产估价师违规处罚规定如下：

(1)违反《注册房地产估价师管理办法》规定，未经注册，擅自以注册房地产估价师名义从事房地产估价活动的，所签署的估价报告无效，由县级以上地方人民政府住房城乡建设（房地产）主管部门给予警告，责令停止违法活动，并可处以 1 万元以上 3 万元以下的罚款；造成损失的，依法承担赔偿责任。

（2）隐瞒有关情况或者提供虚假材料申请房地产估价师注册的，住房城乡建设（房地产）主管部门不予受理或者不予行政许可，并予以警告，在1年内不得再次申请房地产估价师注册。

（3）以欺骗、贿赂等不正当手段取得注册证书的，由国务院住房城乡建设主管部门撤销其注册，3年内不得再次申请注册，并由县级以上地方人民政府住房城乡建设（房地产）主管部门处以罚款，其中没有违法所得的，处以1万元以下罚款，有违法所得的，处以违法所得3倍以下且不超过3万元的罚款；构成犯罪的，依法追究刑事责任。

（4）注册房地产估价师违反《注册房地产估价师管理办法》规定，未办理变更注册仍执业的，由县级以上地方人民政府住房城乡建设（房地产）主管部门责令限期改正；逾期不改正的，可处以5 000元以下的罚款。

单元4 房地产经纪机构和人员管理

房地产经纪是指以收取佣金为目的，为促成他人房地产交易而从事居间或代理等专业服务的经济活动。在现实生活中常出现当事人对房地产市场行情，交易对手等不了解，从而不知如何进行交易的情况，而房地产经纪则恰好满足了当事人的需要。当事人可通过房地产经纪机构准确、及时地了解市场行情、交易对手等情况，积极稳妥地进行交易。

一、房地产经纪机构

从事房地产经纪业务的机构，称为房地产经纪机构。房地产经纪机构可以单独设立，也可以附设于房地产咨询机构。单独设立的房地产经纪机构也可以是个体经营。

1. 房地产经纪机构备案

房地产经纪机构及其分支机构应当自领取营业执照之日起30日内，到所在直辖市、市、县人民政府住房城乡建设（房地产）主管部门备案。

房地产经纪机构及其分支机构变更或者终止的，应当自变更或者终止之日起30日内，办理备案变更或者注销手续。

2. 房地产经纪活动

房地产经纪业务应当由房地产经纪机构统一承接，服务报酬由房地产经纪机构统一收取。分支机构应以设立该分支机构的房地产经纪机构名义承揽业务。房地产经纪人员不得以个人名义承接房地产经纪业务和收取费用。

3. 房地产经纪合同要求

房地产经纪机构不得收取任何未予标明的费用；不得利用虚假或者使人误解的标价内容和标价方式进行价格欺诈；一项服务可以分解为多个项目和标准的，应当明确标示每一个项目和标准，不得混合标价、捆绑标价。房地产经纪机构未完成房地产经纪服务合同约定事项，或者服务未达到房地产经纪服务合同约定标准的，不得收取佣金。两家或者两家以上房地产经纪机构合作开展同一宗房地产经纪业务的，只能按照一宗业务收取佣金，不得向委托人增加收费。

4. 房地产经纪机构和经纪人员的禁止行为

（1）捏造散布涨价信息，或者与房地产开发经营单位串通捂盘惜售、炒卖房号，操纵市场价格；

（2）对交易当事人隐瞒真实的房屋交易信息，低价收进、高价卖（租）出房屋赚取差价；

（3）以隐瞒、欺诈、胁迫、贿赂等不正当手段招揽业务，诱骗消费者交易或者强制交易；

（4）泄露或者不当使用委托人的个人信息或者商业秘密，谋取不正当利益；

（5）为交易当事人规避房屋交易税费等非法目的，就同一房屋签订不同交易价款的合同提供便利；

（6）改变房屋内部结构分割出租；

（7）侵占、挪用房地产交易资金；

（8）承购、承租自己提供经纪服务的房屋；

（9）为不符合交易条件的保障性住房和禁止交易的房屋提供经纪服务；

（10）法律、法规禁止的其他行为。

二、房地产经纪人员

1. 房地产经纪专业人员职业资格考试

国家设立水平评价类房地产经纪专业人员职业资格制度。房地产经纪专业人员职业资格分为房地产经纪人协理、房地产经纪人和高级房地产经纪人3个级别。

从2016年起，房地产经纪人协理、房地产经纪人职业资格实行全国统一大纲、统一命题、统一组织的考试制度。原则上每年举行1次考试。

2. 房地产经纪专业人员登记服务

各级别房地产经纪人员资格证书实行登记服务制度。中国房地产估价师与房地产经纪人学会负责登记服务的具体工作，定期向社会公布房地产经纪人员资格证书的登记情况，建立持证人员的诚信档案，为用人单位提供信息查询服务。

3. 房地产经纪专业人员职业技术能力

（1）房地产经纪人应当具备的职业技术能力：

1）具有一定的房地产经济理论和相关经济理论水平，并具有丰富的房地产专业知识；

2）能够熟练掌握和运用与房地产经纪业务相关的法律、法规和行业管理的各项规定；

3）熟悉房地产市场的流通环节，具有熟练的实务操作的技术和技能；

4）具有丰富的房地产经纪实践经验和一定资历，熟悉市场行情变化，有较强的创新和开拓能力，能创立和提高企业的品牌。

（2）房地产经纪协理应当具备的职业技术能力：

1）了解房地产法律、法规及有关行业管理的规定；

2）具有一定的房地产专业知识；

3）掌握一定的房地产流通的程序和实务操作技术及技能。

4. 房地产经纪专业人员的权利和义务

（1）房地产经纪人享有的权利：

1）依法发起设立房地产经纪机构；

2)加入房地产经纪机构，承担房地产经纪机构关键岗位职责；指导房地产经纪人协理进行各种经纪业务；
3)经所在机构授权订立房地产经纪合同等重要文件；要求委托人提供与交易有关的资料；
4)有权拒绝执行委托人发出的违法指令；
5)执行房地产经纪业务并获得合理佣金。
(2)房地产经纪人协理享有的权利：
1)加入房地产经纪机构；
2)协助房地产经纪人处理经纪有关事务并获得合理的报酬。

单元5　房地产中介服务行业信用档案

房地产信用档案的建立范围是房地产开发企业、房地产中介服务机构、物业服务企业和房地产估价师、房地产经纪人、房地产经纪人协理等专业人员[统称执(从)业人员]。房地产估价机构的不良行为应当作为该机构法定代表人或执行合伙人的不良行为记入其信用档案。

一、建立房地产中介服务行业信用档案的意义

(1)建立房地产中介服务行业信用档案的必要性。规范房地产市场行为，维护消费者合法权益，拉动国民经济增长和保持社会稳定的客观需要。

(2)建立房地产中介服务行业信用档案的作用。信用档案能够为政府和社会公众监督房地产中介服务行业及执(从)业人员的市场行为提供依据，为社会公众查询企业和个人信用信息提供服务。

二、房地产中介服务行业信用档案的构成

房地产中介服务行业信用档案包括房地产估价机构信用档案、注册房地产估价师信用档案、房地产经纪机构信用档案、注册房地产经纪人信用档案等房地产中介服务机构及其执(从)业人员信用档案。

房地产估价机构、房地产经纪机构信用档案的主要内容包括机构基本情况、机构良好行为记录、机构不良行为记录、估价项目汇总、估价项目基本情况、股东(合伙人)情况、注册房地产估价师基本情况、机构资质年审情况、投诉情况等。

注册房地产估价师、注册房地产经纪人信用档案的主要内容包括个人基本情况、个人业绩汇总、继续教育情况、科研能力表现、良好行为记录、不良行为记录、投诉情况等。

三、房地产中介服务行业信用档案的管理

房地产中介服务行业信用档案管理遵循统一规划、分级建设、分步实施、信息共享的原则。

1. 组织实施

住房和城乡建设部组织建立一级资质房地产估价机构及执(从)业人员信用档案系统。

中国房地产估价师与房地产经纪人学会为房地产中介服务行业信用档案的系统管理部门，在住房和城乡建设部领导下，负责一级资质房地产估价机构和房地产中介执（从）业人员信用档案的日常管理工作。

2. 信息的采集

从政府部门、房地产中介行业自律组织、房地产中介服务机构、执（从）业人员、其他中介机构及社会公众等多种途径获得，并与机构资质审批、专业人员执（从）业资格注册工作有机结合。

房地产中介服务机构或执（从）业人员获部省级表彰或荣誉称号，即可作为良好行为记录载入该企业或执（从）业人员的信用档案。

房地产中介服务机构或执（从）业人员出现违反房地产法律法规及相关法律法规、标准规范的行为，并受到行政处罚的，即可作为不良行为载入该企业或执（从）业人员的信用档案。

3. 信息维护和更新

房地产中介服务行业信用档案是由政府组织建立的，由系统管理部门对信息进行维护和更新。

对涉及企业商业秘密的信息要注意保密，实行授权查询；未经核实的信息不得在网上公示；不良记录在公示前，必须经过严格的审核批准程序。

4. 投诉处理

房地产中介服务机构对系统管理部门转去的投诉在 15 日内反馈意见（包括处理结果或正在处理情况）。无正当理由未按时反馈的，将在网上公示投诉情况。

机构对已公示的违法违规行为整改后，可提请相关行政主管部门组织考核验收，并在网上公布整改结果。如要撤销公示，须由被公示单位提出申请，经相关行政主管部门同意。

5. 信息查询

信用档案分为公示信息和授权查询信息两类。任何单位和个人均有权查阅信用档案公示信息。授权查询信息，如房地产估价机构信用档案中估价项目名称、委托人名称、委托人联系电话等内容，需要按照房地产信用档案管理规定的条件和程序进行查询。

模块小结

房地产中介服务是指具有专业执业资格的人员在房地产投资、开发、销售、交易等各个环节中，为当事人提供专业服务的经营活动，是房地产咨询、房地产估价、房地产经纪等活动的总称。房地产咨询是指为从事房地产活动的当事人提供法律、法规、政策、信息、技术等方面服务的经营活动。房地产估价是指专业房地产估价人员根据特定的估价目的，遵循公认的估价原则，按照严谨的估价程序，运用科学的估价方法，在对影响房地产价值的因素进行综合分析的基础上，对房地产在特定时点的价值进行测算和判定的活动。从事房地产估价业务的机构，称为房地产估价机构，房地产估价机构分为两类，即政府、房地产估价机构和非政府房地产估价机构（即房地产估价事务所）。房地产经纪是指以收取佣金为目的，为促成他人房地产交易而从事居间或代理等专业服务的经济活动，从事房地产经纪业务的机构，称为房地产经纪机构。房地产经纪机构可以单独设立，也可以附设于房地

模块 8　房地产中介服务管理制度与政策

产咨询机构。房地产信用档案的建立范围是房地产开发企业、房地产中介服务机构、物业服务企业和房地产估价师、房地产经纪人、房地产经纪人协理等专业人员[统称执(从)业人员]。房地产估价机构的不良行为应当作为该机构法定代表人或者执行合伙人的不良行为记入其信用档案。

思考题

一、填空题

1. 从事房地产中介服务的人员必须是_____。
2. 房地产估价收费一般按照_____收取。
3. 房地产咨询是指_____。
4. 从事房地产咨询业务的机构，称为_____。
5. 房地产咨询人员的考试办法，由_____和_____制定。
6. 设立评估机构，应当向_____申请办理登记。
7. _____级房地产估价机构可以从事除公司上市、企业清算、司法鉴定以外的房地产估价业务。
8. 根据《资产评估法》，估价档案的保存期限不得少于_____年，属于法定评估业务的，保存期限不得少于____年。
9. 评估专业人员包括_____和_____。
10. 评估师是指_____。
11. 房地产估价师执业水平考试，由_____和_____共同负责。
12. 房地产估价师执业资格考试合格者，由_____和_____联合公告合格人员名单。
13. 房地产估价师执业资格考试合格者，由人力资源和社会保障部或其授权的部门颁发统一印制的_____。
14. 房地产估价师分为_____、_____、_____、_____和_____。
15. 房地产经纪是指_____。
16. 房地产中介服务行业信用档案管理遵循_____的原则。

二、选择题

1. 下列关于房地产中介服务特点的描述错误的是(　　)。
　　A. 人员特定　　　B. 委托服务　　　C. 有偿服务　　　D. 代理服务
2. 从事科技开发、咨询和服务性的有限责任公司，它们的注册资本要高于(　　)万元人民币。
　　A. 100　　　　　B. 50　　　　　　C. 20　　　　　　D. 10
3. 房屋买卖代理收费，一般按成交价格总额的一定比例收取，该比例一般为(　　)。
　　A. 0.5%～3%　　B. 0.5%～5%　　C. 1%～3%　　　D. 1%～5%
4. 合伙形式的评估机构，应当有(　　)名以上评估师。

A. 2 　　　　　B. 4 　　　　　C. 6 　　　　　D. 8

5．评估机构应当自领取营业执照之日起（　　）内向有关评估行政管理部门备案。

A. 30 日　　　B. 3 个月　　　C. 半年　　　D. 1 年

6．从事房地产估价的机构应当自领取营业执照后（　　）内向所在地省级住房城乡建设（房地产）主管部门备案。

A. 30 日　　　B. 3 个月　　　C. 半年　　　D. 1 年

7．新设立房地产估价机构资质等级核定为三级资质，设（　　）的暂定期。

A. 30 日　　　B. 3 个月　　　C. 半年　　　D. 1 年

8．房地产估价师考试科目有（　　）科。

A. 1 　　　　　B. 2 　　　　　C. 3 　　　　　D. 4

9．对申请初始注册、变更注册、延续注册和注销注册的，住房和城乡建设部应当自受理之日起（　　）内作出决定。

A. 15 日　　　B. 30 日　　　C. 3 个月　　　D. 半年

10．房地产中介服务机构对系统管理部门转去的投诉在（　　）内反馈意见。

A. 15 日　　　B. 30 日　　　C. 3 个月　　　D. 半年

三、判断题

1．房地产中介服务机构不得收取任何未标明费用。　　　　　　　　　　（　　）

2．房地产咨询机构不能单独设立。　　　　　　　　　　　　　　　　　（　　）

3．房地产评估是房地产开发经营全过程中一项必不可少的基础性工作。（　　）

4．房地产估价机构只能采取公司制。　　　　　　　　　　　　　　　　（　　）

5．房地产估价机构资质等级分为一、二、三、四级。　　　　　　　　　（　　）

6．一级房地产估价机构可以从事除公司上市、企业清算以外的房地产估价业务。

（　　）

7．房地产估价师不得以个人名义承揽估价业务。　　　　　　　　　　　（　　）

8．国家实行房地产价格评估人员水平认证制度。　　　　　　　　　　　（　　）

9．国家实行房地产估价人员执业资格认证和注册登记制度。　　　　　　（　　）

10．房地产估价师注册管理部门为人力资源、社会保障部。　　　　　　（　　）

11．房地产经纪机构不可以单独设立。　　　　　　　　　　　　　　　（　　）

四、问答题

1．房地产中介服务机构成立应具备哪些条件？

2．什么是房地产估价？

3．二级房地产估价机构应符合哪些标准？

4．房地产估价机构的禁止行为有哪些？

5．房地产评估专业人员具有哪些权利？

6．申请参加房地产估价师执业资格考试人员应具备哪些条件？

7．房地产估价师注册的条件是什么？

8．注册房地产估价师应当履行哪些义务？

9．房地产经纪机构和经纪人员的禁止行为有哪些？

10．房地产经纪人应当具备哪些职业技术能力？

模块 9 房地产税收管理制度与政策

知识目标

1. 了解税收的概念与特征，熟悉税收制度构成要素，掌握税收的征管与房地产税收；
2. 熟悉房地产开发企业税费及会计处理，掌握不动产经营纳税制度；
3. 掌握房产税、城镇土地使用税、耕地占用税、土地增值税、契税的纳税人、课税对象、计税依据、税率等内容。

能力目标

能够明确房地产税收管理制度与政策，完成房地产相关税种的征管工作。

单元 1 税收制度简介

税收是国家（政府）公共财政最主要的收入形式和来源。税收的本质是国家为满足社会公共需要，凭借公共权力，按照法律所规定的标准和程序，参与国民收入分配，强制取得财政收入所形成的一种特殊分配关系。房地产业是国民经济的支柱产业之一，房地产税收制度是加强税收征收管理，规范税收征收和缴纳行为，保障国家税收收入，保护纳税人的合法权益，促进经济和社会发展的保障。我国的房地产税制十分复杂，既有涉及房地产经营的综合性税种，如增值税；又有众多的房地产专门税收，如房产税、契税等。

一、税收的概念与特征

税收是国家参与社会剩余产品分配的一种规范形式，其本质是国家凭借政治权力，按照法律规定程序和标准，无偿地取得财政收入的一种手段。

税收具有强制性、无偿性和固定性 3 种特征。

1. 强制性

税收是国家凭借政治权力开征的，国家运用法律手段公布征税标准，并运用行政手段和司法手段来保证征税任务的完成。每个公民、企业单位都有依法纳税的义务。对拒不纳税或者逃避纳税的，国家有权强制征收，并有权给予法律制裁。

2. 无偿性

税收是国家凭借政治权力强制征收的，其征收的税款归国家所有。国家对具体纳税人既不需要直接偿还，又不必付出任何代价。

3. 固定性

国家在征税之前就以法律法规的形式，将征税对象、征收比例或数额等标准公布于众，然后按事先公布的标准征收。征税对象、征收比例或数额等标准制定公布后，在一定时间内保持稳定不变，使征纳双方都知道该如何去做。

二、税收制度的概念与构成要素

税收制度简称税制，是国家各项税收法律、法规、规章和税收管理体制等总称，是国家处理税收分配关系的总规范。其中，税收法律、法规及规章是收税制度的主体。

税收制度的构成要素包括：

1. 纳税人

纳税人即纳税义务人，是国家行使课税权所指向的单位和个人，即税法规定的直接负有纳税义务的单位和个人。

纳税人不同于负税人，纳税人是直接向国家交纳税款的单位和个人；负税人是实际负担税款的单位和个人。

2. 课税对象

课税对象又称为征税对象，是税法规定的课税目的物，即国家对什么事物征税。

课税对象决定税收的课税范围，是区别征税与不征税的主要界限，也是区别不同税种的主要标志。

3. 计税依据

计税依据也称为课税依据、课税基数，是计算应纳税额的根据。

计税依据按照计量单位的不同，可分为从价计征和从量计征两种。市场经济条件下，除一些特殊性质税种外，绝大多数的税种都采取从价计征。

4. 税率或税额标准

税率是据以计算应纳税额的比率，即对课税对象的征收比例。税率是税收制度的中心环节，直接关系到国家财政收入和纳税人的负担。

按税率和税基的关系划分，税率主要可分为比例税率、定额税率和累进税率 3 类。

（1）比例税率，是指对同一课税对象，不论其数额大小，统一按一个比例征税，同一课税对象的不同纳税人税负相同。

（2）定额税率，又称为固定税率，是按单位征税对象直接规定应纳税额的一种税率形式。定额税率分为地区差别定额税率、分类分级定额税率、幅度定额税率和地区差别、分类分级和幅度相结合的定额税率四种。

（3）累进税率，是指随着征税对象的数额由低到高逐级增加，所适用的税率也随之逐级提高的税率。即按照征税对象数额的大小,划分为若干等级,由低到高规定相应的税率,征税对象数额越大,适用的税率越高。累进税率分为全额累进税率、超额累进税率、全率累进税率和超率累进税率 4 种。

5. 附加、加成和减免

纳税人负担的轻重,主要通过税率的高低来调节。但是,也可以通过附加、加成和减免的措施来调节。

附加和加成是加重纳税人负担的措施。附加是地方附加的简称,是指地方政府在正税之外附加征收的一部分税款。通常将按国家税法规定的税率征收的税款称为正税,将正税以外征收的附加称为副税。加成是加成征收的简称,加一成等于加正税的 10%,加二成等于加正税的 20%,依此类推。加成与附加不同,加成只对特定的纳税人加征,附加对所有纳税人加征。加成一般是在收益课税中采用,以便有效地调节某些纳税人的收入,附加则不一定。

减税、免税,以及规定起征点和免征额是减轻纳税人负担的措施。减税就是减征部分税款,免税就是免交全部税款。减免税是国家根据一定时期政治、经济、社会政策的要求,对某些特定的生产经营活动或某些特定的纳税人给予的优惠。

6. 违章处理

违章处理,是指对纳税人违反税法行为的处置。

纳税人的违章行为通常包括偷税、抗税、漏税、欠税等不同情况。偷税是指纳税人有意识地采取非法手段不交或少交税款的违法行为。抗税是指纳税人对抗国家税法拒绝纳税的违法行为。漏税是指纳税人并非故意未缴或少缴税款的行为。欠税即拖欠税款,是指纳税人不按规定期限交纳税款的违章行为。偷税和抗税属于违法犯罪行为;漏税和欠税属一般违章行为,不构成犯罪。

对纳税人的违章行为,可以根据情节轻重,分别采取批评教育、强行扣款、加收滞纳金、罚款、追究刑事责任等方式进行处理。

三、税收的征管

为了加强税收征收管理,规范税收征收和缴纳行为,保障国家税收收入,保护纳税人的合法权益,促进经济和社会发展,第九届全国人民代表大会常务委员会第二十一次会议于 1992 年 9 月 4 日通过《中华人民共和国税收征收管理法》(以下简称为《税收征管法》),并于 1993 年 1 月 1 日起施行。现行版本为 2015 年 4 月 24 日第十二届全国人民代表大会常务委员会第十四次会议修正。

中华人民共和国
税收征收管理法

根据《税收征管法》的规定,税收的开征、停征以及减税、免税、退税、补税,依照法律的规定执行;法律授权国务院规定的,依照国务院制定的行政法规的规定执行。任何机关、单位和个人不得违反法律、行政法规的规定,擅自作出税收开征、停征以及减税、免税、退税、补税和其他同税收法律、行政法规相抵触的决定。

法律、行政法规规定的纳税人和扣缴义务人必须依照法律、行政法规的规定缴纳税款、代扣代缴、代收代缴税款。

纳税人、扣缴义务人有权要求税务机关为纳税人、扣缴义务人的情况保密。税务机关应当依法为纳税人、扣缴义务人的情况保密。

纳税人依法享有申请减税、免税、退税的权利。纳税人、扣缴义务人对税务机关所作出的决定，享有陈述权、申辩权；依法享有申请行政复议、提起行政诉讼、请求国家赔偿等权利，同时，还依法享有控告和检举税务机关、税务人员违法违纪行为的权利。

四、现行房地产税收

我国现行房地产税收有增值税房产税、城镇土地使用税、耕地占用税、土地增值税、契税。其他与房地产紧密相关的税种主要有固定资产投资方向调节税、城市维护建设税、企业所得税、个人所得税、印花税等。

按照课税对象性质的不同，可将上述税种分为流转税、收益税、财产税、资源税和行为目的税五大类。

税收典故——车船税

最早对私人拥有的车辆和舟船征税是在汉代初年。武帝元光六年（公元前129年），汉朝就颁布了征收车船税的规定，当时叫"算商车"，"算"为征税基本单位，一算为120钱，这时的征收对象还只局限于载货的商船和商车。元狩四年（公元前119年），开始把非商业性的车船也列入征税范围。法令规定，非商业用车每辆征税一算，商业用车征税加倍；舟船五丈以上征税一算，"三老"（掌管教化的乡官）和"骑士"（由各郡训练的骑兵）免征车船税。同时规定，对隐瞒不报或呈报不实的人给予处罚，对告发的人进行奖励。元封元年（公元前110年），车船税停止征收。

单元2 房地产企业税收

一、房地产开发企业税费及会计处理

2016年3月24日，财政部、国家税务总局向社会公布了《关于全面推开营业税改征增值税试点的通知》（财税〔2016〕36号）。

营业税改征增值税后，房地产开发企业涉及的税种主要有增值税、房产税、土地增值税、契税、城镇土地使用税、企业所得税、印花税、城市维护建设税、教育费附加、地方教育附加等。其中，增值税、土地增值税、企业所得税是房企的三大税种，房地产开发企业的收费项目有几十种。

增值税税率为11%，单从税率方面看，较营业税改征增值税前有所提高，但是由于增值税存在抵扣链条，只对增值额征税，而营业税是对全部营业额征税，所以从理论上讲，最终会降低整体税负。不过，如果房地产开发企业无法取得足够的增值税专用发票，则可能会导致企业整体的税负增加。因此，能否取得增值税专用发票及今后的土地出让金能否

纳入增值税抵扣范围将是企业税负增减的重要因素。

1. 各开发环节的税费

（1）取得土地环节。开发商品房等经营性用地，以招、拍、挂方式取得土地，主要涉及契税和印花税。其中：

$$契税应纳税额＝土地成交价格\times 适用税率(3\%\sim 5\%)$$
$$印花税应纳税额＝应纳税凭证记载的金额\times 适用税率$$
$$印花税税额＝土地使用权出让合同金额\times 5\%$$

（2）建设开发环节、取得建设用地规划许可证、建设工程规划许可证、施工许可证后进行施工，主要涉及土地使用税和印花税。其中：

$$土地使用税应纳税额＝土地实际占用面积\times 适用税额$$

注：有的地方规定，取得预售证后不再缴纳土地使用税，将商品房转为自用或出租的除外，开发企业应注意当地规定。

$$印花税税额＝建设工程勘察设计合同金额\times 0.5\%＋建筑安装工程承包合同金额\times 0.3\%＋借款合同金额\times 0.05\%$$

（3）销售环节、取得预售证后进行预售，需预缴增值税、土地增值税和企业所得税。其中：

1）增值税分别要在预征和实际开发票清算两个环节缴纳。

注：《建筑工程施工许可证》注明的合同开工日期在2016年4月30日前的房地产项目或建筑工程承包合同注明的开工日期在2016年4月30日前的建筑工程项目，适用简易计税。

2）城市维护建设税、教育费附加、地方教育附加。预征及清算时实际缴纳的增值税额作为计税依据，乘以适用税率计缴城建税(7%、5%或1%)。

3）土地增值税(预缴)、预缴税额＝(预收款－预缴增值税税款)×预征率。预征率：住宅为2%，非住宅一般为3%或者4%。

4）印花税、印花税税额＝商品房销售合同金额×5%。

5）企业所得税、销售未完工开发产品取得的收入，先按预计计税毛利率(一般为15%)计算出预计毛利额，计入当期应纳税所得额。

2. 税收计算和缴纳

待开发产品完工后，及时结算此前销售的实际毛利额，将其与预计毛利额之间的差额合并计入当年度应纳税所得额。

房产税全年税额分两次缴纳，纳税期限为4月1日至4月15日和10月1日至10月15日。另外，在纳税人自愿的原则下，经申请，纳税人可在每年4月份的征期中一次征收其全年应纳税款。

土地增值税清算环节：

项目全部竣工并完成销售，或满足其他清算条件，应进行土地增值税清算。

$$应纳税额＝增值额\times 适用税率－扣除项目金额\times 速算扣除系数－预缴税额$$

增值税简易计税：

$$清算收入＝含税销售收入/(1＋5\%)$$

增值税一般计税：

$$清算收入＝(含税销售收入＋允许扣除的土地价款\times 11\%)/(1＋11\%)$$

$$增值额=清算收入-(土地出让金及契税+房地产开发成本)\times 120\%-$$
$$房地产开发费用-印花税-城市维护建设税及教育费附加$$

(1)开发费用中的利息支出,能按项目计算分摊并提供金融机构证明的,可据实扣除,但不能超过按银行同类同期贷款利率计算的金额,其他开发费用按土地出让金及契税与开发成本之和的5%以内扣除。

(2)不能提供证明的,开发费用按土地出让金及契税与开发成本之和的10%以内扣除。

3. 企业相关会计处理

营业税改征增值税后,假设企业销售商品房取得销售收入1 000万元,房地产开发企业增值税税率为11%,城市维护建设税税率为7%,教育费附加的税率为3%,地方教育附加的税率为2%。则企业相关的会计处理如下:

借:银行存款	1 000
贷:主营业务收入	900.90
应交税费——应交增值税(销项税额)	99.10

不考虑当月增值税进项税额的情况下:

借:营业税金及附加	11.89
贷:应交税费——应交城市维护建设税	6.94
应交税费——应交教育费附加	2.97
应交税费——应交地方教育附加	1.98

二、不动产经营企业纳税

1. 增值税

企业出租房屋取得的收入按"现代服务—租赁服务"缴纳增值税。一般纳税人适用税率为11%。小规模纳税人按5%征收率计算缴纳增值税。

一般纳税人出租其2016年4月30日前取得的不动产,可以选择适用简易计税方法,按照5%的征收率计算应纳税额。纳税人出租其2016年4月30日前取得的与机构所在地不在同一县(市)的不动产,应按照上述计税方法在不动产所在地预缴税款后,向机构所在地主管税务机关进行纳税申报。

一般纳税人出租其2016年5月1日后取得的、与机构所在地不在同一县(市)的不动产,应按照3%的预征率在不动产所在地预缴税款后,向机构所在地主管税务机关进行纳税申报。

小规模纳税人出租其取得的不动产(不含个人出租住房),应按照5%的征收率计算应纳税额。纳税人出租与机构所在地不在同一县(市)的不动产,应按照上述计税方法在不动产所在地预缴税款后,向机构所在地主管税务机关进行纳税申报。

2018年12月31日前,公共租赁住房经营管理单位出租公共租赁住房,免征增值税。军队空余房产租赁收入,免征增值税。

2. 房产税

企业出租房屋,以房产租金收入为房产税的计税依据,税率为12%。

无租使用其他单位房产的应税单位和个人,依照房产余值代缴纳房产税。

对企事业单位、社会团体及其他组织按市场价格向个人出租用于居住的住房,减按4%

的税率征收房产税。

对按政府规定价格出租的公有住房和廉租住房,包括企业和自收自支事业单位向职工出租的单位自有住房;房管部门向居民出租的公有住房;落实私房政策中带户发还产权并以政府规定租金标准向居民出租的私有住房等,暂免征收房产税。

2016年1月1日至2018年12月31日,对公共租赁住房免征房产税。

根据《财政部 国家税务总局关于安置残疾人就业单位城镇土地使用税等政策的通知》(财税〔2010〕121号)文件规定,对出租房产,租赁双方签订的租赁合同约定有免收租金期限的,免收租金期间由产权所有人按照房产原值缴纳房产税。

3. 印花税

企业出租房屋签订的租赁合同属于财产租赁合同,需按规定缴纳印花税,税率为0.1‰。税额不足1元,按1元贴花。

4. 关于企业所得税

企业出租房屋取得的收入需按规定计算缴纳企业所得税。

租金收入,按照合同约定的承租人应付租金的日期确认收入的实现。如果交易合同或协议中规定租赁期限跨年度,且租金提前一次性支付的,根据《企业所得税法实施条例》第九条规定的收入与费用配比原则,出租人可对上述已确认的收入,在租赁期内,分期均匀计入相关年度收入。

5. 相关税收优惠政策

根据《财政部、国家税务总局关于公共租赁住房税收优惠政策的通知》(财税〔2015〕139号)精神,自2016年1月1日至2018年12月31日,对下列情况给予税收优惠:

(1)对公共租赁住房建设期间用地及公共租赁住房建成后占地免征城镇土地使用税,在其他住房项目中配套建设公共租赁住房,依据政府部门出具的相关材料,按公共租赁住房建筑面积占总建筑面积的比例免征建设、管理公共租赁住房涉及的城镇土地使用税。

(2)对公共租赁住房经营管理单位免征建设、管理公共租赁住房涉及的印花税。在其他住房项目中配套建设公共租赁住房,依据政府部门出具的相关材料,按公共租赁住房建筑面积占总建筑面积的比例免征建设、管理公共租赁住房涉及的印花税。

单元3 房地产相关税费征收

一、房产税

房产税是以房屋为征税对象按房屋的计税余值或租金收入为计税依据,向产权所有人征收的一种财产税。

1. 纳税人

房产税的纳税人是指中国境内拥有房屋产权的单位和个人。

(1)产权属于全民所有的,以经营管理的单位为纳税人;

(2)产权出典的,以承典人为纳税人;

(3)产权所有人、承典人均不在房产所在地的,或者产权未确定及租典纠纷未解决的,以房产代管人或者使用人为纳税人。

2. 课税对象

房产税的课税对象是房产。

房产税在城市、县城、建制镇和工矿区征收。

3. 计税依据

房产税的计税依据根据房产是否出租分为非出租的房产和出租的房产两种。

(1)非出租的房产。以房产原值一次减除10%~30%后的余值为计税依据。具体减除幅度由省、自治区、直辖市人民政府规定。没有房产原值作为依据的,由房产所在地税务机关参考同类房产核定。

对依照房产原值计税的房产,无论是否记载在会计账簿固定资产科目中,均应按照房屋原价计算缴纳房产税。房屋原价应根据国家有关会计制度规定进行核算。对纳税人未按国家会计制度规定核算并记载的,应按规定予以调整或重新评估。

(2)出租的房产。以房产租金收入为计税依据。租金收入是房屋所有权人出租房产使用权所得的报酬,包括货币收入和实物收入。对以劳务或其他形式为报酬抵付房租收入的,应根据当地房产的租金水平,确定一个标准租金额按租计征。

4. 税率

房产税采用比例税率。依照房产余值计算缴纳的,税率为1.2%;依照房产租金收入计算缴纳的,税率为12%。

5. 纳税地点和纳税期限

房产税在房产所在地缴纳。房产不在同一地方的纳税人,应分别向房产所在地的税务机关纳税。

房产税按年计征,分期缴纳。具体纳税期限由各省、自治区、直辖市人民政府规定。

6. 免税

下列房产免征房产税:

(1)国家机关、人民团体、军队自的房产。但是,上述单位的出租房产及非自身业务使用的生产、经营用房,不属于免税范围。

(2)由国家财政部门拨付事业经费的单位自用的房产。

(3)宗教寺庙、公园、名胜古迹自用的房产。但是,上述房产附设的营业用房及出租的房产,不属于免税范围。

(4)个人所有非营业用的房产。房地产开发企业开发的商品房在出售前,对房地产开发企业而言是一种产品,因此,对房地产开发企业建造的商品房,在售出前,不征收房产税;但对售出前房地产开发企业已使用或出租、出借的商品房应按规定征收房产税。

2011年1月28日,以重庆、上海为试点,房产税开始向个人住房征收。上海市规定房地产税按人均60 m²起征,暂按应税住房市场交易价格的70%计算缴纳,适用税率暂定为0.6%,应税住房每平方米市场交易价格低于本市上年度新建商品住房平均销售价格2倍(含2倍)的,税率暂减为0.4%,另外,还规定了几种退还、免征房产税的情况。重庆市规定对在重庆主城9区内个人拥有的独栋别墅,新购高档商品房,在重庆市同时无户籍、无企业、无工作的个人新购的第二套(含第二套)以上的普通住房,将分别征收房产税,其税率为0.5%~1.2%。

7. 具备房屋功能的地下建筑的房产税政策

凡在房产税征收范围内的具备房屋功能的地下建筑，包括与地上房屋相连的地下建筑及完全建在地面以下的建筑、地下人防设施等，均应当依照有关规定征收房产税。上述具备房屋功能的地下建筑，是指有屋面和围护结构，能够遮风避雨，可供人们在其中生产、经营、工作、学习、娱乐、居住或储藏物资的场所。

二、城镇土地使用税

城镇土地使用税是指以城镇为课税对象，向拥有土地使用权的单位和个人征收的一种税。

1. 纳税人

城镇土地使用税的纳税人是指拥有土地使用权的单位和个人。拥有土地使用权的纳税人不在土地所在地的，由代管人或实际使用人缴纳；土地使用权未确定或权属纠纷未解决的，由实际使用人纳税；土地使用权共有的，由共有各方划分使用比例分别纳税。

2. 课税对象

城镇土地使用税的课税对象，是指城市、县城、建制镇和工矿区内的土地。

3. 计税依据

城镇土地使用税的计税依据，是指纳税人实际占用的土地面积。

纳税人实际占用的土地面积，是指由省、自治区、直辖市人民政府确定的单位组织测定的土地面积。

4. 适用税额

城镇土地使用税采用分类分级的幅度定额税率。每平方米年幅度税额按照城市规模分为大城市1.5~30元；中等城市1.2~24元；小城市0.9~18元；县城、建制镇、工矿区0.6~12元4个档次。

省、自治区、直辖市人民政府，应当在相应的适用税额幅度内，根据市政建设状况、经济繁荣程度等条件，确定所辖地区的适用税额幅度。

市、县人民政府应当根据实际情况，将本地区土地划分为若干等级，在省、自治区、直辖市人民政府确定的税额幅度内，制定相应的适用税额标准，报省、自治区、直辖市人民政府批准执行。

经省、自治区、直辖市人民政府批准，经济落后地区土地使用税的适用税额标准可以适当降低，但降低额不得超过相应档次最低税额的30%。经济发达地区土地使用税的适用税额标准可以适当提高，但须报经财政部批准。

5. 纳税地点和纳税期限

城镇土地使用税由土地所在的税务机关征收。土地管理机关应当向土地所在地的税务机关提供土地使用权属资料。纳税人使用的土地不属于同一省（自治区、直辖市）管辖范围的，应由纳税人分别向土地所在地的税务机关缴纳；在同一省（自治区、直辖市）管辖范围内，纳税人跨地区使用的土地，其纳税地点由省、自治区、直辖市税务机关确定。

城镇土地使用税按年计算，分期缴纳。各省、自治区、直辖市可结合当地情况，分别确定按月、季或半年等不同的期限缴纳。

6. 免税

(1)政策性免税。下列土地免缴土地使用税：

1)国家机关、人民团体、军队自用的土地；

2)由国家财政部门拨付事业经费的单位自用的土地；

3)宗教寺庙、公园、名胜古迹自用的土地；

4)市政街道、广场、绿化地带等公共用地；

5)直接用于农、林、牧、渔业的生产用地；

6)经批准开山填海整治的土地和改造的废弃土地，从使用的月份起免缴土地使用税5～10年；

7)由财政部另行规定免税的能源、交通、水利设施用地和其他用地。

(2)由地方确定的免税。下列几项用地是否免税，由省、自治区、直辖市税务机关确定：

1)个人所有的居住房屋及院落用地；

2)房产管理部门在房屋调整改革前经租的居民住房用地；

3)免税单位职工家属的宿舍用地；

4)民政部门举办的安置残疾人占一定比例的福利工厂用地；

5)集体和个人举办的学校、医院、托儿所、幼儿园用地。

三、耕地占用税

耕地占用税是指对占用耕地建房或从事其他非农业建设的单位和个人征收的一种税。

1. 纳税人

耕地占用税的纳税人，是占用耕地建房或从事其他非农业建设的单位和个人。

耕地是指用于种植农作物的土地；单位包括国有企业、集体企业、私营企业、股份制企业、外商投资企业、外国企业以及其他企业和事业单位、社会团体、国家机关、军队以及其他单位；个人包括个体工商户以及其他个人。

对于农民家庭占用耕地建房的，家庭成员中除未成年人和没有行为能力的人外，都可为耕地占用税的纳税人。

2. 课税对象

耕地占用税的征税对象，是占用耕地从事其他非农业建设的行为。

占用林地、牧草地、农田水利用地、养殖水面及渔业水域滩涂等其他农用地，建房或者从事非农业建设的，征收耕地占用税；建设直接为农业生产服务的生产设施的，不征收耕地占用税。

3. 计税依据

耕地占用税以纳税人实际占用的耕地面积为计税依据，按照规定的适用税额一次性征收。

4. 适用税额

耕地占用税实行定额税率。以县、自治县、不设区的市、市辖区为单位，耕地占用税税率分为人均耕地在1亩以下(含1亩)的地区，10～50元/m²；人均耕地在1～2亩(含2亩)的地区，8～40元/m²；人均耕地在2～3亩(含3亩)的地区，6～30元/m²；人均耕地在

3亩以上的地区，5~25元/m² 4个档次。

5. 加成征税

(1)经济特区、经济技术开发区和经济发达、人均耕地特别少的地区，适用税额可以适当提高，但最高不得超过规定税额的50%；

(2)占用基本农田的，适用税额还应当在上述使用税额的基础上再提高50%。

6. 纳税地点和纳税期限

耕地占用税由税务机关负责征收。耕地占用税的纳税义务发生时间为纳税人收到自然资源主管部门办理占用耕地手续的书面通知的当日。纳税人应当自纳税义务发生之日起三十日内申报缴纳耕地占用税。自然资源主管部门凭耕地占用税完税凭证或者免税凭证和其他有关文件发放建设用地批准书。

7. 减税、免税

(1)减税范围。

1)铁路线路、公路线路、飞机场跑道、停机坪、港口、航道、水利工程占用耕地，减按每平方米2元的税额征收耕地占用税。

2)农村居民在规定用地标准以内占用耕地新建自用住宅，按照当地适用税额减半征收耕地占用税；其中农村居民经批准搬迁，新建自用住宅占用耕地不超过原宅基地面积的部分，免征耕地占用税。

(2)免税范围。

军事设施、学校、幼儿园、社会福利机构、医疗机构占用耕地，免征耕地占用税。

四、土地增值税

土地增值税是指房地产经营企业等单位和个人，有偿转让国有土地使用权及在房屋销售过程中获得的收入，扣除开发成本等支出后的增值部分，要按一定比例向国家缴纳的一种税费。

土地价格增值额是指转让房地产取得的收入减除规定的房地产开发成本、费用等支出后的余额。土地增值税只对"有偿转让"的房地产征税，对以继承、赠与等方式无偿转让的房地产，不予征税。当前中国的土地增值税实行四级超率累进税率，对土地增值率高的多征，增值率低的少征，无增值的不征，例如，增值额未超过扣除项目金额50%的部分，税率为30%，增值额超过200%的部分，则要按60%的税率进行征税。转让自用住房免税，个人转让普通住宅免税。个人因工作调动或改善居住条件而转让原自用住房，凡居住满5年及以上的，免征土地增值税；居住满3年未满5年的，减半征收土地增值税。

1. 纳税人

凡有偿转让国有土地使用权、地上建筑物及其他附着物(以下简称转让房地产)并取得收入的单位和个人为土地增值税的纳税人。

各类企业单位、事业单位、国家机关、社会团体和其他组织，以及个体经营者、外商投资企业、外国企业及外国驻华机构，以及外国公民、华侨、港澳同胞等均在土地增值税的纳税义务人范围内。

转让是指以出售或者其他方式有偿转让房地产的行为，不包括以继承、赠与方式无偿转让房地产的行为;收入包括转让房地产的全部价款及有关的经济收益;单位是指各类企业单位、事业单位、国家机关和社会团体及其他组织;个人包括个体经营者。

2. 课税对象

土地增值税的课税对象是有偿转让房地产所取得的土地增值额。

土地增值额为纳税人转让房地产所取得的收入减除规定扣除项目金额后的余额。纳税人转让房地产所取得的收入,包括货币收入、实物收入和其他收入。

3. 税率和应纳税额的计算

土地增值税实行四级超额累进税率:

(1)增值额未超过扣除项目金额50%的部分,税率为30%。

$$土地增值税税额=土地增值额×30\%$$

(2)增值额超过扣除项目金额50%,未超过100%的部分,税率为40%。

$$土地增值税税额=土地增值额×30\%-扣除项目金额×5\%$$

(3)增值额超过扣除项目金额100%,未超过200%的部分,税率为50%。

$$土地增值税税额=土地增值额×50\%-扣除项目×15\%$$

(4)增值额超过扣除项目金额200%以上部分,税率为60%。

$$土地增值税税额=土地增值额×60\%-扣除项目×35\%$$

每级"增值额未超过扣除项目金额"的比例均包括本比例数。

4. 扣除项目

土地增值税的扣除项目为:

(1)取得土地使用权时所支付的金额。

(2)土地开发成本、费用。

(3)建房及配套设施的成本、费用,或者旧房及建筑物的评估价格。

(4)与转让房地产有关的税金。

(5)财政部规定的其他扣除项目。

上述扣除项目的具体内容为:

(1)取得土地使用权所支付的金额,是指纳税人为取得土地使用权所支付的地价款和按国家统一规定交纳的有关费用。凡通过行政划拨方式无偿取得土地使用权的企业和单位,则以转让土地使用权时按规定补交的出让金及有关费用,作为取得土地使用权所支付的金额。

(2)开发土地和新建房及配套设施(以下简称房地产开发)的成本,是指纳税人在房地产开发项目实际发生的成本(以下简称房地产开发成本)。包括土地征用及拆迁补偿费、前期工程费、建筑安装工程费、基础设施费、公共配套设施费、开发间接费。

(3)开发土地和新建房及配套设施的费用(以下简称房地产开发费用),是指与房地产开发项目有关的销售费用、管理费用和财务费用。其他房地产开发费用,按取得土地使用权所支付的金额和房地产开发成本两项规定计算的金额之和的5%以内计算扣除。凡不能按转让房地产项目计算分摊利息支出或不能提供金融机构证明的,房地产开发费用按取得土地使用权所付的金额与开发土地和新建房及配套设施的成本两项规定计算的金额的10%以内计算扣除。

(4)旧房及建筑物的评估价格,是指在转让已使用的房屋及建筑物时,由政府批准设立的房地产估价机构评定的重置成本价乘以成新度折扣率后的价格。评估价格须经当地税务机关确认。

(5)与转让房地产有关的税金,是指在转让房地产时已缴纳的增值税、城市维护建设税、印花税。因转让房地产交纳的教育费附加也可视同税金予以扣除。

(6)对从事房地产开发的纳税人,可按取得土地使用权所支付的金额和房地产开发成本两项规定计算的金额之和,加计20%的扣除。

另外,对纳税人成片受让土地使用权后,分期分批开发、分块转让的,其扣除项目金额的确定,可按转让土地使用权的面积占总面积的比例计算分摊;或按建筑面积计算分摊。也可按税务机关确认的其他方式计算分摊。

纳税人有下列情形之一者,按照房地产评估价格计算征收土地增值税:
(1)隐瞒、虚报房地产价格的。
(2)提供扣除项目金额不实的。
(3)转让房地产的成交价格低于房地产评估价,又无正当理由的。

5. 减税、免税

下列情况免征土地增值税:
(1)纳税人建造普通标准住宅出售,其土地增值额未超过扣除金额20%的。
(2)因国家建设需要而被政府依法征用、收回的房地产。

纳税人建造普通标准住宅出售,增值额未超过扣除项目金额之和20%的,免征土地增值税;增值额超过扣除项目之和20%的,应就其全部增值额按规定计税。因城市实施规划、国家建设的需要而搬迁,由纳税人自行转让原房地产的,免征土地增值税。

符合上述免税规定的单位和个人,须向房地产所在地税务机关提出免税申请,经审核后免征。

五、契税

契税是指在土地、房屋权属发生转移时,对产权承受人征收的一种税。

1. 纳税人

在中华人民共和国境内转移土地、房屋权属,承受的单位和个人为契税的纳税人。
(1)转移土地、房屋权属是指下列行为:
1)国有土地使用权出让;
2)土地使用权转让,包括出售、赠与和交换,不包括农村集体土地承包经营权的转移;
3)房屋买卖;
4)房屋赠与;
5)房屋交换。
(2)下列方式视同为转移土地、房屋权属,予以征税:
1)以土地、房屋权属作价投资、入股;
2)以土地、房屋权属抵债;
3)以获奖方式承受土地、房屋权属;
4)以预购方式或者预付集资建房款方式承受土地、房屋权属。

2. 课税对象

契税的征税对象是发生产权转移变动的土地、房屋。

3. 税率

契税的税率为3‰~5‰，各地适用税率，由省、自治区、直辖市人民政府按照本地区的实际情况，在规定的幅度内确定，并报财政部和国家税务总局备案。

4. 纳税地点和纳税期限

契税的纳税环节是在纳税义务发生以后，办理契证或房屋产权证之前。契税征收机关为土地、房屋所在地的财政机关或者地方税务机关。具体征收机关由省、自治区、直辖市人民政府确定。

契税由承受人自转移合同签订之日起10日内后办理纳税申报手续，并在征收机关核定的期限内缴纳税款。

5. 减税、免税

有下列行为之一的，减征或者免征契税：

(1)国家机关、事业单位、社会团体、军事单位承受土地、房屋用于办公、教学、医疗、科研和军事设施的，免征。

(2)城镇职工按规定第一次购买公有住房的，免征。

(3)因不可抗力灭失住房而重新购买住房的，酌情准予减征或者免征。

(4)土地、房屋被县级以上人民政府征用、占用后，重新承受土地、房屋权属的，由省、自治区、直辖市人民政府决定是否减征或者免征。

(5)纳税人承受荒山、荒沟、荒滩、荒丘土地使用权，用于农、林、牧、渔业生产的，免征。

(6)依照我国有关法律规定以及我国缔结或参加的双边和多边条约或协定的规定应当予以免税的外国驻华大使馆、领事馆、联合国驻华机构及其外交代表、领事官员和其他外交人员承受土地、房屋权属的，经外交部确认，可以免征。

房产税改革

房产税改革是国务院同意发展改革委《关于2010年深化经济体制改革重点工作的意见》（以下简称《意见》）指出的一项关于房地产政策，出台资源税改革方案，逐步推进房产税改革。国际国内经济深度调整和深刻变化，迫切要求加大改革力度，进一步破除制约经济结构调整和经济发展方式转变的体制机制障碍，切实推动科学发展。《意见》指出，深化财税体制改革。

（一）出台资源税改革方案，统一内外资企业和个人城建税、教育费附加制度，逐步推进房产税改革，研究实施个人所得税制度改革，完善消费税制度，研究开征环境税的方案。

（二）全面编制中央和地方政府性基金预算，试编社会保险基金预算，完善国有资本经营预算，加快形成覆盖政府所有收支、完整统一、有机衔接的公共预算体系。推进预算公开透明，健全监督机制。研究建立地方政府财政风险防控机制。

（三）建立行政事业单位国有资产统计报告和收入管理制度。完善中央企业国有资本经营收益上缴和使用管理制度。

《意见》还要求，由国家发改委牵头，出台关于促进房地产市场长远健康发展的"综合性政策"。

模块小结

税收是国家参与社会剩余产品分配的一种规范形式，其本质是国家为满足社会公共需要，凭借公共权力，按照法律规定程序和标准参与国民收入分配，强制取得财政收入所形成的一种特殊分配关系，与其他分配方式相比，具有强制性、无偿性和固定性3种特征。我国现行房地产税收有增值税、房产税、城镇土地使用税、耕地占用税、土地增值税、契税。其他与房地产紧密相关的税种主要城市维护建设税、企业所得税、个人所得税、印花税等。

思 考 题

一、填空题

1. 税收是国家参与_____分配的一种规范形式。
2. 税收制度是_____总称。
3. _____是国家行使课税权所指向的单位和个人。
4. 计税依据按照计量单位的不同，划分为_____和_____。
5. _____是据以计算应纳税额的比率，即对课税对象的征收比例。
6. 按税率和税基的关系划分，税率主要有_____、_____和_____ 3类。
7. 定额税率是_____的一种税率形式。
8. _____和_____是加重纳税人负担的措施。
9. 纳税人的违章行为通常包括_____等不同情况。
10. 房产税是以_____为征税对象。
11. 城镇土地使用税是指_____。
12. 耕地占用税是指_____。
13. 土地增值税的课税对象是_____。
14. 契税是指_____。

二、选择题

1. 税收的特征不包括（　　）。
   A. 强制性　　　　B. 随机性　　　　C. 无偿性　　　　D. 固定性
2. 纳税人负担的轻重，主要通过（　　）来调节。
   A. 国家的宏观调控　B. 法律规定　　　C. 收入的高低　　D. 税率的高低
3. 一般纳税人的增值税税率为（　　）%。

A. 7　　　　　　B. 9　　　　　　C. 11　　　　　　D. 13

4. 企业出租房屋,以房产租金收入为房产税的计税依据,税率为(　　)%。

A. 7　　　　　　B. 9　　　　　　C. 11　　　　　　D. 12

5. 占用基本农田的,适用税额还应当在上述使用税额的基础上再提高(　　)%。

A. 20　　　　　B. 30　　　　　C. 40　　　　　D. 50

6. 增值额超过扣除项目之和(　　)%的,应就其全部增值额按规定计税。

A. 20　　　　　B. 30　　　　　C. 40　　　　　D. 50

7. 契税的税率为(　　)。

A. 3%～10%　　B. 3%～5%　　C. 5%～10%　　D. 5%～15%

三、判断题

1. 房地产税收制度是调节房地产各经济主体经济利益关系的主要手段。（　　）
2. 每个公民、企业单位都有依法纳税的义务。（　　）
3. 纳税人是实际负担税款的单位和个人。（　　）
4. 负税人是直接向国家交纳税款的单位和个人。（　　）
5. 市场经济条件下,除一些特殊性质税种外,绝大多数的税种都采取从量计征。（　　）
6. 定额税率又称固定税率。（　　）
7. 纳税人依法享有申请减税、免税、退税的权利。（　　）
8. 房产税采用比例税率。（　　）
9. 土地增值税实行三级超额累进税率。（　　）
10. 契税的征税对象是发生产权转移变动的土地、房屋。（　　）

四、问答题

1. 什么是定额税率?什么是累进税率?
2. 房产税的纳税人是谁?
3. 房产税的计税依据是什么?
4. 哪些房产可以免征房产税?
5. 土地增值税的扣除项目包括哪些?

模块 10 物业管理制度与政策

知识目标

1. 了解物业管理的特征与原则，掌握物业管理的内容与环节；
2. 熟悉物业服务企业特征及其设立，掌握业主和业主自治组织的权利与义务；
3. 掌握业主的建筑物专有部分的所有权和共有部分的共有权；
4. 掌握物业服务合同和管理规约；
5. 了解物业服务收费特征及物业服务定价，熟悉物业服务收费原则，掌握物业服务收费形式及物业服务费用的缴纳；
6. 掌握住宅专项维修资金的使用范围、交存方式及其使用与管理。

能力目标

能够明确物业服务企业设立、物业合同、物业服务收费及住宅专项维修资金等管理制度与政策，掌握物业管理相关工作的内容。

单元 1 物业管理简介

物业管理既是房地产开发的延续和完善，又是集服务、管理、经营为一体的服务性行业。它的管理、经营是通过服务来体现的，因此，物业管理寓管理、经营于服务之中。与其他行业相比，物业管理在服务、管理的对象上和运作方式上都有其自身的特点。物业管理的目标是通过有效的服务与管理，为业主和使用人提供一个优美整洁、舒适方便、安全文明的工作或生活环境；通过有效的管理与经营，改善物业的内外环境，完善物业的使用功能，提升物业的使用价值和经济价值，促使物业保值增值；通过有效的服务、管理与经营，最终实现经济、社会与环境三个效益的统一和增长，从而提高城市的现代文明程度。

模块10　物业管理制度与政策

拓展阅读

物业管理的起源

近代意义的物业管理起源于19世纪60年代的英国。当时，正值资本主义上升时期，大量的农村人口涌入城市，成为产业工人的一部分，城市人口的增长引起了对房屋需求的增加。工业化发展的结果是增加了包括房地产交易在内的经济活动，带来了复杂多样的购买、销售、管理不动产的经济现象，物业出租活动发展迅速，所有权的概念得以确立。

为了满足在工业化进程中，不断增加的城市人口对住房的需要，一些房地产开发商建造了一批简易住宅以低廉价格租给工人居住，由于住宅条件简陋，设施不全，缺乏管理，导致房屋破损严重，居住环境日趋恶化，承租人拖欠租金，业主投资效益无法保障的种种问题。英国人奥克维娅·希尔（Octavia Hill）女士是公认的近代"物业管理"的创始人，她在1880年至1886年间为其名下出租的物业制定了一套规范租户行为的管理办法，出乎意料地收到了良好效果。当地业主纷纷仿效，也得到了英国政府的肯定和支持，成立了世界上第一个非营利性的物业管理行业组织——皇家特许屋宇经理学会。以英国为起源地，物业管理在西方国家逐渐推行开来。

19世纪末20世纪初，美国经济得到迅速发展。伴随着建筑技术的日益进步，大量高层楼宇拔地而起，日常维修养护与管理事务烦琐、复杂，对管理人员专业性和技术水平提出更高要求。物业管理机构日益增加，20世纪初，美国成立了第一个行业协会——芝加哥建筑管理人协会，行业自治组织的成立，既标志着物业管理行业的成熟，又有力地推动了物业管理行业的有序发展。

一、物业包含的内容

物业一般是指具体的房屋建筑及相关的设施、设备、场地。如住宅、工业厂房、商业用房等建筑物及其附属的设施、设备和相关场地。

从物业的概念中可以看出，一个完整的物业应至少包括以下几个部分：

（1）建筑物。即已建成并投入使用的各类房屋及相关建筑，包括房屋建筑、构筑物等。

（2）设施。即主要与建筑物配套的公共使用的上下水管、供配电、消防、通信网络及室外公建设施（如幼儿园、医院、运动场馆）等。

（3）设备。即主要与建筑物相配套的专用机械、电气等，如电梯、空调、备用电源等。

（4）场地。即建筑物规划范围以内的所有土地，包括建筑地块、建筑物周围空地、绿地以及物业范围内的非主干交通道路等。

物业可大可小，可以是群体建筑物，如住宅小区；也可以是单体建筑物，如高层住宅、写字楼等。物业还可以分割，如大物业可以划分为小物业，住宅小区物业可以划分为几个小的单体住宅楼等。

根据使用功能的不同，物业可分为居住物业、商业物业、工业物业和其他用途物业4类。不同使用功能的物业，其管理有着不同的内容和要求。

二、物业管理的含义与特性

1. 物业管理的含义

物业管理是指业主通过选聘物业服务企业，由业主和物业服务企业按照物业服务合同约定，对房屋及配套的设施设备和相关场地进行维修、养护、管理，维护相关区域内的环境卫生和秩序的活动。

根据物业管理含义可以这样理解：

(1)物业管理中主要的主体是业主(即物业服务需求主体)和物业服务企业(即物业服务供给主体)；

(2)物业管理的对象是完整的物业，即房屋及配套的设施设备和相关场地等；

(3)物业管理服务的对象是人，即业主或非业主使用人；

(4)物业管理"劳务"的投入，能提升物业这个特殊商品的使用功能，延长其使用年限，完善内外环境，使其保值增值；

(5)物业管理需要专业化的管理与服务，并采用现代化的管理手段；

(6)物业管理与现代社区建设密切关联，是创建和谐社区的重要载体。

2. 物业管理的特性

物业管理具有社会化、专业化、企业化、市场化的基本特性。

(1)社会化。物业管理的社会化的含义如下：

1)物业管理的社会化是指物业管理将分散的社会分工汇集起来统一管理，如房屋和设施设备维修、养护、管理，保洁、保安、绿化服务管理等；

2)物业管理的社会化是指面向社会的物业管理，房地产开发公司或业主应遵循市场经济客观规律，将开发或持有的物业推向社会，通过公开、公平、公正的市场竞争，将物业交给管理水平高、运作规范的专业服务企业来管理；

3)物业管理的社会化是指物业管理本身也应社会化，即物业服务企业可将一部分管理项目分离出去，使其成为社会分工中的一个专门行业，这有助于提高物业管理的水平和效率。

(2)专业化。物业管理的专业化是指物业服务企业通过合同或契约的签订，按照业主或使用人的意志和要求去实施专业化管理，它包括物业管理组织机构的专业化、管理人员的专业化、管理手段的专业化、管理技术和方法的专业化等。物业管理专业化是现代化大生产的社会化专业分工的必然结果。

(3)企业化。物业管理是一种企业化的经营管理行为。物业服务企业作为一个独立的法人，应按照《中华人民共和国公司法》的规定运行，必须依照物业管理市场的运行规则参与市场竞争，依靠自己的经营能力及优质的服务在物业管理市场上争取自己的位置和拓展业务，用管理与服务的业绩去赢得商业信誉。

(4)市场化。在市场经济条件下，物业管理的属性是经营，它所提供的商品是劳务和服务，其性质是有偿的、方式是等价的，即推行有偿服务，合理收费。业主通过市场化的招标投标方式选聘物业服务企业，物业服务企业向业主或使用人提供劳务和服务，业主或使用人购买并消费这种服务。这种通过市场竞争机制和商品经营的方式所实现的商业行为，就是市场化。双向选择和等价有偿是物业管理市场化的集中体现。

三、物业管理的原则

1. 以人为本、服务第一的原则

这一原则是物业管理的根本原则和首要原则。物业管理作为服务性行业,它的所有活动归根结底都是为了服务人。它要求物业服务企业和物业管理的从业人员,必须树立"以人为本、服务第一"的基本理念,通过提供全面、优质、高效的服务与管理,为业主或使用人营造良好的工作和生活环境。

2. 业主自治管理与专业服务管理相结合的原则

这一原则旨在规范业主与物业服务企业的关系,划清业主与物业服务企业的地位、职责、权利和义务。其主要体现在以下几个方面:

(1)业主自治管理。它是指业主作为房屋所有权人在物业管理中处于主导地位,选聘物业服务企业实施管理只是业主管理的主要方式,业主还可以根据实际情况决定采取其他方式;业主的自治管理一般通过业主大会、业主委员会这种组织形式来实现的。当然,业主自治管理并不意味业主直接实施管理,目前主要还是通过物业服务合同的形式委托物业服务企业实施各项具体管理实务,体现业主自治管理的权利(决策、选聘、审议和监督权等)和义务(履行合同、规约和规章制度,协助和协调各方关系等)。

(2)专业服务管理。它是指物业管理主要由物业服务企业对物业实施管理和服务,专业管理主要体现在专门的组织机构、专业人员配备、专业工具设备、科学规范的管理措施和工作程序等几个方面。

3. 统一管理,综合服务的原则

这一原则体现物业管理的基本特性和要求,包括统一管理和综合服务两方面,并且将它们有机地结合在一起。统一管理实施的前提是"一个相对独立的物业区域,建立一个业主大会,委托一个物业服务企业管理"。这是由物业的房屋及设施设备相互连接、相互贯通的整体性和系统性以及房屋产权与业主意志的多元性所决定的。综合服务指的是物业服务企业一方面根据物业服务合同,为全体业主和使用人提供公共性的基本管理服务;另一方面,还要根据业主和使用人多元化、多层次的需求,通过服务项目和收费标准,由全体业主和使用人进行选择性购买或根据个别业主和使用人的委托向其提供特约服务,以满足其个性化的需求。

四、物业管理的内容

物业管理作为一个新兴行业,是生产特殊的"商品"——劳务和服务。其范围相当广泛,服务项目多层次、多元化,涉及的工作内容比较烦琐复杂。按服务的性质和提供的方式,可将物业管理的管理服务内容分为以下三个方面。

1. 常规性管理服务

常规性管理服务是指业主与物业服务企业通过物业服务合同约定的公共性服务,它主要直接针对物业和所有业主或使用人的各项管理与服务。一般包括以下两个方面:

(1)对房屋及配套的设施设备和相关场地进行维修、养护、管理;

(2)对相关区域内的环境卫生和秩序进行维护。具体包括以下内容:

1)房屋共用部位的维修、养护与管理；
2)房屋共用设施设备的维修、养护与管理；
3)物业管理区域内共用设施设备的维修、养护与管理；
4)物业管理区域内的环境卫生和绿化管理服务；
5)物业管理区域内公共秩序、消防、交通等协管事项服务；
6)物业装饰装修管理服务；
7)特约服务于延伸服务；
8)物业服务合同中约定的其他服务。

2. 针对性专项服务

针对性专项服务是物业服务企业为了方便业主和使用人的生活和工作，而提供的全方位、多层次的各项服务，主要涉及衣着方面、饮食方面、居住方面、旅行方面、娱乐康体方面、购物方面、家政方面、网络社区等方面。

3. 委托性特约服务

委托性特约服务是物业服务企业为满足部分业主和使用人的个别需求而接受其委托所提供的个性化的服务，它实际上是专项服务的补充和完善。

在实践中，以上三类业务项目具有相互促进、相互补充的内在有机联系。其中，第一类是基本的，也是物业管理的基础工作，一切物业服务企业首先应做好第一类的工作；第二、三类是物业管理业务的拓展，是服务广度的拓展和深度的延伸，可根据各个物业服务企业的实际情况、业主和使用人的实际需求或社区的统一布置来安排。

作为经营管理的物业服务企业，除较好地开展上述三大类的工作外，还必须包括客户管理、费用管理、项目谈判、企业内部管理等内容。另外，物业服务企业还要协助街道办事处、居委会(村委会)等进行社区精神文明建设等的一系列管理服务活动。

五、物业管理的主要环节

物业管理是一个复杂而完整的系统工程，从房地产项目的规划设计开始到物业管理工作的全面运作，物业管理工作一般可分为四个阶段，即物业管理的前期策划阶段、物业管理的前期准备阶段、物业管理的启动阶段、物业管理的日常运作阶段。每个阶段都有若干基本环节。

1. 物业管理的前期策划阶段

这一阶段的工作包括物业管理的早期介入、制定物业管理方案两个基本阶段。

(1)物业管理的早期介入。早期介入的主要内容，包括物业服务企业对早期介入的准备以及在项目可行性研究、规划设计、施工建设、营销策划、竣工验收等阶段的介入，即为建设单位提供有益的建设性意见。早期介入并不要求整个物业服务企业人员的全体介入，而只是物业服务企业或者物业管理处的负责人与技术人员的参与。

(2)制定物业管理方案。在早期介入的同时，应着手制定物业管理方案。由于这时物业服务企业还没有正式到位，物业管理方案的制定由房地产开发公司完成。在实际操作中，房地产开发公司往往聘请物业服务企业为其代做物业管理方案。物业管理方案的主要内容包括确定管理档次、确定服务标准、财务收支预算等。

2. 物业管理的前期准备阶段

物业管理的前期准备阶段具体包括物业管理的招标与投标、物业管理机构设置与人员安排及规章制度的制定等各个基本环节。

(1)物业管理的招标与投标。对于房地产开发公司来说，首先需要进行物业管理的招标，选聘合适的物业服务企业，然后才可能有具体的物业管理。而对物业服务企业来讲，则首先需要参加物业管理的投标，取得该项目的物业管理权后，才能做好物业管理的准备并在适当的时候开始具体的物业管理工作。一般物业管理的招标与投标需要做的基础工作，就是制定物业管理招标书或投标书及编制与确定物业管理方案。在这个前提下，进行招标或参与投标。

(2)物业管理机构设置与人员安排。就某一个物业项目而言，物业服务企业可能需要另行组建新的物业管理机构或物业管理处，通过这个机构来具体实施该项目的物业管理。当然，在对物业承接查验前，只需要组织管理层人员参与，临近物业正式承接时，再考虑安排作业层人员到位。如果是新招聘的人员，则需要对其进行培训，对其考核后才能上岗工作。

(3)规章制度的制定。规章制度是物业服务企业进行物业管理的依据，也是物业管理能否顺利进行的保证。规章制度一般包括内部管理制度和外部管理制度两个方面。在内部管理制度中，最基本的制度就是员工管理办法。该办法主要包括劳动用工制度、员工行为规范、员工福利制度、员工奖惩制度及岗位责任制等内容。外部管理制度是针对物业服务企业内部管理制度来说的，其主要内容有管理规约、住户手册、各项守则与管理规定等。

3. 物业管理的启动阶段

物业管理的全面启动以物业的承接查验为标志。从物业的承接查验开始到业主大会和业主委员会的成立，包括承接查验、入住管理、产权备案与档案资料的建立、业主大会的召开与业主委员会成立 4 个基本环节。

(1)承接查验。承接查验是直接关系到物业管理工作能否正常、顺利开展的重要环节。它包括新建物业和原有物业的承接查验。承接查验的完成，标志着物业管理工作全面开始，也标志着物业管理进入全面启动阶段。

(2)入住管理。入住是指建设单位将已经具备交付使用条件的物业交付给业主并办理相关手续，同时物业服务企业为业主办理物业服务手续的过程。对业主而言，入住的内容包括两个方面：一是物业验收和相关手续的办理；二是物业服务有关业务的办理。通常，入住需要做好下列工作：

1)通过宣传使业主或使用人了解和配合物业服务工作；

2)配合业主或使用人搬迁；

3)做好搬迁阶段的安全工作；

4)加强对装饰装修的管理。

(3)产权备案与档案资料的建立。产权备案是物业服务企业必须做且一定要做好的一项基础性工作。另外，产权备案也是建立业主或使用人档案的基础。物业服务企业还需要建立物业本身的资料，通过档案资料的建立，帮助物业服务企业顺利、有效地实施物业管理。

(4)业主大会的成立和业主委员会成立。当具备一定条件后，同一个物业管理区域内的业主，应当在物业所在地的区、县人民政府房地产行政主管部门或者街道办事处、乡镇人民政府的指导下成立业主大会，选举产生业主委员会。

4. 物业管理的日常运作阶段

物业管理的日常运作是物业管理最主要的工作内容，一般由日常的综合服务与管理、系统的协调两个基本环节构成。

（1）日常的综合服务与管理。日常的综合服务与管理是业主或使用人入住后，物业服务企业在实施物业管理中所做的各项工作。这是物业服务企业最经常、最持久、最基本的工作内容，也是其物业管理水平的集中体现。它涉及的方面很多，例如房屋修缮管理、物业设施设备管理、环境卫生管理服务、绿化管理服务、治安管理服务、消防管理服务、车辆道路管理服务及其他各项管理服务工作等。

（2）系统的协调。物业管理社会化、专业化、企业化、市场化的特征，决定了其具有特定的、复杂的系统内部和系统外部环境条件。系统内部环境条件主要是物业服务企业与业主、业主大会、业主委员会的相互关系的协调；系统外部环境条件主要是物业服务企业与相关部门相互关系的协调，例如，街道办事处、乡镇人民政府、自来水公司、供电部门、煤气公司、通信公司等单位；劳动、工商、物价、税务、环卫、园林、房管、城管办等有关政府主管部门；另外，还有居民委员会等，涉及面相当广泛。

单元2　物业管理主体

市场主体是指直接参与或直接影响市场交换的各类行为主体。物业管理的属性是经营，它所提供的商品是劳务和服务。对于物业管理市场主体而言，供给主体是物业服务企业，需求主体是业主和业主自治组织。

一、物业服务企业

1. 物业服务企业的概念和特征

物业服务企业是依法成立、具备资质等级并具有独立企业法人资格，从事物业管理服务相关活动的经济实体。其特征可以归纳为以下4个方面：

（1）物业服务企业依法设立。物业服务企业是严格遵循法定程序设立，并必须符合法定的条件，只有这样才能从事物业管理与服务。

（2）物业服务企业是独立的企业法人。物业服务企业是独立核算、自主经营、自负盈亏的经济实体。

（3）物业服务企业是服务性企业。物业服务企业的主要职能是通过对物业的管理和提供的综合服务，确保物业正常使用，为业主或物业使用人创造一个舒适、方便、安全的工作和居住环境。物业服务企业的"产品"就是劳务与服务，这种劳务与服务是有偿的和营利性的。

（4）物业服务企业具有一定的公共管理性质的职能。物业服务企业在向物业管理区域内业主和使用人提供管理服务的同时，还承担着该区域内公共秩序的维护、市政设施的配合管理、物业的装修管理等，其内容带有公共管理的性质。

物业服务企业按业务性质划分，一般可分为管理服务型物业服务企业、管理型物业服务企业、租赁经营型物业服务企业等。

2. 物业服务企业的设立

物业服务企业的设立程序分为工商注册登记和资质管理两个阶段。

（1）物业服务企业的工商注册登记。企业设立须向工商行政管理部门进行注册登记，在领取营业执照后，方可开业。物业服务企业在办理注册登记时，须提交下列相关资料：

1）企业名称的预先审核证明；

2）企业地址证明；

3）注册资本证明；

4）股东人数和法定代表人相关材料；

5）公司专业人员和管理人员名单；

6）公司章程；

7）其他应提交的审批文件或资料。

物业服务企业如果符合规定的条件，经过工商行政管理部门审核，领取了营业执照后，企业即告成立。物业服务企业在取得营业执照以后，还必须进行银行开户、公章刻制、法人代码登记和税务登记等程序后，方可进行企业的运作。

（2）物业服务企业资质管理。《物业管理企业资质管理办法》于2004年2月24日经建设部第29次常务会议讨论通过，自2004年5月1日起施行。2007年11月26日建设部令第164号《建设部关于修改〈物业管理企业资质管理办法〉的决定》进行了第一次修正，2015年5月4日住房和城乡建设部令第24号进行了第二次修正，共23条。

2017年，国务院发布《关于第三批取消中央指定地方实施行政许可事项的决定》，取消了物业服务企业二级及以下资质认定，全国各地停止审批物业服务企业二级及以下资质审批。2017年9月6日，国务院常务会议研究决定，在前期已取消物业服务企业二级及以下资质认定的基础上，再取消物业服务企业一级资质核定。具体要求为：住房与城乡建设部门不再受理物业服务企业资质核定申请和资质变更、更换、补证申请，不再将物业服务企业资质作为承接物业管理业务的条件。

二、业主和自治组织

业主是指房屋的所有权人，即房屋所有权人和土地使用权人。在物业管理活动中，业主是物业服务企业所提供的物业管理服务的对象。业主可以是个人，也可以是集体或者国家；业主还可以分为单个业主和全体业主。业主基于对房屋所有权的享有，从而享有对物业的相关共同事务进行管理的权利。这些权利有些由单个业主享有和行使，有些只能通过业主大会和业主委员会来实现。

1. 业主的权利

业主依法对物业自用部位享有占有、使用、经营、处置、修缮、改建等基本权利和依法使用共用设施及设备、共用部位和公共场所的权利。具体体现在下列两个方面：对物业专有部分享有的专有所有权；对物业共有部分享有的共有所有权。

业主参与物业管理时，要求物业服务企业依据物业服务合同提供相应的管理与服务，拥有对本物业重大管理决策的表决权和对物业服务企业提供物业管理服务的监督、建议、批评、咨询、投诉的权利。业主的权利是由法律和管理规约及物业服务合同来保障和维护的，是通过业主大会和业主委员会来实现的。根据《物业管理条例》的规定，业主在物业管理活动中，享有下列权利：

(1)按照物业服务合同的约定，接受物业服务企业提供的服务；

(2)提议召开业主大会会议，并就物业管理的有关事项提出建议；

(3)提出制定和修改管理规约、业主大会议事规则的建议；

(4)参加业主大会会议，行使投票权；

(5)选举业主委员会委员，并享有被选举权；

(6)监督业主委员会的工作；

(7)监督物业服务企业履行物业服务合同；

(8)对物业共用部位、共用设施设备和相关场地使用情况享有知情权和监督权；

(9)监督物业共用部位、共用设施设备专项维修资金的管理和使用；

(10)法律、法规规定的其他权利。

除上述权利外，业主还享有法律、法规规定的其他方面权利。如在物业受到侵害时，有请求停止侵害、排除妨碍、消除危险、赔偿损失的权利；有对物业维护、使用等方面的规章制度、各项报告、提案进行审议的权利；有为维护业主的合法权益进行投诉和控告的权利等。

2. 业主的义务

根据《物业管理条例》的规定，业主在物业管理活动中应履行下列义务。

(1)遵守管理规约、业主大会议事规则；

(2)遵守物业管理区域内物业共用部位和共用设施设备的使用、公共秩序和环境卫生的维护等方面的规章制度；

(3)执行业主大会的决定和业主大会授权业主委员会作出的决定；

(4)按照国家有关规定交纳专项维修资金；

(5)按时交纳物业服务费用；

(6)法律、法规规定的其他义务。

业主的义务，要求业主的各项行为必须合法，并且以不损害公众利益和他人利益为前提，即权利与义务是对等的。业主在享有权利的同时，必须承担相应的义务。

3. 非业主使用人的权利与义务

非业主使用人，即不拥有房屋所有权，是指通过租赁关系和借用关系而获得房屋使用权，并实际使用房屋的人。

非业主使用人对物业仅享有占有、使用或者一定条件下的收益权，而没有处分权。业主通过租赁合同或借用合同，把一部分权利或义务转让给了非业主使用人。非业主使用人在合同授权范围内，享有一定权利和履行一定义务，也是物业管理法律关系的主体之一，也是物业管理服务的对象。但是对于业主与非业主使用人的交费义务，在《物业管理条例》中可以这样规定：业主应当根据物业服务合同的约定交纳物业服务费用。业主与物业使用人约定由物业使用人交纳物业服务费用的，从其约定，业主负连带交纳责任。

4. 业主大会

业主大会由物业管理区域内的全体业主组成，代表和维护物业管理区域内全体业主在物业管理活动中的合法权利,履行相应的义务。

业主大会是以会议制形式对物业进行管理的群众性自治机构,是依法管理物业的权力机关。业主大会具有自治性、民主性、代表性和公益性等法律特征。

(1)业主大会的成立和首次业主大会。业主大会是在首次业主大会召开之日成立的。物业管理区域内,已交付的专有部分面积超过建筑物总面积50%时,建设单位应当按照物业所在地的区、县房地产行政主管部门或者街道办事处、乡镇人民政府的要求,及时报送筹备首次业主大会会议所需的文件资料。符合成立业主大会条件的,区、县房地产行政主管部门或者街道办事处、乡镇人民政府应当在收到业主提出筹备业主大会书面申请后60日内,负责组织、指导成立首次业主大会会议筹备组。如果物业管理区域内只有一个业主,或者业主人数较少且经全体业主同意,决定不成立业主大会的,由业主共同履行业主大会与业主委员会的职责。业主大会的成立一般须经过以下程序进行:

1)成立业主大会筹备组。首次业主大会筹备组由业主代表、建设单位代表、街道办事处、乡镇人民政府代表和居委会代表组成。筹备组成员人数应为单数,其中业主代表人数不低于筹备组总人数的一半,筹备组组长由街道办事处、乡镇人民政府代表担任。筹备组中业主代表的产生,由街道办事处、乡镇人民政府或者居委会组织业主推荐。

筹备组成立后,就首次业主大会召开,应当做好以下筹备工作:

①确认并公示业主身份、业主人数及所拥有的专有部分面积;

②确定首次业主大会会议召开的时间、地点、形式和内容;

③草拟管理规约、业主大会议事规则;

④依法确定首次业主大会会议表决规则;

⑤制定业主委员会委员候选人产生办法,确定业主委员会委员候选人名单;

⑥制定业主委员会选举办法;

⑦完成召开首次业主大会会议的其他准备工作。

筹备组在完成上述工作后,在首次业主大会召开15日前以书面形式在物业管理区域内公告上述内容。业主对公告内容有异议的,筹备组应当记录并作出答复。

2)召开首次业主大会。筹备组应当自组成之日起90日内完成筹备工作,组织召开首次业主大会会议。业主大会自首次业主大会会议表决通过管理规约、业主大会议事规则,并选举产生业主委员会之日起成立。在首次业主大会上,应听取前期物业管理单位的前期物业管理工作报告,物业服务企业还应当作物业承接验收情况的报告。

(2)业主大会的职责。业主大会的职责是法律确认的业主大会对其所辖职责范围内自治管理事务的支配权限。下列事项由业主共同决定:

1)制定和修改业主大会议事规则;

2)制定和修改管理规约;

3)选举业主委员会或者更换业主委员会委员;

4)制定物业服务内容、标准以及物业服务收费方案;

5)选聘和解聘物业服务企业;

6)筹集和使用专项维修资金;

7)改建、重建建筑物及其附属设施;

8)改变共有部分的用途;

9)利用共有部分进行经营以及所得收益的分配与使用；

10)法律法规或者管理规约确定应由业主共同决定的事项。

(3)业主大会会议。

1)业主大会的类型。业主大会分为定期会议和临时会议。业主大会定期会议又可以称为例会，是指按照业主大会议事规则的规定召开定期会议。业主大会每年至少召开一次。业主大会临时会议，业主委员会在一定条件下可以召开业主临时大会，以解决物业管理中的重大问题。法律规定，有以下情况之一的，业主委员会应当及时组织召开业主大会临时会议：

①20％以上业主提议的；

②发生重大事故或者紧急事件需要及时处理的；

③业主大会议事规则或者管理规约规定的其他情况。

2)业主大会召开形式。业主大会会议可以采用集体讨论的形式，也可以采用书面征求意见的形式，应有物业管理区域内专有部分占建筑面积过半数的业主且占总人数过半数的业主参加。

①集体讨论形式。集体讨论形式是用会议讨论的形式。这种形式的好处是，业主和业主面对面地交流思想和讨论问题，可以充分阐述自己的观点和主张，集思广益，容易形成最佳的方案。

②书面征求意见形式。书面征求意见形式是用文字文书的形式，分别向业主征求意见。这种形式的好处是，它可以突破时间和空间的限制，使得由于种种原因无法参加业主大会的业主，也能向业主大会阐述自己的观点和主张。

法律规定业主大会"应当有物业管理区域内专有部分占建筑面积过半数的业主且占总人数过半数的业主参加"，这是为了尽可能地体现业主自治，维护大多数业主的利益。业主因故不能参加业主大会会议的，可以书面委托代理人参加。

业主大会会议应当由业主委员会作书面记录并存档，还应当以书面形式在物业管理区域内及时公告。住宅小区的业主大会会议决议，应当同时告知相关的居民委员会，并认真听取居委会的建议。

(4)业主大会的决定。业主大会的决定集中了业主的共同意志，高度体现业主自治，对全体业主都有约束力。业主大会的决定如何形成至关重要。业主大会会议决定筹集和使用专项维修资金及改造、重建建筑物及其附属设施的，应当经专有部分占建筑物总面积 2/3 以上的业主且占总人数 2/3 以上的业主同意；决定其他共有和共同管理权利事项的，应当经专有部分占建筑物总面积过半数且占总人数过半数的业主同意。业主大会的决定一旦作出，只要符合法律法规的规定，并且遵守了管理规约和业主大会议事规则，便在物业管理区域内对全体业主产生法律效力。即使有个别业主持有不同意见，也必须执行。

5. 业主委员会

业主委员会是业主大会的常设执行机构，它是由业主大会选举产生。业主委员会不仅是业主参与民主管理的组织形式，而且是业主实现民主管理的最基本的组织形式。业主委员会是业主大会的执行机构，其行为向业主大会负责。

(1)业主委员会的活动规范。

业主委员会应当自选举产生之日起 30 日内,将持下列文件向物业所在地的区、县房地产行政主管部门和街道办事处、乡镇人民政府办理备案手续。

1)业主大会成立和业主委员会选举的情况;

2)管理规约;

3)业主大会议事规则;

4)业主大会决定的其他重大事项。

(2)业主委员会委员要求。

1)应当由具有完全民事行为能力;

2)遵守国家有关法律、法规;

3)遵守业主大会议事规则、管理规约,模范履行业主义务;

4)热心公益事业、责任心强、公正廉洁;

5)具有一定的组织能力;

6)具备必要的工作时间的业主担任。

(3)业主委员会会议。业主委员会是业主大会的执行机构,其日常工作是通过业主委员会会议来运行的。首次业主大会会议上,即选举产生业主委员会。业主委员会的运作是从首次业主委员会会议开始的。根据规定:业主委员会由 5~11 人单数组成。业主委员会应当自选举产生之日起 7 日内召开首次业主委员会会议,推选产生业主委员会主任 1 人、副主任 1~2 人。

业主委员会会议的召开、业主委员会的决定和业主委员会会议的签字存档应符合下列规定:

1)业主委员会应当按照业主大会议事规则的规定及业主大会的决定召开会议;

2)经三分之一以上业主委员会委员的提议,应当在 7 日内召开业主委员会会议;

3)业主委员会会议由主任召集和主持,主任因故不能履行职责,可以委托副主任召集,业主委员会会议应有过半数的委员出席,作出的决定必须经全体委员半数以上同意;

4)业主委员会会议应当制作书面记录并存档,业主委员会会议作出的决定,应当有参会委员的签字确认,并自作出决定之日起 3 日内在物业管理区域内公告。

(4)业主委员会的职责。业主委员会作为业主大会的常设执行机构。作为法定机构,业主委员会应当履行法定职责;作为执行机构,业主委员会必须履行业主大会赋予的职责。业主委员会的职责主要有以下几个方面:

1)执行业主大会的决定和决议;

2)召集业主大会会议,报告物业管理实施情况;

3)与业主大会选聘的物业服务企业签订物业服务合同;

4)及时了解业主、物业使用人的意见和建议,监督和协助物业服务企业履行物业服务合同;

5)监督管理规约的实施;

6)督促业主交纳物业服务费及其他相关费用;

7)组织和监督专项维修资金的筹集和使用;

8)调解业主之间因物业使用、维护和管理产生的纠纷;

9)业主大会赋予的其他职责。

除以上法定职责外，业主委员会还应当履行业主大会赋予的其他职责。如业主委员会对各类物业管理档案资料、会议记录的保管；对管理规约、业主大会议事规则修订文本的起草；对有关印章、财产的保管；对业主之间和业主与物业服务企业之间纠纷的调解等。

单元3　业主的建筑物区分所有权

建筑物区分所有权是指多个业主共同拥有一栋建筑物时，各个业主对其在构造和使用上具有独立的建筑物部分所享有的所有权和对供全体或部分所有人共同使用的建筑物部分所享有的共有权，以及基于建筑物的管理、维护和修缮等共同事务而产生的共同管理权的总称。

业主对建筑物内的住宅、经营性用房等专有部分享有所有权，对专有部分以外的共有部分享有共有和共同管理的权利

一、专有部分的所有权

1. 专有部分认定

建筑区划内，符合下列条件的房屋，以及车位、摊位等特定空间，应当认定为建筑物专有部分：

（1）具有构造上的独立性，能够明确区分；

（2）具有利用上的独立性，可以排他使用；

（3）能够登记为特定业主所有权的客体。

2. 业主对专有部分享有的权利占有、使用、收益和处分的权利

业主对其建筑物内属于自己所有的住宅、经营性用房等专有部分可以直接占有、使用，实现居住或者营业的目的；也可以依法出租，获取收益；还可以出借，解决亲朋好友居住难题；或者在自己的专有部分上依法设定负担。还可以将住宅、经营性用房等专有部分出售给他人，对专有部分进行处分。但业主行使专有部分所有权时，不得危及建筑物的安全，不得损害其他业主的合法权利。

由于建筑物专有部分与共有部分具有一体性、不可分离性，所以业主对专有部分行使专有所有权应受到一定限制。

3. 专有部分的转让

业主转让建筑内专有部分，其对共有部分享有的共有和共同管理的权利一并转让。业主的建筑物区分所有权是一个集合权，包括对专有部分享有的所有权、对建筑区划内共有部分享有的共有权和共同管理的权利，这3种权利具有不可分离性。

在这3种权利中，业主对专有部分的所有权占主导地位，是业主对专有部分以外的共有部分享有共有权，以及对共有部分享有共同管理权的前提与基础。

4. 住宅改变为经营性用房

业主不得违反法律、法规以及管理规约，将住宅改变为经营性用房。如果业主因生活

需要，将住宅改变为经营性用房的，除遵守法律、法规以及管理规约外，还应当经有利害关系的业主同意。业主将住宅改变为经营性用房，本栋建筑物内的业主应当认定为由与"有利害关系的业主"，建筑区划内，本栋建筑物之外的业主，主张与自己有利害关系的，应当证明其房屋价值、生活质量受到或者可能受到的不利影响。

业主将住宅改变为经营性用房，未经有利害关系的业主同意，有利害关系的业主请求排除妨害、消除危险、恢复原状或者赔偿损失的，人民法院应予支持。将住宅改变为经营性用房的业主，以多数有利害关系的业主同意其行为进行抗辩的，人民法院不予支持。

二、共有部分的共有权

1. 共有部分的认定

共有部分是指建筑物专有部分以外的部分。需要注意的是，法律规定的绿地、道路归业主所有，不是说绿地、道路的土地所有权归业主所有，而是说绿地、道路作为土地上的附着物归业主所有。

物业管理用房归业主所有，与《物业管理条例》的规定一致。

2. 行使共有部分所有权的相关规定

（1）业主对专有部分以外的共有部分享有权利、承担义务，不得以放弃权利不履行义务。

业主对专有部分以外的共有部分享有共有权，即每个业主在法律对所有权未做特殊规定的情形下，对专有部分以外的走廊、楼梯、过道、电梯、外墙面、水箱、水电气管线等共有部分，对物业管理用房、公用设施、绿地、道路等共有部分享有占有、使用、收益或者处分的权利。

业主对专有部分以外的共有部分的共有权，还包括对共有部分共负义务。

业主对共有部分如何承担义务，也要依据《物权法》及相关法律、法规和建筑区划管理规约的规定。

由于业主对专有部分以外的共有部分既享有权利，又负有义务，有的业主就可能以放弃权利为由，不履行义务。

（2）建筑区划内车位、车库的所有权归属。

（3）业主对与专有部分相对应的共有部分的利用。业主基于对专有部分享有的权利，难免有利用共有部分的现实需求。例如，放置空调机要利用与专有部分相对应的外墙；安装太阳能热水器要利用建筑物的屋顶；经营性用房的业主在符合法律、法规及规章规定的情况下，为其特定营业需要，也会借助外墙面悬挂、张贴牌匾等。这些需求是业主专有权行使的合理延伸，是为了更好地发挥专有部分的功能而使用共有部分，应为法律所支持。

单个业主或者部分业主对共有部分的利用，必须在合理使用的范围内。判断合理使用的标准主要有三方面：

1）不得以营利为目的；

2）不得违反法律、法规、管理规约或者损害他人的合法权益；

3）不得违反业主大会或者业主委员会的决定。

(4)侵害共有权的法律责任。侵害业主共有权主要有四种方式：①擅自占用共有部分；②擅自处分共有部分；③擅自改变共有部分使用功能；④擅自利用共有部分进行经营性活动。

权利人请求侵害人承担法律责任的方式，同样也有四种：①排除妨害；②恢复原状；③确认处分行为无效；④赔偿损失。

对于行为人擅自利用共有部分进行经营性活动的，权利人有权请求行为人将扣除合理成本之后的收益用于补充专项维修资金或者业主共同决定的其他用途。

在确定行为人擅自进行经营性活动的收益时，应当扣除相应的经营成本，但行为人应当对经营成本的支出及其合理性承担举证责任。

三、共有部分共同管理权

1. 业主共同管理权的内容

根据《民法典》第二百七十八条的规定，下列事项需由业主共同决定：

(1)制定和修改业主大会议事规则。业主大会议事规则是业主大会组织、运作的规程，需要由业主共同决定。

(2)制定和修改建筑物及其附属设施的管理规约。建筑物及其附属设施的管理规约是业主自我管理、自我约束、自我规范的规则约定，涉及每个业主的切身利益，应当由全体业主共同制定和修改。

(3)选举业主委员会和更换业主委员会成员。业主通过业主大会选举能够代表和维护自己利益的业主委员会委员，成立业主委员会。对不遵守管理规约、责任心不强的业主委员会委员予以更换。

(4)选聘和解聘物业服务企业或者其他管理人。物业服务企业或者其他管理的管理水平如何，与业主利益有着直接的关系，通过业主大会集体决策，可以较好地选聘和解聘物业服务企业或者其他管理人。

(5)筹集和使用建筑物及其附属设施的维修资金。维修资金的筹集、使用关系到业主的切身利益，应当由业主共同决定。

(6)改建、重建建筑物及其附属设施。建筑物及其附属设施的改建、重建，涉及业主建筑物区分所有权的行使及费用的负担，需要业主共同决定。

(7)有关共有和共同管理权利的其他重大事项。根据《区分所有权司法解释》的规定，以下四种应当认定为有关共有和共同管理权利的"其他重大事项"：

1)改变共有部分的用途；
2)利用共有部分从事经营性活动；
3)处分共有部分；
4)业主大会依法决定或者管理规约依法确定应由业主共同决定的事项。

2. 共同管理权行使的表决规则

业主决定共同事项，按照下列规则表决：

(1)决定筹集和使用建筑物及其附属设施的维修资金；改建、重建建筑物及其附属设施，应当经专有部分占建筑物总面积三分之二以上的业主且占总人数三分之二以上的业主同意。

(2)决定有关制定和修改业主大会议事规则；制定和修改建筑物及其附属设施的管理规约；选举业主委员会或者更换业主委员会成员；选聘和解聘物业服务企业或者其他管理人以及有关共有和共同管理权利的其他重大事项，应当经专有部分占建筑物总面积过半数的业主且占总人数过半数的业主同意。

3. 专有部分面积和建筑物总面积的认定

专有部分面积和建筑物总面积，可以按照下列方法认定：

(1)专有部分面积，按照不动产登记簿记载的面积计算；尚未进行物权登记的，暂按测绘机构的实测面积计算；尚未进行实测的，暂按房屋买卖合同记载的面积计算。

(2)建筑物总面积，按照前项的统计总和计算。

4. 业主人数和总人数的认定

业主人数和总人数，可以按照下列方法认定：

(1)业主人数，按照专有部分的数量计算，一个专有部分按一人计算。但建设单位尚未出售和虽已出售但尚未交付的部分，以及同一买受人拥有一个以上专有部分的，按一人计算。

(2)总人数按照前项的统计总和计算。

建筑物区分所有权的种类

关于建筑物区分所有权的种类，依各国实务和立法，有以下三种：

(1)纵割式建筑物区分所有权。它是指在纵割式区分所有建筑物上所成立的区分所有权。它是将一般联栋式和双并式等分间所有的建筑物纵切为数户的建筑物。这种形态之区分所有建筑物，各区分所有人之间的共有部分极为单纯，除共同壁、梁、柱外、屋顶、楼梯、外廊都是分开的，外围壁、梁柱外，屋顶、楼梯、走廊都是分开的，外围壁、基地等均以境界壁为界，分属各专有部分。因此，纵割式区分所有建筑物与一般独门独院的单独所有的建筑物，几乎没有什么区别。其纵割式区分所有权与一般单独所有权也没有多大区别，其区分所有权特有的问题较少。所以，这种类型的区分所有权不是研究建筑物区分所有权的重点。

(2)横割式建筑物区分所有权。它是指在横割式区分所有建筑物上所设立的区分所有权。横割式区分所有建筑物是指上下横切分层所有的建筑物。例如一栋四层楼的建筑物，上下横切为四层，分别为甲、乙、丙、丁所有，这种功能形态的区分所有建筑物，其区分所有人之间的共有部分，除共同壁、梁柱外，还有共同的屋顶、楼梯、走廊、外围壁、基地等，其横割式建筑物区分所有权不同于一般的所有权，是研究建筑物区分所有权的重点之一。

(3)混合式建筑物区分所有权。它是指在纵横分割式区分所有建筑物上所成立的区分所有权。纵横分割式区分所有建筑物是指上下横切、左右纵割分套(单元)所有的建筑物。例如将一栋四层楼的建筑物上下切为四层后，再以左右纵割为一套套的套房，我国称为单元。这是区分所有建筑物最常见的形态。这种形式的区分所有建筑物的共同部分与横割式区分所有建筑物相同，在其上成立的混合式建筑区分所有权也是研究的重点之一。

模块 10　物业管理制度与政策

单元 4　物业服务合同和管理规约

一、物业服务合同

物业服务合同是指作为委托人的物业建设单位或业主、业主自治组织与作为受托人的物业服务企业就相关物业的管理服务事务确立双方权利和义务关系的协议。

我国目前物业服务合同分成两类：一类是由物业建设单位与物业服务企业签订的前期物业服务合同；另一类是由业主(或业主大会授权的业主委员会)物业服务企业签订的物业服务合同。

物业服务合同一般由合同的部首、合同的正文、合同的结尾三部分组成。

(1) 合同的部首。部首主要由以下部分组成：合同当事人(委托方和受托方)的名称、住址、物业的名称以及订立合同所依据的法律法规。

(2) 合同的正文。正文主要包括以下内容：

1) 合同当事人与物业的基本情况；

2) 双方当事人的权利和义务；

3) 物业服务内容与服务质量要求；

4) 物业服务收费的标准和方式；

5) 物业经营管理活动的内容；

6) 物业的承接查验；

7) 物业的使用与维护；

8) 专项维修资金的使用与管理；

9) 物业管理用房；

10) 合同的期限、中止或解除的约定；

11) 违约责任及解决纠纷的途径；

12) 双方当事人约定的其他事项。

(3) 合同的结尾。结尾主要写明合同签订的日期、地点、合同生效日期、合同的份数、开户银行及合同当事人的签名盖章。

物业管理条例

二、管理规约

管理规约是区分所有建筑物的业主形式共同管理权的契约性文件，是物业管理区域内业主共同制定并遵守的行为规范。《物业管理条例》第 17 条规定："管理规约应当对有关物业的使用、维护、管理，业主的共同利益，业主应当履行的义务，违反规约应当承担的责任等事项依法作出约定，管理规约对全体业主具有约束力。"管理规约是指由业主大会制定，全体业主承诺，对全体业主(也包括物业使用人)具有约束力的，用以指导、规范和约束所有业主和物业使用人的行为守则。管理规约原称为业主公约。管理规约属于协议、合约的性质，它是物业管理中的一个重要的基础性文件。

管理规约分成两类：一类是由物业建设单位制定的临时管理规约；另一类是由业主大会制定并通过的临时管理规约。

1. 管理规约的特征

(1)约束力。管理规约一经制定并正式通过，要求物业管理区域内业主和使用人必须遵守。对违反管理规约的行为，经业主大会决定，业主委员会可以以违反管理规约为由，对特定的业主提起民事诉讼。

(2)明确性。管理规约是业主和使用人的行为规范，所以，无论是文字语言，还是具体内容都要清楚、明确，哪些是物业使用中的禁止行为、哪些是业主和使用人应做到的行为规范等，都要具有可操作性和确定性。

(3)系统性。物业管理区域的管理规约基本涵盖物业管理服务的全部内容，要涉及房屋及房屋设施设备的维修、养护管理，以及公共秩序维护、保绿、保洁、道路场地等管理内容。它是一个有机整体，甚至还可能会涉及困扰城市居民的"群居"、宠物饲养等敏感问题。

2. 管理规约的主要内容

根据《物业管理条例》，管理规约应当包括四个方面的内容。

(1)有关物业的使用、维护、管理事项。如：业主使用其专有部分和物业管理区域内共用部分、共用设备设施以及相关场地的约定；业主对物业管理区域内公共建筑和共用设施使用的有关规则；业主对专有部分进行装饰装修时应当遵守的规则等。

(2)业主的共同利益。例如：对物业共用部位、共用设施设备使用和维护，利用物业共用部位获得收益的分配；对公共秩序和环境卫生的维护等。

(3)业主应当履行的义务。例如：遵守物业管理区域内物业共用部位和共用设施设备的使用、公共秩序和环境卫生的维护等方面的规章制度；按照国家有关规定交纳住宅专项维修资金；按时交纳物业服务费用；不得擅自改变建筑物及其附属设施设备的结构、外貌、设计用途；不得违反规定存放易燃、易爆、剧毒、放射性等物品；不得违反规定饲养家禽、宠物；不得随意停放车辆和鸣放喇叭等。

(4)违反管理规约应当承担的责任。业主不履行管理规约约定的义务要承担民事责任，承担民事责任的主要方式是支付违约金和赔偿损失。在管理规约中，一般还要明确解决争议的办法，如通过业主委员会或者物业服务企业调处，业主大会和业主委员会也可以通过诉讼追究其民事责任。在《物业管理条例》基础上，《指导规则》进一步明确管理规约应当对下列主要事项作出规定：物业的使用、维护、管理；专项维修资金的筹集、管理和使用；物业共用部分的经营与收益分配；业主共同利益的维护；业主共同管理权的行使；业主应尽的义务；违反管理规约应当承担的责任。

3. 临时管理规约

《物业管理条例》第22条规定："建设单位应当在销售物业之前，制定临时管理规约，对有关物业的使用、维护、管理，业主的共同利益，业主应当履行的义务，违反临时管理公约应当承担的责任等事项依法作出约定。"在业主大会制定管理规约之前，由建设单位制定的，适用于前期物业管理阶段的临时性管理规约，称为临时管理规约。以业主临时公约(示范文本)为主要参照依据，临时管理规约应当具备以下主要内容：

（1）物业的自然状况与权属状况。说明物业的名称和坐落地址，物业的名称，明确物业类型，明确物业的建筑面积和用地面积。明确物业管理区域的四至，说明东、南、西、北的接壤区域或地理坐标。建设单位还应在临时管理规约中对业主享有的物业共用部位、共用设施设备所有权，区分单幢建筑物和物业管理区域分别列明。

（2）业主使用物业应当遵守的规则。物业财产的所有权属于不动产所有权范畴，与动产所有权比较，不动产所有权的行使与相邻不动产所有人和使用人的权益关系密切。《民法典》明确规定："不动产的相邻权利人应当按照有利生产、方便生活、团结互助、公平合理的原则，正确处理相邻关系。"

房屋装饰装修规定。业主需要装饰装修房屋的，应事先告知物业服务企业，并与其签订装饰 装修管理服务协议。业主应按装饰装修管理服务协议的约定从事装饰装修行为，遵守装饰装修的注意事项，不得从事装饰装修的禁止行为。针对物业管理中业主经常出现的违规行为，临时管理规约应当规定业主使用物业过程中禁止行为。

（3）维修养护物业应当遵守的规则。物业维修养护中业主应当相互配合与协助。涉及公共利益与公共安全的物业维修养护，需要遵循下列要求：业主的维修养护事项如果确需临时占用、挖掘道路、场地的，应当征得建设单位和物业服务企业的同意，以便建设单位和物业服务企业采取必要措施，维护物业管理区域公共场所、道路的安全与正常使用，最大限度地减少给其他业主带来的不便。业主还应当抓紧完成维修养护事项，在约定的期限内，恢复公共场所与道路的原状。临时管理规约生效期间，物业大多处于保修期内，建设单位应当按照国家规定的保修期限和保修范围承担物业的保修责任。物业管理区域内的全体业主都应当按照政府规定数额与比例交存住宅专项维修资金。

（4）涉及业主共同利益的事项。

1）全体业主授予物业服务企业行使的管理权利。业主可以在以下两方面授权物业服务企业：①配合建设单位制定物业共用部位共用设施设备的使用、维护和管理、公共秩序和环境的维护等方面规章制度；②以批评、规劝、公示等必要措施制止业主、物业使用人违反临时管理规约和物业管理规章制度的行为。

2）业主承诺按时足额交纳物业服务费用。物业服务费用是物业服务活动正常开展的物质基础，涉及全体业主的共同利益。业主只有按照前期物业服务合同的约定，按时足额交纳物业服务费用，才能保证物业管理与服务的正常进行。

3）利用物业共用部位、共用设施设备经营的约定。因开展经营事项权益遭受损害的业主，应该得到合理的经济补偿，开展经营的投资主体应该得到合理回报，物业共用部位、共用设施设备的所有权人是全体业主，因此经营收益归属全体业主，应当主要用于补充专项维修资金。

（5）违约责任主要应规定以下内容：

1）业主违反关于物业的使用、维护和管理的约定，妨碍物业正常使用或造成物业损害及其他损失的，其他业主和物业服务企业可依据临时管理规约向人民法院提起诉讼。

2）业主违反关于业主共同利益的约定，导致全体业主的共同利益受损的，其他业主和物业服务企业可依据临时管理规约向人民法院提起诉讼。

3）建设单位未能履行临时管理规约约定义务的，业主和物业服务企业可向 有关行政主管部门投诉，也可根据临时管理规约向人民法院提起诉讼。

单元5 物业服务收费

物业服务收费是指物业服务企业根据物业服务合同的约定,对房屋及配套的设施设备和相关场地进行维修、养护和管理,维护相关区域内的环境卫生和秩序等,向业主所收取的费用。物业服务费应当区分不同物业的性质和特点,分别实行政府指导价和市场调节价。

一、物业服务收费的特征

1. 物业服务收费是物业服务企业的经营收入

物业管理服务是物业服务企业的主要经营内容,物业服务收费是物业服务企业的经营收入,是物业服务经费长期、稳定的主要来源。物业服务企业必须依法进行工商登记,取得物业管理服务经营项目,才能接受业主的委托,开展物业维修、养护、管理等活动,才能合理收取服务费。

2. 物业服务收费必须签订物业服务合同

只有业主和物业服务企业,即被服务和服务的双方签订规范的物业服务合同,明确双方的权利和义务,在物业服务企业提供物业管理服务后,才能收取物业服务费用。

3. 服务与被服务双方的权利和义务是对等的

对等可理解为,按约定提供有质有量的服务是物业服务企业的义务,而按约定支付物业服务费是业主应尽的义务。

二、物业服务收费的原则

1. 合理原则

物业服务收费水平应当与我国经济发展状况和群众现实生活水平协调一致。合理首先表现在业主与物业服务企业双方是在通过自愿、平等的协商的基础上达成一致;其次体现在必须符合价格政策的规定;再次,收费标准应采用成本构成法,即物业服务费由服务成本、利润及税金构成。

2. 公开原则

物业服务企业应按照规定实行明码标价,在物业管理区域内的显著位置,将服务内容、服务标准以及收费项目、收费标准等有关情况进行公示。

3. 费用与服务水平相适应的原则

这一原则也称为质价相符的原则。它是合理原则的深化。物业服务收费要做到质价相符,要做大量细致的工作,在调查研究的基础上制定和实施物业服务分等定价的规范、规定。

三、物业服务收费形式

业主与物业服务企业可以采取包干制或者酬金制等的形式约定物业服务费用。

1. 包干制收费形式

（1）包干制收费形式的概念和物业服务费的构成。包干制是指由业主向物业服务企业支付固定物业服务费用，盈余或亏损均由物业服务企业享有或承担的物业服务计费方式。包干制的物业服务费用的构成包括 9 项服务成本（包括人员费、设施设备运行维护费、清洁卫生费用、绿化养护费用、秩序维护费用、办公费用、固定资产折旧、保险费用和经业主同意的其他费用等）、法定税费和物业服务企业的利润。其中，物业服务企业利润的基数由物业管理人员工资加上企业办公费和折旧费之和构成，而物业服务企业法定税费的基数以企业利润为基数。

（2）包干制物业服务费的特点。包干制是目前我国住宅物业服务收费普遍采用的形式。在包干制收费形式下，业主按照物业服务合同支付固定的物业服务费用后，物业服务企业必须按照物业服务合同要求和标准完成物业管理服务费。也就是说，物业服务企业的盈亏自负，无论收费率高低或物价波动，物业服务企业都必须按照合同约定的服务标准提供相应服务。包干制的收费形式比较简洁，但交易透明度不高。

2. 酬金制收费形式

（1）酬金制收费形式的概念和物业服务费的构成。酬金制是指在预收的物业服务资金中按约定比例或约定数额提起酬金支付给物业服务企业，其余全部用于物业服务合同约定的支出，结余或者不足均由业主享有或者承担的物业服务计费方式。实行物业服务酬金制的预收的物业服务资金包括物业服务支出和物业服务企业的酬金。

（2）酬金制物业服务费用的特点。酬金制是目前我国在非住宅物业管理服务项目中较多采用的收费形式。酬金制物业服务费用实际上是预收的物业服务资金。其中，酬金部分除按约定比例或约定数额由业主向物业服务企业支付足额酬金外，全部用于物业服务合同约定的管理服务支出，如结余退还业主；如不够由业主补足。对于物业服务企业来说，预收的物业服务资金中物业服务成本属于代管性质，其财权仍属交纳的业主所有，物业服务企业不得将其用于物业服务合同约定以外的支出。

3. 酬金制形式下对物业服务企业的要求

实行物业服务收费酬金制方式的物业服务企业，应当履行以下义务：

（1）物业服务企业应当向业主大会或全体业主公布物业服务资金年度预决算，并每年不少于一次公布物业服务资金的收支情况。

（2）业主、业主大会或业主委员会对物业服务资金年度预决算和物业服务资金的收支情况提出质询时，物业服务企业应及时答复。

（3）物业服务企业应配合业主大会按照服务合同约定聘请有资质的专业中介机构对物业服务资金年度预决算和物业服务资金的收支情况进行审计。审计应由有审计专业资质的会计师事务所进行。

四、物业服务费用的缴纳

（1）物业服务费的缴纳主体是业主，业主应根据物业服务合同的约定交纳物业服务费用。业主是物业的所有权人，在物业管理活动中，物业服务企业是受业主的委托，对业主的物业进行管理，为业主提供服务；业主作为服务的需求者，理所当然必须支付物业服务费。在现实生活中，当业主将其物业出租给承租人使用时，业主可以根据租赁合同的约定，由物业使用人缴纳物业服务费。

（2）纳入物业管理范围的已竣工但尚未出售，或者因开发建设单位原因未按时交给物业买受人的物业，物业服务费用或物业服务资金由开发建设单位全额交纳。因为已竣工没有出售物业的产权仍然属于开发建设单位，作为产权人，应有义务缴纳物业服务费；对于没有交付给物业买受人的物业而言，物业的实际占有人还是开发建设单位，物业的产权还没有转移给买受人，买受人也没有享受到物业服务。

（3）在物业管理区域内，供水、供电、供气、供热、通信、有线电视等单位应向最终用户收取有关费用。物业服务企业接受委托代办上述费用的，应当办理委托协议手续，可向委托单位收取手续费，不能向业主收取手续费等额外费用。

五、物业管理服务其他收费

以业养业、以副补正是物业服务企业经营发展的必由之路。物业服务企业的物业管理收入除物业服务费外，还包括公众性代办收入和物业大修收入；除物业服务管理收入外，物业服务企业还应拓展经营项目，根据企业人力、物力、财力开展多种经营，走以业养业的经营之路。

1. 公众代办收入

公众代办是指受业主或使用人委托，代购代定车船票、飞机票、代办学龄儿童晚托班，代理邮政业务，代请家教、保姆，代办房屋出租等。

2. 特约服务收入

在合法前提下，受业主或使用人委托，物业服务企业为满足业主、使用人个别要求而提供的服务。如接送孩子入学、入托，代购物品，为业主清扫卫生等。

3. 物业经营收入

物业经营收入可分为两部分：一部分是物业服务企业在小区内利用企业产权房或租用房屋场地开展多种经营收入，如社区便民店、饮食店、社区文化场所等经营收入；另一部分是业主提供的公建配套的管理费收入，如小区游泳池、球场等收入，也包括受业主委托利用场地、公共设施停车管理服务、设置广告管理服务收入等。

4. 其他业务收入

其他业务收入是指物业服务企业从事主营业务外的其他业务服务的收入，如物业服务企业购置或租赁商铺，进行商业经营的收入。

物业管理服务收入是一项复杂的工作，有待业主和物业服务企业不断在实践中总结经验，也有待有关行政管理加强监管，使物业管理服务走入正常市场轨道。

六、物业服务定价成本监审

物业服务定价成本是指价格主管部门核定的物业服务社会平均成本。

物业服务定价成本监审是指价格主管部门为制定或调整实行政府指导价的物业服务收费标准，对相关物业服务企业的服务成本实施监督和审核的行为。

核定物业服务定价成本，应当以经会计师事务所审计的年度财务会计报告、原始凭证与账册或物业服务企业提供的真实、完整、有效的成本资料为基础。

1. 物业服务定价成本监审原则

（1）合法性原则。计入定价成本的费用应当符合有关法律、行政法规和国家统一的会计制度的规定。

（2）相关性原则。计入定价成本的费用应当为与物业服务直接相关或间接相关的费用。

（3）对应性原则。计入定价成本的费用应当与物业服务内容及服务标准相对应。

（4）合理性原则。影响物业服务定价成本各项费用的主要技术、经济指标应当符合行业标准或社会公允水平。

2. 物业服务定价成本构成

物业服务定价成本由人员费用、物业共用部位共用设施设备日常运行和维护费用、绿化养护费用、清洁卫生费用、秩序维护费用、物业共用部位共用设施设备及公众责任保险费用、办公费用、管理费分摊、固定资产折旧及经业主同意的其他费用组成。

（1）人员费用。是指管理服务人员工资和按规定提取的工会经费、职工教育经费，以及根据政府有关规定应当由物业服务企业缴纳的住房公积金和养老、医疗、失业、工伤、生育保险等社会保险费用。

（2）物业共用部位共用设施设备日常运行和维护费用。该费用不包括保修期内应由建设单位履行保修责任而支出的维修费、应由住宅专项维修资金支出的维修和更新、改造费用。

（3）绿化养护费用。该费用不包括应由建设单位支付的种苗种植费和前期维护费。

（4）清洁卫生费用。

（5）秩序维护费用。该费用不包括共用设备中已包括的监控设备。

（6）物业共用部位共用设施设备及公众责任保险费用。

（7）办公费用。

（8）管理费分摊。管理费是指物业服务企业在管理多个物业项目情况下，为保证相关的物业服务正常运转而由各物业服务小区承担的管理费用。

（9）固定资产折旧。物业服务固定资产指在物业服务小区内由物业服务企业拥有的、与物业服务直接相关的、使用年限在1年以上的资产。

（10）经业主同意的其他费用。

3. 物业服务定价成本监审方法和标准

（1）工会经费、职工教育经费、住房公积金以及医疗保险费、养老保险费、失业保险费、工伤保险费、生育保险费等社会保险费的计提基数按照核定的相应工资水平确定；工会经费、职工教育经费的计提比例按国家统一规定的比例确定，住房公积金和社会保险费的计提比例按当地政府规定比例确定。

（2）固定资产折旧采用年限平均法，折旧年限根据固定资产的性质和使用情况合理确定。固定资产残值率按3％～5％计算。

（3）物业服务企业将专业性较强的服务内容外包给有关专业公司的，该项服务的成本按照外包合同所确定的金额核定。

（4）物业服务企业只从事物业服务的，其所发生费用按其所管辖的物业项目的物业服务计费面积或应收物业服务费加权分摊；物业服务企业兼营其他业务的，应先按实现收入的比重在其他业务和物业服务之间分摊，然后按上述方法在所管辖的各物业项目之间分摊。

单元6 住宅专项维修资金

住宅专项维修资金(原称住宅维修基金)是指由业主交纳,专项用于住房共用部位、共用设施设备保修期满后的维修、更新和改造的资金。共用部位,是指根据法律、法规和房屋买卖合同,由单幢住宅内业主或者单幢住宅内业主及与之结构相连的非住宅业主共有的部位,一般包括住宅的基础、承重墙体、柱、梁、楼板、屋顶以及户外的墙面、门厅、楼梯间、走廊通道等。共用设施设备,是指根据法律、法规和房屋买卖合同,由住宅业主或者住宅业主及有关非住宅业主共有的附属设施设备,一般包括电梯、天线、照明、消防设施、绿地、道路、路灯、沟渠、池、井、非经营性车场车库、公益性文体设施和共用设施设备使用的房屋等。

一、住宅专项维修资金使用的范围

住宅专项维修资金主要专项用于住房共用部位、共用设施设备保修期满后的维修、更新和改造,不包括业主住房自用部位自用设施设备。住宅共用部位、共用设施设备主要包括:

(1)住宅区内全体业主共同所有的部位和设施设备;

(2)单幢住宅内全体或者部分业主共同所有的部位和设施设备;

(3)单幢住宅及与之相连的非住宅物业的全体业主共同所有的部位和设施设备。

确定住宅共用部位、共用设施设备具体范围的主要依据是相关法律法规和住房买卖合同等。

二、住宅专项维修资金的交存及交存方式

1. 住宅专项维修资金的交存主体

住宅专项维修资金的交存主体主要包括以下三类:①住宅的业主,但一个业主所有且与其他物业不具有共用部位共用设施设备的除外。②住宅小区内的非住宅或者住宅小区外与单幢住宅结构相连通非住宅的业主。③涉及公有住房出售的,售房单位应当按照规定交存住宅专项维修资金。业主交存的住宅专项维修资金属于业主所有。从公有住房售房单位提取的住宅专项维修资金属于公有住房售房单位所有。

2. 住宅专项维修资金的交存

住宅专项维修资金的交存可分为以下两种情况。

(1)商品房销售。商品房在销售时,商品住宅的业主、非住宅的业主按照所拥有物业的建筑面积交存住宅专项维修资金,每平方米建筑面积交存首期住宅专项维修资金的数额为当地住宅建筑安装工程每平方米造价的5%～8%。每平方米建筑面积交存的首期住宅专项维修资金的数额,由直辖市、市、县人民政府住房城乡建设(房地产)主管部门根据本地区情况确定并公布。售房单位代为收取的住宅专项维修资金属于全体业主共同所有。

(2)公有住房出售。公有住房出售以后,住宅专项维修资金由售房单位和购房人双向筹

集。业主按照所拥有物业的建筑面积交存住宅专项维修资金，每平方米建筑面积交存首期住宅专项维修资金的数额为当地房改成本价的2%。售房单位按照一定比例从售房款中提取，原则上多层住宅不低于售房款的20%、高层住宅不低于售房款的30%，从售房款中一次性提取住宅专项维修资金，该部分维修资金属于公有住房售房单位所有。

3. 住宅专项维修资金的交存方式

（1）商品住宅的业主应当在办理房屋入住手续前，将首期住宅专项维修资金存入住宅专项维修资金专户。

（2）已售公有住房的业主应当在办理房屋入住手续前，将首期住宅专项维修资金存入公有住房住宅专项维修资金专户或者交由售房单位存入公有住房住宅专项维修资金专户。公有住房售房单位应当在收到售房款之日起30日内，将提取的住宅专项维修资金存入公有住房住宅专项维修资金专户。

（3）业主分户账面住宅专项维修资金余额不足首期交存额30%的，应当及时续交。成立业主大会的，续交方案由业主大会决定。未成立业主大会的，续交的具体管理办法由直辖市、市、县人民政府住房城乡建设（房地产）主管部门会同同级财政部门制定。

三、住宅专项维修资金的使用与管理

住宅专项维修资金专项用于住宅共用部位、共用设施设备保修期满后的维修和更新、改造。住宅专项维修资金管理实行专户存储、专款专用、所有权人决策、财政监督的原则。

1. 住宅专项维修资金的使用

住宅专项维修资金专项用于住宅共用部位、共用设施设备保修期满后的维修和更新、改造，不得挪作他用。住宅专项维修资金的使用，应当遵循方便快捷、公开透明、受益人和负担人相一致的原则。

（1）住宅专项维修资金划转业主大会管理前的使用程序。

1）物业服务企业根据维修和更新、改造项目提出使用建议；没有物业服务企业的，由相关业主提出使用建议。

2）住宅专项维修资金列支范围内专有部分占建筑物总面积2/3以上的业主，且占总人数2/3以上的业主讨论通过使用建议。

3）物业服务企业或者相关业主组织实施使用方案。

4）物业服务企业或者相关业主持有关材料，向所在地直辖市、市、县人民政府住房城乡建设（房地产）主管部门申请列支；其中，动用公有住房住宅专项维修资金的，向负责管理公有住房住宅专项维修资金的部门申请列支。

5）直辖市、市、县人民政府住房城乡建设（房地产）主管部门或者负责管理公有住房住宅专项维修资金的部门审核同意后，向专户管理银行发出划转住宅专项维修资金的通知。

6）专户管理银行将所需住宅专项维修资金划转至维修单位。

（2）住宅专项维修资金划转业主大会管理后的使用程序。

1）物业服务企业提出使用方案，使用方案应当包括拟维修和更新、改造的项目、费用预算、列支范围、发生危及房屋安全等紧急情况以及其他需临时使用住宅专项维修资金的情况的处置办法等。

2）业主大会依法通过使用方案。
3）物业服务企业组织实施使用方案；
4）物业服务企业持有关材料向业主委员会提出列支住宅专项维修资金；其中，动用公有住房住宅专项维修资金的，向负责管理公有住房住宅专项维修资金的部门申请列支。
5）业主委员会依据使用方案审核同意，并报直辖市、市、县人民政府住房城乡建设（房地产）主管部门备案；动用公有住房住宅专项维修资金的，经负责管理公有住房住宅专项维修资金的部门审核同意；直辖市、市、县人民政府建设（房地产）主管部门或者负责管理公有住房住宅专项维修资金的部门发现不符合有关法律、法规、规章和使用方案的，应当责令改正。
6）业主委员会、负责管理公有住房住宅专项维修资金的部门向专户管理银行发出划转住宅专项维修资金的通知。
7）专户管理银行将所需住宅专项维修资金划转至维修单位。
（3）住宅专项维修资金的使用禁止。以下费用不得从住宅专项维修资金中列支：
1）依法应当由建设单位或者施工单位承担的住宅共用部位、共用设施设备维修、更新和改造费用；
2）依法应当由相关单位承担的供水、供电、供气、供热、通信、有线电视等管线和设施设备的维修、养护费用；
3）应当由当事人承担的因人为损坏住宅共用部位、共用设施设备所需的修复费用；
4）根据物业服务合同约定，应当由物业服务企业承担的住宅共用部位、共用设施设备的维修和养护费用；
5）住宅专项维修资金使用的其他规定。
①根据规定程序，在保证住宅专项维修资金正常使用的前提下，可利用住宅专项维修资金购买一级市场新发行的国债，并持有到期，但禁止利用住宅专项维修资金从事国债回购、委托理财业务或者将购买的国债用于质押、抵押等担保行为。
②住宅专项维修资金的存储利息，利用住宅专项维修资金购买国债的增值收益，利用住宅共用部位、共用设施设备进行经营的，业主所得收益（但业主大会另有决定的除外），住宅共用设施设备报废后回收的残值，应当转入住宅专项维修资金滚存使用。
③业主转让房地产所有权时，结余的住宅专项维修资金不予退还，随房屋所有权同时过户。受让人需要持住宅专项维修资金过户的协议、房屋权属证书、身份证等，到专户管理银行办理分户账更名手续。
④因房屋拆迁或者其他原因造成住房灭失的，房屋分户账中结余的住宅专项维修资金返还业主；售房单位交存的住宅专项维修资金账面余额返还售房单位。售房单位不存在的，按照售房单位财务隶属关系，收缴同级国库。

2. 住宅专项维修资金的管理

（1）业主大会成立前住宅专项维修资金的管理。业主大会成立前，商品住宅业主、非住宅业主交存的住宅专项维修资金，由物业所在地直辖市、市、县人民政府住房城乡建设（房地产）主管部门委托的当地商业银行开立的住宅专项维修资金专户代管。业主大会成立前，已售公有住房住宅专项维修资金，由物业所在地直辖市、市、县人民政府财政部门或者住房城乡建设（房地产）主管部门委托所在地商业银行开立公有住房住宅专项维修资金专户负责管理。

(2)业主大会成立后住宅专项维修资金的管理。业主大会应当委托所在地一家商业银行作为本物业管理区域内住宅专项维修资金的专户管理银行,并在专户管理银行开立住宅专项维修资金专户。业主委员会应当通知所在地直辖市、市、县人民政府住房城乡建设(房地产)主管部门;涉及已售公有住房的,应当通知负责管理公有住房住宅专项维修资金的部门。直辖市、市、县人民政府住房城乡建设(房地产)主管部门或者负责管理公有住房住宅专项维修资金的部门在收到通知之日起 30 日内,通知专户管理银行将该物业管理区域内业主交存的住宅专项维修资金账面余额划转至业主大会开立的住宅专项维修资金账户,并将有关账目等移交业主委员会。住宅专项维修资金划转后的账目管理单位,由业主大会建立住宅专项维修资金管理制度进行管理。业主大会开立的住宅专项维修资金账户,应当接受所在地直辖市、市、县人民政府住房城乡建设(房地产)主管部门的监督。

四、住宅专项维修资金管理系统的建立

为规范住宅专项维修资金管理信息化建设,实现信息系统的整合与数据共享,提高住宅专项维修资金的监督管理水平,需建立住宅专项维修资金管理系统。

住宅专项维修资金管理信息系统(以下简称"系统")应包括基础数据管理子系统、资金交存管理子系统、资金使用管理子系统、综合收益管理子系统、统计分析与报表子系统、公共服务子系统,宜包括资金核算管理子系统、预警子系统、档案管理子系统。可根据需要扩展系统。

1. 系统功能

系统功能应符合下列规定:

(1)基础数据管理子系统应具备对房屋数据、共用部位及共用设施设备数据、参与机构信息、支撑数据的采集及维护功能。

(2)资金交存管理子系统应具备维修资金交款、退款、凭证票据管理的功能。

(3)资金使用管理子系统应具备对维修资金使用项目的过程管理及资金管理的功能。

(4)综合收益管理子系统应具备对维修资金进行利息记录、增值管理及对经营收益交存和分摊的功能。

(5)资金核算管理子系统应具备在符合国家现行财务管理法规基础上的维修资金核算功能。

(6)统计分析与报表子系统应具备对维修资金数据进行统计分析、报表生成、数据生成和数据发布的功能。

(7)预警子系统应具备指标设置、预警规则管理、预警提示、预警处理等功能。

(8)公共服务子系统应具备信息发布、信息公示、信息查询、业务申报等功能。

(9)档案管理子系统应具备对数字档案、实体影像档案的管理及查询等功能。

2. 系统管理要求

(1)系统管理的数据应包括房屋数据、共用部位及共用设施设备数据、机构数据、账务数据、业务数据、核算数据、预警数据、统计数据、档案数据、发布数据和支撑数据。

(2)系统应内外网物理隔离。公共服务子系统应在外网运行,其他子系统应在内网运行。

(3)系统在与银行、权属登记等关联业务系统集成时，应在内网进行集成。

(4)系统宜支持条码或二维码技术，整合线上线下业务。

(5)系统宜将维修资金交存及使用情况等数据结合物业服务、物业相关地理信息系统应用进行展示。

住宅专项维修资金的"新用"

为进一步提高维修资金的使用效率，维护维修资金所有者的合法权益，住宅专项维修资金（以下简称维修资金）能在老旧小区和电梯更新改造中发挥支持作用了。

在老旧小区改造中，维修资金主要用于房屋失修失养、配套设施不全、保温节能缺失、环境脏乱差的住宅小区，改造重点包括以下内容：①房屋本体：屋面及外墙防水、外墙及楼道粉饰、结构抗震加固、门禁系统增设、门窗更换、排水管线更新、建筑节能及保温设施改造等；②配套设施：道路设施修复、路面硬化、照明设施更新、排水设施改造、安全防范设施补建、垃圾收储设施更新、绿化功能提升、助老设施增设等。

在电梯更新中，维修资金主要用于运行时间超过15年的老旧电梯的维修和更换。未配备电梯的老旧住宅，符合国家和地方现行有关规定的，经专有部分占建筑物总面积三分之二以上的业主且占总人数三分之二以上业主（以下简称"双三分之二"）同意，可以使用维修资金加装电梯。

使用维修资金开展老旧小区和电梯更新改造，应当符合财务管理和会计核算制度的有关规定。使用由财政部门负责管理的已售公有住房维修资金，业主委员会、物业服务企业或者公有住房售房单位应当向财政部门申请列支。

在老旧小区和电梯更新改造中使用维修资金，为解决业主"双三分之二"表决难题，降低业主大会和业主委员会的决策成本，提高业主使用维修资金的决策效率，各地可以根据《业主大会和业主委员会指导规则》（建房〔2009〕274号）的有关规定，指导业主大会在管理规约和业主大会议事规则中约定以下表决方式：

(1)委托表决：业主将一定时期内维修资金使用事项的表决权，以书面形式委托给业主委员会或者业主代表行使；

(2)集合表决：业主大会对特定范围内的维修资金的使用事项，采取一次性集合表决通过后，授权业主委员会或者物业服务企业分批使用；

(3)默认表决：业主大会约定将未参与投票的业主视为同意维修资金使用事项，相应投票权数计入已投的赞成票；

(4)异议表决：在维修资金使用事项中，持反对意见的业主专有部分占建筑物总面积三分之一以下且占总人数三分之一以下的，视为表决通过。

发生下列危及房屋使用和人身财产安全的紧急情况，需要使用维修资金对老旧小区和电梯立即进行更新改造的，可以不经过业主"双三分之二"表决同意，直接申请使用维修资金：①电梯故障；②消防设施故障；③屋面、外墙渗漏；④二次供水水泵运行中断；⑤排水设施堵塞、爆裂；⑥楼体外立面存在脱落危险；⑦其他危及房屋使用和人身财产安全的紧急情况。

模块10　物业管理制度与政策

老旧小区和电梯更新改造需要应急使用维修资金的,业主委员会、物业服务企业或者公有住房售房单位向物业所在地的住房城乡建设(房地产)部门、公有住房维修资金管理部门提出申请。

没有业主委员会、物业服务企业或者公有住房售房单位的,可以由社区居民委员会提出申请,住房城乡建设(房地产)部门或者街道办事处、乡镇人民政府组织代修,代修费用从维修资金账户中列支。

住房城乡建设(房地产)部门、公有住房维修资金管理部门应当在接到应急使用维修资金申请后3个工作日内作出审核决定。应急维修工程竣工验收后,组织维修的单位应当将使用维修资金总额及业主分摊情况在住宅小区内的显著位置公示。

各地应当充分利用移动互联网、大数据和云计算等现代网络信息技术,建设业主共同决策电子平台,便于业主通过计算机和手机等电子工具参与小区共同事务决策,提高业主参与维修资金使用表决的投票率,保证计票的准确率,解决业主到场投票表决的难题。

模块小结

物业管理既是房地产开发的延续和完善,又是集服务、管理、经营为一体的服务性行业。对于物业管理市场主体而言,供给主体是物业服务企业,需求主体是业主和业主自治组织。业主对建筑物内的住宅、经营性用房等专有部分享有所有权,对专有部分以外的共有部分享有共有和共同管理的权利。物业服务合同是指作为委托人的物业建设单位或业主、业主自治组织与作为受托人的物业服务企业就相关物业的管理服务事务确立双方权利和义务关系的协议,我国目前物业服务合同分成两类:一类是由物业建设单位与物业服务企业签订的前期物业服务合同;另一类是由业主(或业主大会授权的业主委员会)物业服务企业签订的物业服务合同。管理规约是指由业主大会制定,全体业主承诺,对全体业主(也包括物业使用人)具有约束力的,用以指导、规范和约束所有业主和物业使用人的行为守则。管理规约分成两类:一类是由物业建设单位制定的临时管理规约;另一类是由业主大会制定并通过的临时管理规约。物业服务费是指物业服务企业根据物业服务合同的约定,对房屋及配套的设施设备和相关场地进行维修、养护和管理,维护相关区域内的环境卫生和秩序等,向业主所收取的费用。物业服务费应当区分不同物业的性质和特点,分别实行政府指导价和市场调节价。住宅专项维修资金(原称住宅维修基金)是指由业主交纳,专项用于住房共用部位、共用设施设备保修期满后的维修、更新和改造的资金。

思考题

一、填空题

1. 根据使用功能的不同,物业可分为_____、_____、_____和_____。
2. 物业管理具有_____、_____、_____、_____的基本特性。
3. _____和_____是物业管理市场化的集中体现。

4. 物业管理的前期策划阶段的工作包括_____、_____两个基本阶段。

5. 物业管理的全面启动以_____为标志。

6. _____是物业服务企业必须做而且一定要做好的一项基础性工作。

7. 物业服务企业按业务性质划分，一般有_____、_____、_____等。

8. 物业服务企业的设立程序分为_____和_____两个阶段。

9. 物业服务合同一般由_____、_____和_____三部分组成。

10. 业主与物业服务企业可以采取_____等的形式约定物业服务费用。

11. 物业服务定价成本是指_____。

二、选择题

1. 物业管理的原则不包括( )。
A. 委托性服务原则
B. 以人为本、服务第一的原则
C. 业主自治管理与专业服务管理相结合的原则
D. 统一管理、综合服务的原则

2. 物业服务企业在领取营业执照之日起( )内，向当地的房地产主管部门申请资质。
A. 30 日　　　　　B. 3 个月　　　　C. 半年　　　　D. 1 年

3. 筹备组应当自组成之日起( )内完成筹备工作，组织召开首次业主大会会议。
A. 30 日　　　　　B. 90 日　　　　C. 半年　　　　D. 1 年

4. 业主委员会应当自选举产生之日起( )日内召开首次业主委员会会议。
A. 7　　　　　　　B. 10　　　　　　C. 15　　　　　　D. 30

5. 管理规约的特征不包括( )。
A. 约束力　　　　 B. 明确性　　　　C. 系统性　　　　D. 强制性

6. 物业服务收费的原则不包括( )。
A. 合理原则　　　　　　　　　　　B. 公开原则
C. 强制性原则　　　　　　　　　　D. 费用与服务水平相适应的原则

三、判断题

1. 物业是不可分割的。( )
2. 物业管理是一种企业化的经营管理行为。( )
3. 物业管理专业化与现代化大生产的社会化专业分工无关。( )
4. 入住管理是直接关系到物业管理工作能否正常、顺利开展的重要环节。( )
5. 档案资料的建立是物业服务企业必须要做而且一定要做好的一项基础性工作。( )
6. 物业服务企业资质等级分为一、二、三、四级。( )
7. 专项维修资金应当在行政主管部门指定的银行专户存储，专款专用。( )

四、问答题

1. 一个完整的物业至少应包括哪几个部分？
2. 什么是物业管理？如何理解物业管理的概念？
3. 如何理解物业管理的社会化？

4. 物业管理前期准备阶段的工作内容是什么?
5. 物业服务企业的特征是什么?
6. 物业服务企业在办理注册登记时应提交哪些资料?
7. 业主在物业管理活动中享有哪些权利?
8. 业主大会可以对哪些事项做出决定?
9. 业主委员会的职责是什么?
10. 简述管理规约制定的程序。
11. 实行物业服务收费酬金制方式的物业服务企业,应当履行哪些义务?
12. 住宅专项维修资金的交存方式有哪些?

模块 11　房地产纠纷处理制度与政策

知识目标

1. 了解房地产纠纷内容、分类及其处理原则；
2. 熟悉房地产法律责任的一般特征，掌握房地产法律责任的构成要件及房地产法律责任种类；
3. 掌握房地产行政复议的范围、管辖及程序；
4. 熟悉房地产行政诉讼的特点与原则，掌握房地产形成诉讼程序；
5. 熟悉房地产纠纷仲裁特征与原则，掌握房地产仲裁协议与程序；
6. 熟悉房地产民事诉讼范围与原则，掌握房地产民事诉讼的管辖与程序。

能力目标

能够明确房地产纠纷处理所采用的方式及不同方式的处理程序。

单元 1　房地产纠纷简介

纠纷一般是指争执的事情。它存在于社会生产与生活的各个领域，只要人的存在，人与人之间必然会产生争执。房地产纠纷是指公民之间、法人之间、公民与法人之间等，因房地产所有权、使用权、买卖、租赁、抵押、转让、交换及与房地产行政管理部门在管理过程中发生的争执。

随着房地产业的快速发展，房地产已经成为社会组织和个人财产权利的重要内容之一。在现实生活中，一方面，国家出台了大量房地产的法律法规；另一方面，在房地产的开发、经营、交易、管理过程中出现了大量权利纠纷。正确处理房地产纠纷将有利于房地产业的健康发展。房地产纠纷处理制度是房地产法律制度的重要组成部分，也是维护房地产权利人合法权益的保障。

一、房地产纠纷的内容与特征

房地产是财产的重要组成部分。随着我国社会主义市场经济深入发展,房地产所具有的价值日益充分显现。特别是房地产的增值和公民、法人及各种社会组织法律意识的增强,使房地产在社会经济生活中的作用日益重要。随着整个社会的房地产商品意识的提高,房地产纠纷也日益增多。

1. 房地产纠纷的内容

房地产纠纷一般包括以下两个方面的内容:

(1)因房地产的权益归属问题而发生的争执;

(2)因房地产所有权、使用权及他项权利在行使过程中所发生的争执,如房屋转让、租赁、抵押、交换等纠纷。

社会生活中的房地产纠纷是复杂多样的,既有历史遗留下来的房地产纠纷,又有在社会经济发展过程中产生的新类型的房地产纠纷。这些纠纷涉及面广,情况不一,复杂程度也不同。因此,在解决处理房地产纠纷争执时,应查清事实,分清是非,以事实为依据,以法律为准绳,客观、公平、合理地解决。

2. 房地产纠纷的特征

(1)纠纷主体具有多样性。房地产纠纷主体,不仅涉及各种类型的自然人、法人各种社会组织,还涉及国家行政机关。不仅自然人之间、法人之间、各种社会组织之间可能发生纠纷,还可能是自然人、法人及各种社会组织与政府房地产主管部门、其他主管部门发生纠纷,如与规划部门、住房城乡建设主管部门、市政管理部门、土地管理部门、房产管理部门甚至当地人民政府等发生纠纷。有时一幢房地产纠纷就涉及几个家庭、几代人。

(2)纠纷客体具有特定性。大量的房地产纠纷是房地产所有权和使用权及他项权利的行使过程中发生的问题。如共有房地产中的共有人之间就房地产转让、房地产抵押、房屋出租或由赠与等民事行为所产生的纠纷。又如,房地产开发过程中参建、联建所产生的房地产权益纠纷等。

(3)纠纷内容具有复杂性。首先,房地产纠纷涉及民事纠纷、行政纠纷,由此所承担的责任有民事责任、行政责任,甚至会有刑事责任;其次,有的房地产纠纷涉及产权产籍,特别是牵涉到历史遗留问题,因年代久远、权属更迭等原因致使取证困难;再次,有的房地产纠纷涉及房屋质量认定、价格评估、面积测算等,需要专业人员的鉴定或参与,具有较强的专业性和技术性。

(4)纠纷处理具有难度性。房地产纠纷涉及房地产的标的比较大,往往涉及利害关系当事人的切身利益,因而调解难度大。从处理房地产纠纷的实践分析,房地产纠纷的解决通过房地产仲裁、诉讼等途径不在少数。特别是近年来房地产纠纷出现的许多新问题、新情况更增加了房地产纠纷解决的难度。可见,房地产纠纷案件的调解难度很大,政策性也很强。

二、房地产纠纷分类

房地产纠纷一般可分为三大类:一是发生在平等民事主体之间(即公民之间、法人之间、公民与法人之间等)的民事纠纷;二是指发生在行政管理机关在行使房地产管理职权过程中的行政纠纷，一般表现为行政管理机关和与房地产相关的自然人、法人及各种社会组织之间的纠纷；三是指房地产纠纷当事人的行为触犯刑事法律而引起的刑事纠纷。前两种纠纷特别是第一种纠纷在房地产开发、经营、交易、管理等环节中不仅数量大，而且占主导地位。

房地产开发、经营、管理是一项由众多主体参加的涉及多项内容的系统活动，其纠纷表现为多样性、特定性、复杂性、难度性等特征。因此，房地产纠纷的类型有很多种，一般涉及表 11-1 的几个方面。

表 11-1　房地产纠纷常见类型

类型	内容
房地产权属纠纷	房地产权属纠纷是指涉及房地产的所有权或使用权纠纷。一般而言，房地产纠纷都直接或间接地涉及产权问题。房地产的所有权归属问题是一切房屋纠纷的核心。所以，明确或确认产权是正确处理各类房地产纠纷的关键
房地产转让纠纷	房地产转让纠纷是指涉及房地产权利人通过各种方式转移房地产过程中所发生的纠纷。由于房地产转让方式的多样性，由此产生的纠纷纷繁复杂、广泛众多，有关这类纠纷的投诉较多且有上升的趋势。它是当前房地产行政管理部门非常关注的问题之一
房屋租赁纠纷	房屋租赁纠纷是指出租方和承租方关于房屋租赁中权利与义务发生的纠纷。房屋租赁纠纷多数涉及租赁房屋的用途、租金、房屋维修及公房承租权等方面的法律问题。如房地产开发公司擅自将属于业主的共用部位、共用设施设备出租或借给其他人；物业服务企业未经业主的同意，擅自将业主未入住的房屋出租给其他人使用；租赁双方对租赁合同约定的有关条款是否履行的事宜；未经同意将房屋转租或转借情况等
房地产抵押纠纷	房地产抵押纠纷是指以房地产作抵押担保债权的实现过程产生的纠纷。随着房地产金融信用的进一步发展，房地产抵押也已是现实生活中的常见现象，为此也随之带来了一系列的纠纷
房地产开发纠纷	房地产开发纠纷是指房地产开发公司在房地产开发中与相关企业（如建筑企业、设计单位、动拆迁等单位）和政府主管部门（规划部门、土地管理部门、市政管理部门、房地产管理等部门）及供水、供电、供暖、供气、通信、交通等单位之间因房地产开发所引起的纠纷。主要指在房地产用地、拆迁、工程建设、工程监理、竣工验收等方面的纠纷
房地产经营纠纷	房地产经营纠纷是指房地产开发公司与相关企业（房地产销售代理企业、装饰装修企业、房地产中介服务等企业）和业主及房地产管理部门之间因房地产经营管理所引起的纠纷。主要指房地产销售、销售代理、售后服务等纠纷
房地产行政纠纷	房地产行政纠纷是指公民、法人或者其他组织对房地产行政管理机关处理决定不服而发生的纠纷。这类纠纷以诉讼方式解决，就是"民"告"官"的行政案件纠纷
房地产相邻关系纠纷	房地产相邻关系纠纷是指由相邻房地产的所有人或使用人因通行、排水、采光、空间延伸、管线设置等问题引起的纠纷
物业管理纠纷	物业管理纠纷是指在物业使用、维修、管理中各物业管理主体之间所发生的争执。物业管理纠纷主要有前期物业管理的纠纷、物业使用中的纠纷、物业维修的纠纷、物业管理服务的纠纷、物业服务收费的纠纷、物业服务企业与各管理部门、服务部门之间的纠纷、公有房屋管理等纠纷
其他类型	房产继承纠纷、房产分户、宅基地使用权纠纷等其他方面的纠纷

三、房地产纠纷处理的原则

在一般情况下，发生房地产纠纷时的处理原则是：有约定的按约定，无约定的按法律规定。按法律规定处理房地产纠纷，应该体现的基本原则是：以事实为依据，以法律为准绳。以事实为依据，就是在处理房地产纠纷时，只能以客观事实作为依据，不能以主观的想象、推测或想当然为依据；以法律为准绳，就是在处理房地产纠纷时，必须建立在产生纠纷事实的基础上，以国家的法律为标准，对纠纷作出正确的处理。其中，证明事实是关键，正确适用法律是结果，二者不可偏废。

单元2　房地产法律责任

法律责任是由特定法律事实所引起的对损害予以赔偿、补偿或接受惩罚的特殊义务，即由于违反第一性义务而引起的第二性义务。

房地产法律责任是指房地产法律关系主体由于违反房地产法律而应依法承担的对损害予以赔偿、补偿或接受惩罚的义务。房地产法律责任具有国家强制性，它是促使房地产各方当事人自觉履行义务，维护房地产市场良好秩序的可靠保障。

一、房地产法律责任的一般特征

（1）具有法定性。房地产法律责任的法定性主要表现了法律的强制性，即违反法律时，必然要受到法律的制裁。它是国家强制力在法律规范中的一个具体体现。

（2）法律关系的主体违反了法律会引起法律责任。法律关系的主体违反的法律不仅包括没有履行法定义务，而且包括超越法定权利。任何违反法定义务或超越法律权利的行为，都是对法律秩序的破坏，因而必然要受到国家强制力的修正或制裁。

（3）法律责任的大小同违反法律义务的程度相适应。违反法律义务的内容多、程度大，法律责任就大；相反，法律责任就小。

（4）法律责任须由专门的国家机关或部门来认定。法律责任是根据法律的规定让违法者承担一定的责任，是法律适用的一个组成部分。因此，它必须由专门的国家机关或部门来认定。

二、房地产法律责任的构成要件

通常，有违法行为就要承担法律责任，受到法律制裁。但是，并不是每一个违法行为都要引起法律责任，只有符合一定条件的违法行为才能引起法律责任。这种能引起法律责任的各种条件的总和称为法律责任的构成要件。

房地产法律责任的构成要件有两种：一是一般构成要件，即只要具备了这些条件就可以引起法律责任，法律无须明确规定这些条件；二是特殊要件，即只有具备法律规定的要件，才能构成法律责任。特殊要件必须有法律的明确规定。

1. 房地产法律责任的一般构成要件

房地产法律责任的一般构成要件由以下4个条件构成，它们之间互为联系、互为作用、缺一不可。

（1）房地产违法或违约行为。它是法律责任产生的前提条件，有行为才可能有责任。但行为包括作为和不作为两类。作为是行为主体主动积极的身体活动，行为人从事了法律所禁止或合同所不允许的事情，如开发商未取得房屋销售（预售）许可证就销售房屋。不作为是指人的消极的身体活动，行为人在能够履行自己应尽义务的情况下不履行该义务，也应承担法律责任，如隐蔽工程在隐蔽前，施工方通知开发商及时验收，而开发商不及时验收造成工期延误，迟延房屋交付使用。

(2)有损害事实发生。损害事实就是违法行为对法律所保护的社会关系和社会秩序造成的侵害。首先，这种损害事实具有客观性，即已经存在；不存在损害事实，则不构成法律责任。其次，损害事实不同于损害结果，损害结果是违法行为对行为指向的对象所造成的实际损害。由此可见，有些违法行为尽管没有损害结果，但已经侵犯了一定的社会关系或社会秩序，因而也要承担法律责任，如犯罪的预备、未遂、中止等。损害结果是房地产违法行为或违约行为侵犯他人或社会的权利和利益所造成的损失和伤害。它可以是人身损害、财产损害或精神损害。例如，施工单位强令冒险作业造成人员伤亡，即可能承担精神损害赔偿责任。

(3)违法行为与损害事实之间有因果关系。因果关系是指房地产违法或违约行为与损害事实之间的必然联系。它是一种引起与被引起的关系，即一现象的出现是由于先前存在的另一现象引起的，这二者之间就具有因果关系。因果关系是归责的基础和前提，是认定法律责任的基本依据。

(4)违法者主观上有过错。主观过错是指行为人实施房地产违法行为或违约行为时的主观心理状态。不同的主观心理状态对认定某一行为是否有责及承担何种法律责任有着直接的联系。主观过错包括故意和过失两类。如果行为人在主观上既没有故意也没有过失，则行为人对损害结果一般不必承担法律责任。例如，企业在施工过程中遇到严重的暴风雨，造成停工，从而延误了工期，在这种情况下，停工行为和延误工期造成的损失的结果并非出自施工者的故意和过失，而属于意外事件，因而不应承担法律责任。

2. 房地产法律责任的特殊构成要件

房地产法律责任的特殊构成要件是指由法律特殊规定的法律责任的构成要件，它们不是有机地结合在一起的，而是分别同一般构成要件构成法律责任。

(1)特殊主体。在一般构成要件中对违法者（即承担责任的主体）没有特殊规定，只要具备了相应的行为能力即可成为责任主体。而特殊主体则不同，它是指法律规定违法者必须具备一定的身份和职务才能承担法律责任。这种特殊主体主要指刑事责任中的职务犯罪（如贪污、受贿等）和行政责任中的职务违法（如徇私舞弊、以权谋私等）。不具备这一条件时，不承担这类责任。

(2)特殊结果。在一般构成要件中，只要有损害事实的发生就要承担相应的法律责任，而在特殊结果中一般要求后果严重，损失重大，否则不能构成法律责任。例如，质量监督人员对工程的质量监督工作粗心大意，不负责任，没有发现应当发现的隐患，造成严重的质量事故，因此，他就要承担玩忽职守的法律责任。

(3)无过错责任。一般构成要件都要求违法者主观上必须有过错，但许多民事责任的构成要件不要求行为者主观上是否有过错，只要有损害责任的发生，受益人就要承担一定的法律责任。这种责任主要反映了法律责任的补偿性，不具有法律制裁意义。

(4)转承责任。一般构成要件都要求实施违法行为者承担法律责任，但在民法和行政法中，有些法律责任要求与违法者有一定关系的第三人来承担。例如，未成年人将他人打伤的侵权赔偿责任，应由未成年人的监护人来承担。

三、房地产法律责任的种类

1. 刑事法律责任

刑事法律责任是指当事人由于违反刑事法律规定的义务构成刑事违法而依法承担法律上的后果。承担刑事法律责任的刑罚种类主要有以下两类：

（1）主刑，即管制、拘役、有期徒刑、无期徒刑、死刑；

（2）附加刑，包括罚金、剥夺政治权利、没收财产。

2. 行政法律责任

行政法律责任是指行政法律关系主体由于违反行政法律规范规定的义务构成行政违法及行政不当而依法承担法律上的消极后果。它包括以下两种情况：

（1）自然人和法人因违反行政管理法律、法规的行为而应承担的行政责任；

（2）国家工作人员在执行职务时违反行政法规的行为。

与此相适应的行政法律责任的承担方式分为两类：

（1）行政处罚，即由国家行政机关或授权的企事业单位、社会团体，对自然人和法人违反行政管理法律和法规的行为所实施的制裁，主要有罚款、拘留、没收、责令停业整顿、吊销营业执照等；

（2）行政处分，即由国家机关、企事业单位对其工作人员违反行政法规或政纪的行为所实施的制裁，主要有警告、记过、记大过、降职、降薪、撤职、留用察看、开除等。

3. 民事法律责任

民事法律责任是指违反合同或其他民事义务而应负的法律责任。民事法律责任与刑事法律责任、行政法律责任相比有如下不同的法律特征。

（1）责任性质不同。民事法律责任主要是补偿性的，以财产补偿为主，非财产性的排除措施为辅（停止侵害、排除妨碍、消除影响、赔礼道歉等）。

（2）处理原则不同。一般经济赔偿只能等于不能高于受害人所受的损失。

（3）财产归属不同。补偿归受害人。

（4）强制程度不同。民事法律责任除法律规定外，往往还允许当事人自由处分，可以自行协商，或减或免，国家一般不干预。

4. 经济法律责任

经济法律责任是指经济法主体因违反经济法律和法规而应承担的法律责任。由于经济法律关系包含了行政、民事法律关系的内容，因此，其法律责任的承担方式主要是行政法律责任和民事法律责任的承担方式，如果违反经济法律关系的行为触犯了《中华人民共和国刑法》（以下简称《刑法》）的规定，那么，必须承担刑事法律责任。

单元 3　房地产行政复议

房地产行政复议是国家房地产行政机关审查行政决定或行政处罚是否合法和适当的一种行政监督，是有复议权的行政机关对复议申请进行审查和裁定的行政行为。

房地产行政复议是行政相对人认为行政主体的具体行政行为侵犯其合法权益，依法向行政复议机关提出重新审定该具体行政行为的申请，行政复议机关依法对被申请的具体行政行为进行合法性、适当性审查，并作出复议决定的一种法律制度。行政复议机关通过行政复议，对下级房地产管理机关所作的行政处罚或行政处理进行复查，维持正确合法的行政决定，纠正或撤销不合法、不适当的行政决定，这种复查的过程，就是实施监督的过程。这样做，有利于房地产管理机关依法行政，正确贯彻国家的房地产政策，正确实施房地产法律、法规，做好房地产开发、交易、使用、管理等工作。

一、房地产行政复议的范围

有下列情形之一的，行政相对人可以提出行政复议的申请：

(1)对行政机关作出的警告、罚款、没收违法所得、没收非法财物、责令停产停业、暂扣或者吊销许可证、暂扣或者吊销执照、行政拘留等行政处罚决定不服的；

(2)对行政机关作出的限制人身自由或者查封、扣押、冻结财产等行政强制措施决定不服的；

(3)对行政机关作出的有关许可证、执照、资质证、资格证等证书变更、中止、撤销的决定不服的；

(4)对行政机关作出的关于确认土地、矿藏、水流、森林、山岭、草原、荒地、滩涂、海域等自然资源的所有权或者使用权的决定不服的；

(5)认为行政机关侵犯合法的经营自主权的；

(6)认为行政机关变更或者废止农业承包合同，侵犯其合法权益的；

(7)认为行政机关违法集资、征收财物、摊派费用或者违法要求履行其他义务的；

(8)认为符合法定条件，申请行政机关颁发许可证、执照、资质证、资格证等证书，或者申请行政机关审批、登记有关事项，行政机关没有依法办理的；

(9)申请行政机关履行保护人身权利、财产权利、受教育权利的法定职责，行政机关没有依法履行的；

(10)申请行政机关依法发放抚恤金、社会保险金或者最低生活保障费，行政机关没有依法发放的；

(11)认为行政机关的其他具体行政行为侵犯其合法权益的。

另外，房地产行政复议机关还可受理法律、法规、规章规定可以申请复议的房地产行政案件。但是，对房地产民事纠纷的仲裁或处理不服的，不得申请行政复议。

二、房地产行政复议的管辖

行政复议的管辖即行政相对人对具体行政行为不服应向哪个行政复议机关提出申请，并由其受理和审查。

(1)对县级以上地方各级人民政府工作部门的具体行政行为不服的，由申请人选择，可以向该部门的本级人民政府申请行政复议，也可以向上一级主管部门申请行政复议。

(2)对地方各级人民政府的具体行政行为不服的，向上一级地方人民政府申请行政复议。

对省、自治区人民政府依法设立的派出机关所属的县级地方人民政府的具体行政行为

不服的,向该派出机关申请行政复议。

(3)对国务院部门或者省、自治区、直辖市人民政府的具体行政行为不服的,向作出该具体行政行为的国务院部门或者省、自治区、直辖市人民政府申请行政复议。对行政复议决定不服的,可以向人民法院提起行政诉讼;也可以向国务院申请裁决,国务院依照本法的规定作出最终裁决。

申请人申请行政复议,行政复议机关已经依法受理的;或者法律、法规规定应当先向行政复议机关申请行政复议的,在法定行政复议的期限内不得向人民法院提起诉讼。

申请人向人民法院提起行政诉讼,人民法院已经依法受理的,不得申请行政复议。

三、房地产行政复议程序

1. 申请

申请人应自知道该具体行政行为侵犯其合法权益之日起 60 日内提出行政复议申请。但是法律规定的申请期限超过 60 日的除外。因不可抗力或者其他正当理由耽误法定申请期限的,申请期限自障碍消除之日起继续计算。

申请的形式:申请人申请行政复议一般采用书面形式,也可以采用口头形式。

2. 受理

行政复议机关收到行政复议申请后,应当在 5 日内进行审查,对不符合《中华人民共和国行政复议法》(以下简称《行政复议法》)规定的行政复议申请,决定不予受理,并书面告知申请人,对符合《行政复议法》的规定,但是不属于本机关受理的行政复议申请,应当告知申请人向有关行政复议机关提出。

3. 审理

行政复议机关应当自行政复议申请受理之日起 7 日内,将行政复议申请书副本或行政复议申请笔录复印件发送到被申请人。被申请人自收到之日起 10 日内提出书面答复,并提交当初作出具体行政行为的证据、依据和其他有关材料。为防止行政主体违反"先取证后决定"的行政程序,在行政复议过程中,被申请人不得自行向申请人和其他有关组织或个人收集证据。

对申请人在申请行政复议时,一并提出的对有关行政规定的审查申请,行政复议机关对该规定有权处理的,应当在 30 日内依法处理;无权处理的,应当在 7 日内转有权处理的行政机关依法处理,有权处理的行政机关应当在 60 日内依法处理。处理期间,中止行政行为的审查。

行政复议期间行政行为不停止执行,但有下列情形的除外:
(1)被申请人认为需要停止执行的;
(2)行政复议机关认为需要停止执行的;
(3)申请人申请停止执行,行政复议机关认为其要求合理,决定停止执行的;
(4)法律规定停止执行的。

4. 决定

行政复议机关经过审理后,根据具体情况,可以作出以下决定:
(1)具体行政行为认定事实清楚,证据确凿,适用依据正确,程序合法,内容适当的,应作出维持具体行政行为决定。

(2)被申请人不履行法定职责的,应作出限期履行决定。

(3)具体行政行为主要事实不清、证据不足的;适用依据错误的;违反法定程序的;超越或滥用职权的,具体行政行为明显不当的,应做出撤销决定,变更决定或确认违法决定。

(4)被申请的具体行政行为侵犯申请人的合法权益造成损害,申请人据此请求赔偿的,行政复议机关在作出撤销决定、变更决定或确认违法决定的同时,应当责令被申请人依法赔偿申请人的损失。申请人没有提出行政赔偿请求的,行政复议机关在作出撤销决定、变更决定或确认违法决定时,应当责令被申请人返还申请人财产、解除对财产的查封、扣押、冻结措施,或者赔偿相应的价款。

行政复议机关应当在自受理行政复议申请之日起60日内作出行政复议决定。对情况复杂,不能在规定期限内作出行政复议决定的,经行政复议机关负责人批准,可以适当延长,并告知申请人和被申请人,但延长期限最多不得超过30日。

单元4　房地产行政诉讼

房地产行政诉讼是人民法院通过审理行政案件对房地产管理机关及其工作人员的行政行为实施监督的一种制度。

一、房地产行政诉讼的特点

房地产行政诉讼是指公民、法人和其他组织对国家行政机关就有关当事人的房地产管理所作出的具体行政行为不服依法向人民法院提起诉讼,人民法院在当事人及其他诉讼参与人的参与下,对具体行政行为的合法性进行审查并作出裁决的活动。因房地产纠纷提起的行政诉讼,由房地产所在地法院管辖。我国1990年10月1日起实施的《中华人民共和国行政诉讼法》(以下简称《行政诉讼法》)是审理房地产行政诉讼案件的程序法,是诉讼活动的准则,它具有以下特点:

(1)被告必须是国家行政机关,即行政主体。不是以国家行政机关作为被告的诉讼不是房地产行政诉讼。

(2)房地产行政诉讼是针对行政机关和行政机关工作人员作出的有关房地产内容的具体行政行为而提起的诉讼。也就是说必须是因公民、法人或者其他组织,认为行政机关和行政机关工作人员的具体行政行为侵犯其合法权益而提起的。

(3)房地产行政诉讼中的原告是公民、法人或者其他组织,是相对于房地产行政机关而言的,因而称为行政相对人。这些相对人单方认为行政机关的具体行政行为侵犯其合法权益,就可以提起房地产行政诉讼。

(4)房地产行政诉讼必须是向人民法院提起,由人民法院受理才能成立。

二、房地产行政诉讼的特别原则

房地产行政诉讼是行政诉讼的一部分,在行政诉讼中应当遵循的基本原则,在房地产行政诉讼中同样应当遵守。但是,由于房地产自身特点决定了房地产行政诉讼的特别原则:

(1)对公民起诉权给予充分保障的原则。在房地产行政诉讼中,只有公民、法人或其他组织享有起诉权,这是房地产行政诉讼中的原告;作出具体行政行为的行政机关无权提起行政诉讼,只能是房地产行政诉讼中的被告。行政机关只有上诉权,没有反诉权。

(2)被告负有举证责任原则。在房地产行政诉讼中,行政机关负有主要举证责任。应当提供作出该具体行政行为的证据和所依据的规范性文件。一般情况下,房地产具体行政行为的作出是被告单方面意思表示,因此,应当有事实证据和法律依据。

(3)诉讼期间原行政行为不停止执行的原则。行政机关作出的具体行政行为被提起诉讼后,该具体行政行为不停止执行。这是为了保障国家行政管理的权威性和连续性,不因提起诉讼而中断或贻误,而使国家和公众利益受到损失。《行政诉讼法》也规定了诉讼期间只有在以下 3 种情况下,才能停止具体行政行为的执行:

1)被告认为需要停止执行的;

2)原告或者利害关系人申请停止执行,人民法院认为该具体行政行为的执行会造成难以弥补的损失,并且停止执行不损害社会公共利益,裁定停止执行的;

3)人民法院认为该行政行为的执行会给国家利益、社会公共利益造成重大损害的;

4)法律、法规规定停止执行的。

(4)不得调解原则。房地产行政诉讼,不得采用调解作为审理程序或结案方式,应以判决方式解决房地产纠纷案件。

(5)审查具体行政行为的合法性原则。《行政诉讼法》规定:"人民法院审理行政案件,对具体行政行为是否合法进行审查。"这一原则完全适用于房地产纠纷的行政诉讼。

三、房地产行政诉讼的受案范围

房地产行政诉讼案件的受案范围是指那些房地产行政案件由法院受理并负责解决的。与刑事案件、民事案件统一由人民法院管理的不同,房地产行政案件只有一部分由人民法院受理并负责解决。根据《行政诉讼法》的规定,房地产行政诉讼的受案范围主要有:

(1)对罚款、吊销许可证和执照、责令停产停业、没收房地产等行政处罚不服的;

(2)认为房地产行政管理机关侵犯法律规定的房地产企业经营自主权的;

(3)认为符合条件申请房地产行政管理机关颁发产权证、许可证和执照,房地产行政机关拒绝颁发或不予答复的;

(4)申请房地产行政管理机关履行保护人身权、财产权的法定职责,房地产行政管理机关拒绝履行或不予答复的;

(5)法律、法规规定可以提起诉讼的其他行政案件。

四、房地产行政诉讼程序

(一)行政诉讼的第一审程序

房地产行政诉讼的第一审程序主要包括起诉、受理、开庭审理、判决或裁定等。

1. 起诉

起诉是指公民、法人或者其他组织认为房地产行政管理机关的具体行政行为侵犯其合法权益，依法请求人民法院行使国家审判权给予司法保护的诉讼行为。

(1)起诉的条件。根据《行政诉讼法》的规定，提起房地产行政诉讼必须具备以下条件：

1)原告是符合《行政诉讼法》第二十六条规定的公民、法人或者其他组织；

2)有明确的被告；

3)有具体的诉讼请求和事实根据；

4)属于人民法院受案范围和受诉人民法院管辖。

起诉必须同时具备以上4个法定条件，缺一不可，否则，起诉不能成立。

(2)起诉的方式。起诉应以书面形式进行。原告起诉时，已委托他人代为诉讼的，应当将授权委托书随诉状一同递交人民法院。

(3)起诉的期限。房地产行政诉讼期限是指房地产管理机关的行政相对人(公民、法人或其他组织)不服房地产管理机关的具体行政行为，向人民法院提起行政诉讼的法定期限。当事人只有在法定期限内行使自己的权利，才能得到法律的保护，否则，当事人便丧失了向法院提起行政诉讼的权利。

1)直接向人民法院起诉的期限。《行政诉讼法》规定："公民、法人或者其他组织直接向人民法院提起诉讼的，应当自知道或者应当知道作出具体行政行为之日起六个月内提出。"但是，这一诉讼期限的规定并不完全适宜于房地产管理中的行政诉讼。《行政诉讼法》还规定直接提起诉讼的一般期限，法律另有规定的除外。房地产案件诉讼的期限除适用于行政诉讼的一般期限规定外，对法律另有规定的，适用法律规定。如依据《中华人民共和国土地管理法》的规定："当事人对有关人民政府的处理决定不服的，可以自接到处理决定通知之日起三十日内，向人民法院起诉。"另外，《中华人民共和国土地管理法》还规定："当事人对行政处罚决定不服的，可以在接到处罚决定通知书之日起15日内向人民法院起诉。"房地产案件诉讼的期限应该适用《土地管理法》中关于期限的规定，即分别为15天和30天。

2)不服行政复议提起诉讼的期限。《行政诉讼法》和《行政复议法》都规定："公民、法人或者其他组织不服复议决定的，可以在收到复议决定书之日起15日内向人民法院提起诉讼。复议机关逾期不作决定的，申请人可以在复议期满之日起15日内向人民法院提起诉讼。法律另有规定的除外。"不服行政复议提起的房地产行政诉讼的期限一般为15日。

2. 受理

人民法院收到原告的房地产行政纠纷案件起诉状后，应当认真进行审查，以决定是否受理。

法院应当在7日内立案或作出裁定不予受理。原告对不予受理的裁定不服的，可以提出上诉。

3. 开庭审理

开庭审理是要核实证据、查明事实、分清是非、解决纠纷。因此，开庭审理是行政诉讼的重要阶段。房地产行政诉讼案件一般以公开审理为原则，经过开庭准备、法庭调查、法庭辩论、合议庭评议4种程序后，能够当庭宣判的，当庭宣判；不能当庭宣判的，可以定期宣判。

4. 判决或裁定

(1)判决。判决是人民法院在审理房地产行政案件终结后，根据事实和法律，以国家审判机关的名义，就房地产行政案件作出的处理决定。

根据《行政诉讼法》的规定，第一审人民法院可以做出以下判决：

1）维持判决；

2）撤销判决；

3）履行判决；

4）变更判决；

5）赔偿判决。

（2）裁定。裁定是指人民法院对案件审理过程所发生的程序问题做出的处理决定。对一审法院判决不服的，行政诉讼当事人自一审判决书送达之日起15日内提起上诉；对一审裁定不服的，行政诉讼当事人自一审裁定书送达之日起10日内提起上诉。

（二）行政诉讼的第二审程序

房地产纠纷行政诉讼的第二审程序，是指人民法院根据房地产纠纷行政诉讼当事人上诉，对下级人民法院尚未发生法律效力的房地产纠纷行政诉讼的判决、裁定进行审理的程序。

1. 上诉

上诉是指当事人不服第一审人民法院对房地产行政案件作出的判决、裁定，在法定期限内请求上级人民法院对第一审的判决、裁定进行审理，并要求撤销或变更原判决、裁定的诉讼行为。

2. 上诉的受理

当事人依法提起上诉，第二审人民法院接到上诉状后，经认真审理认为符合上诉条件的，应立案受理。

3. 上诉案件的审理

（1）审理范围。第二审人民法院对上诉案件的审理，必须全面审查第一审法院所认定的事实是否清楚，适用法律、法规是否正确，有无违反法定程序。不受上诉范围的限制。

（2）审理方式。根据《行政诉讼法》的规定，第二审人民法院审理上诉案件可以开庭审理，也可以书面审理。书面审理的适用条件是上诉案件事实清楚。

（3）审理期限。《行政诉讼法》规定，人民法院审理上诉案件，应当在收到上诉状之日起3个月内作出终审判决。有特殊情况需要延长的，由高级人民法院批准，高级人民法院审理上诉案件需要延长的，由最高人民法院批准。

4. 宣判

第二审法院宣告判决，可以自行宣判，也可以委托原审法院或者当事人所在地人民法院代行宣判。

5. 上诉案件的裁判

《行政诉讼法》规定，第二审法院对房地产行政纠纷上诉案件，经过审理，按下列情形分别处理：维持原判、依法改判、撤销原判，发回重审。

单元5 房地产纠纷的仲裁

仲裁是指争议双方在争议发生前或争议发生后达成协议，自愿将争议提请无直接利害关系的第三者作出裁决，双方有义务执行的一种解决争议的办法。

一、房地产纠纷仲裁特征

房地产纠纷仲裁是当公民之间、法人之间、公民与法人之间,在房地产所有权、使用权、买卖、租赁和拆迁等方面发生纠纷,经过协商不能妥善解决时,提请仲裁机构依照国家法律、法规和地方性行政规章、规定作出仲裁的活动。它是一种准司法性的专业化仲裁,既非司法行为,又有部分司法行为的效力;它既区别于人民法院对房地产纠纷的审判活动,又区别于房地产行政管理机关的管理活动。房地产纠纷仲裁在机构设置、活动程序及行为效力上都具有准司法性。房地产纠纷仲裁是解决民事权益争议的一种方式。仲裁一般具有以下特征:

(1)仲裁的发生是以房地产纠纷当事人自愿为前提。
(2)仲裁的客体是当事人之间发生的一定范围的争议。
(3)仲裁须有三方活动主体。
(4)仲裁裁决具有强制性。当事人选择用仲裁方式解决争议,仲裁裁决即有法律效力,双方当事人都应自觉履行,否则可以向人民法院申请强制执行。

二、房地产纠纷仲裁原则

房地产纠纷仲裁应遵循的原则见表 11-2。

表 11-2 房地产纠纷仲裁应遵循的原则

原则	内容
自愿原则	在房地产纠纷发生后,双方当事人是否申请仲裁,以及在仲裁过程中当事人是否同意达成调解,完全出自当事人自己的意愿,别人无法强迫
先行调解原则	仲裁机关在仲裁活动中先行调解,是我国仲裁制度的一大特点
一次裁决的原则	仲裁机构在处理房地产纠纷案件时,实行一次裁决的制度。所谓一次裁决,就是指仲裁机构对纠纷依法裁决后,当事人不能就同一纠纷再申请仲裁或向法院起诉
以事实为根据,以法律为准绳原则	对房地产纠纷进行仲裁,是为了通过解决实体权利义务的争议,贯彻国家关于房地产管理的法律、法规及政策规定,保护当事人的合法权利
当事人权利平等原则	当事人权利平等原则包含着两层含义: (1)在仲裁过程中双方当事人处于同等的地位; (2)当事人在适用法律上一律平等
回避原则	回避是指房地产纠纷仲裁庭组成人员中有不应参与案件仲裁情况的,应按规定退出仲裁庭
辩论原则	它是指在房地产纠纷仲裁中,双方当事人在仲裁机构的主持下,对于发生争议的事实各抒己见,提出各自的理由和主张,进行反驳和答辩

三、房地产纠纷仲裁协议

房地产纠纷仲裁协议是指房地产纠纷双方当事人自愿将他们之间已经发生的或将来可能发生的依法可以仲裁解决的房地产纠纷提交仲裁机构进行裁决的共同意思表示。

房地产纠纷仲裁协议是仲裁机构受理当事人争议的重要依据。仲裁协议应该明确、具体。仲裁协议一般应包括以下内容：

(1)请求仲裁的意思表示，即双方当事人在发生纠纷时要提请仲裁的表示。

(2)请求仲裁事项，是指提请仲裁的纠纷范围，即请求"仲裁什么"。仲裁事项必须明确约定，不可疏漏，也不能超出法律规定的仲裁范围，否则无效。

(3)选定仲裁委员会，即解决在哪里仲裁的问题。根据《中华人民共和国仲裁法》的规定，我国大中城市，即直辖市、省和自治区人民政府所在地，以及有建立仲裁机构需要的其他设区的市，都将设有仲裁委员会，仲裁不实行级别管辖和地域管辖，只要当事人双方合意，可以任意选定一个仲裁委员会，为已经发生或者将来可能发生的争议进行仲裁。

四、房地产纠纷仲裁协议的法律效力

仲裁协议是双方当事人将其争议提交仲裁解决的共同意思表示。该协议的成立将对双方当事人产生以下法律效力：

(1)对仲裁协议范围内的仲裁事项，双方当事人只能通过仲裁解决已经发生的争议或将来可能发生的争议。即如果发生仲裁范围内的争议，任何一方当事人都有权向有关仲裁机构提出仲裁申请。

(2)对任何提交仲裁的超出仲裁事项以外的争议，对方当事人有权决定是否承认和参加该项仲裁。如果该当事人决定不承认该事项仲裁，则有权对该事项的受理仲裁机构提出异议。

(3)如果一方当事人将仲裁事项向法院提起诉讼，另一方当事人有权依据仲裁协议，要求法院停止诉讼程序，将争议交还仲裁机构。

(4)双方当事人同意仲裁解决争议，即承认了仲裁裁决对双方的法律约束力，他们有义务履行仲裁裁决，除非该裁决被法院裁定撤销或不予执行。

五、房地产纠纷仲裁程序

1. 申请与受理

订有仲裁协议的双方当事人，在发生合同纠纷或财产权益纠纷后，任何一方均可向选定的仲裁委员会申请仲裁。仲裁委员会在收到申请书5日内，认为符合受理条件的，应当受理。

2. 组成仲裁庭

仲裁庭包括合议仲裁庭和独任仲裁庭两种。合议仲裁庭由3名仲裁员组成，设首席仲裁员；独任仲裁庭由1名仲裁员组成，即由1名仲裁员对争议案件进行审理并作出裁决。

3. 仲裁审理

仲裁审理的方式分为开庭审理和书面审理两种。仲裁一般都采取开庭审理的方式。在开庭审理中，首先由首席仲裁员或独任仲裁员宣布开庭，然后进行庭审调查和庭审辩论。在作出裁决前，可以进行调解。调解达成协议的，仲裁庭应制作调解书或根据双方协议结果，制作裁决书；调解未达成协议的，由仲裁庭按照多数仲裁员的意见作出裁决，不能形成多数意见时，按首席仲裁员的意见作出裁决。

4. 执行

调解书或裁决书生效后，当事人应当履行裁决。一方当事人不履行的，对方可向有管辖权的人民法院申请强制执行。

六、人民法院对仲裁的支持和监督

对依法设立的仲裁机构的裁决，如一方当事人不履行，另一方当事人申请执行时，受申请的人民法院应当执行，不可无故推拖。人民法院对申请执行的裁决是有审查和不予执行的权利的。一般情况下人民法院不主动进行审查。如果被申请执行的当事人提出证据证明仲裁裁决错误，法院审查核实；如没有提出问题，法院就不必全面审查。

当事人向人民法院申请执行仲裁裁决应在执行期限内提出。根据《中华人民共和国民事诉讼法》(以下简称《民事诉讼法》)规定，申请执行的期间为二年。申请执行时效的中止、中断，适用法律有关诉讼时效中止、中断的规定。前款规定的期间，从法律文书规定履行期间的最后一日起计算；法律文书规定分期履行的，从规定的每次履行期间的最后一日起计算；法律文书未规定履行期间的，从法律文书生效之日起计算。

单元6　房地产民事诉讼

房地产纠纷民事诉讼是指人民法院在房地产纠纷当事人和其他诉讼参与人的共同参加下，依照法定程序审理房地产民事纠纷案件过程中所进行的各种诉讼活动，以及通过这些活动所形成的各种诉讼法律关系的总称。

房地产纠纷诉讼是为了解决公民之间、法人之间或者其他组织之间，以及他们相互之间的财产关系所引起的争议。因此，对房地产纠纷案件的审理要依据《民事诉讼法》所规定的程序进行。诉讼程序是诉讼法规定的司法机关在当事人和其他诉讼参与人的参加下，进行诉讼活动的法定程序。

一、民事诉讼适用范围和基本原则

根据《民事诉讼法》的规定，民事诉讼的适用范围是公民之间、法人之间、其他组织之间，以及他们相互之间因财产关系和人身关系向人民法院提起的民事诉讼。

我国民事诉讼的基本原则包括以下方面：

1. 当事人诉讼权利平等原则

我国《民事诉讼法》第八条规定："民事诉讼当时人有平等的诉讼权利，人民法院审理民事案件，应当保障和便利当事人行使诉讼权利，对当事人在适用法律上一律平等。"

2. 调解原则

人民法院审理民事案件，对于能够调解的案件，应采用调解方式结案；调解应当自愿、合法；调解贯穿于审判过程的始终；对于调解不成的，不能只调不决，应及时判决。

3. 辩论原则

辩论原则是指双方当事人可以采取书面或口头的形式，提出有利于自己的事实和理由，相互辩驳，以维护自己的民事实体权利的原则。该原则是民事诉讼活动的一项重要民主原则。

4. 处分原则

当事人对自己享有的民事权利和诉讼权利，可以行使，也可以放弃，诉讼当事人可以委托代理人，也可以不委托代理人；可以对法院的判决提出上诉，也可以不上诉。但当事人在处分这些权利时，不能违背法律的规定。

5. 人民检察院对民事审判活动实行法律监督

人民检察院有权对民事审判活动进行监督，其监督的方式对法院已经生效的判决、裁定，如有认定事实的主要证据不足的，适用法律有错误的等情况，按审判监督程序提出抗诉。

6. 支持起诉的原则

国家、社会、团体、企事业单位都可以支持起诉，但个人无权支持起诉。

二、房地产民事诉讼的管辖

当事人因房地产权益与他人发生纠纷时，如果需要向人民法院提起民事诉讼的，应当向房地产所在地的人民法院起诉。根据《民事诉讼法》关于管辖的规定，对公民、法人或者其他组织提起的民事诉讼，由被告住所地人民法院管辖；因合同纠纷提起的诉讼，由被告住所地或者合同履行地人民法院管辖；因侵权行为提起的诉讼，由侵权行为地或者被告住所地人民法院管辖。同时，我国《民事诉讼法》还规定，因不动产纠纷提起的诉讼，由不动产所在地人民法院管辖。因不动产提起的诉讼，通常是不动产权益人为了维持其财产权益而提起的诉讼。

房地产诉讼，在民事诉讼的案件管辖中属于专属管辖。专属管辖是一种特殊的地域管辖。其特殊性表现为凡属专属管辖的诉讼，既不允许其他同级人民法院争相管辖，又不能由当事人协议选择管辖，只能由法律规定的法院管辖。

三、房地产民事诉讼程序

（一）房地产民事诉讼的第一审程序

诉讼程序是诉讼法规定的司法机关在当事人和其他诉讼参与人的参加下，进行诉讼活动的法定程序。房地产纠纷案件的审理要依据《民事诉讼法》规定的程序进行。房地产纠纷诉讼的基本程序是：

1. 起诉

起诉是当事人为了维护自己的合法权益，以自己的名义请求法院通过审判予以法律保护的一种诉讼活动。

起诉的条件为：

（1）原告是与本案有直接利害关系的公民、法人和其他组织；

（2）有明确的被告；

（3）有具体的诉讼请求和事实、理由；

（4）属于法院受理民事诉讼的范围和受诉人民法院管辖。

起诉必须同时具备以上4个法定条件，缺一不可，否则，起诉不能成立。

起诉有书面起诉和口头起诉两种方式。需要特别说明的是，依照《民事诉讼法》的规定，书面起诉是原则，口头起诉是例外，只有在特殊情况下才允许原告口头起诉。

2. 受理

受理是指法院对当事人的起诉经审查后，认为符合法定条件，决定立案审理，从而引起诉讼程序开始的诉讼行为。民事案件只有通过起诉和受理，诉讼程序才能开始。

法院除进行诉讼时效的审查外，还要审查是否符合起诉条件，对符合起诉案件的房地产案件，应在 7 日内立案受理，并通知当事人；对不符合起诉条件的，或超过诉讼时效期间的房地产纠纷的案件，应当在 7 日内裁定不予受理。

3. 开庭审理

开庭审理是指法院在当事人及其他诉讼参与人的参加下，依照法定形式程序，在法庭上对房地产案件进行实体审理的诉讼活动过程。开庭审理的目的是核实证据、查明事实、分清是非、解决纠纷。因此，开庭审理是民事诉讼的重要阶段。开庭审理包括审理阶段、法庭调查阶段、法庭辩论阶段、法庭调解阶段、合议庭评议阶段，以及宣判阶段。人民法院对于房地产纠纷案件，无论是公开审理还是不公开审理，在宣告判决时一律公开进行。当庭宣判的，应当在 10 日内发送判决书；定期宣判的，宣判后立即发给判决书。宣告判决时，人民法院必须告知当事人上诉权利、上诉期限和上诉的法院。

（二）房地产民事诉讼的第二审程序

第二审程序是指人民法院根据当事人的上诉，对下一级人民法院未发生法律效力的判决和裁定进行审理和裁判的程序。

房地产纠纷民事诉讼的第二审程序，是因为当事人不服第一审人民法院的房地产诉讼的判决、裁定提起上诉而进行的程序。房地产纠纷民事诉讼的第二审程序，又称为房地产纠纷民事诉讼的上诉审理程序。

1. 上诉的提起

上诉是指当事人不服第一审人民法院对房地产民事案件作出的判决、裁定，在法定期限内请求上级人民法院对第一审的判决、裁定进行审理，并要求撤销或变更原判决、裁定的诉讼行为。

2. 上诉的受理

当事人依法提起上诉，第二审人民法院接到上诉状后，经认真审查，认为符合上诉条件的，应立案受理。

3. 上诉案件的审理

(1) 审理范围。根据《民事诉讼法》的规定，第二审人民法院应对上诉请求的有关事实和理由进行审理。如果发现在上诉请求以外，原裁判确有错误的，也应予以纠正。

(2) 审理方式。《民事诉讼法》规定，第二审人民法院审理上诉案件以开庭审理为原则。

(3) 审理地点。第二审人民法院审理上诉案件，可以在本院进行，也可以在案件发生地或原审人民法院所在地进行。

(4) 审理期限。《民事诉讼法》规定，人民法院审理对判决的上诉案件，应当在二审立案之日起 3 个月内审结。有特殊情况需要延长的，由本院院长批准。人民法院审理对裁定的上诉案件，应当在第二审立案之日起 30 日内作出终审裁定。

(5) 宣判。第二审人民法院宣告判决，可以自行宣判，也可以委托原审人民法院或者当事人所在地人民法院代行宣判。

4. 上诉案件的裁判

第二审人民法院对房地产纠纷上诉案件，经过审理，按维持原判决、依法改判、发回重审分别处理。

模块小结

房地产纠纷处理制度是房地产法律制度的重要组成部分，也是维护房地产权利人合法权益的保障。房地产纠纷一般包括两个方面的内容：一方面是因房地产的权益归属问题而发生的争执；另一方面是因房地产所有权、使用权以及他项权利在行使过程中所发生的争执，如房屋转让、租赁、抵押、交换等纠纷。房地产法律责任是指房地产法律关系主体由于违反房地产法律而应依法承担的对损害予以赔偿、补偿或接受惩罚的义务。房地产法律责任具有国家强制性，它是促使房地产各方当事人自觉履行义务，维护房地产市场良好秩序的可靠保障。房地产法律责任的构成要件有两种：一是一般构成要件，即只要具备了这些条件就可以引起法律责任，法律无须明确规定这些条件；二是特殊要件，即只有具备法律规定的要件，才能构成法律责任。特殊要件必须有法律的明确规定。房地产行政复议是国家房地产行政机关审查行政决定或行政处罚是否合法和适当的一种行政监督，是有复议权的行政机关对复议申请进行审查和裁定的行政行为，程序为：申请→受理→审理→决定。房地产行政诉讼是人民法院通过审理行政案件对房地产管理机关及其工作人员的行政行为实施监督的一种制度，行政诉讼的第一审程序为：起诉→受理→开庭审理→判决或裁定；行政诉讼的第二审程序为：上诉→受理→审理→宣判→上诉案件裁判。仲裁是指争议双方在争议发生前或争议发生后达成协议，自愿将争议提请无直接利害关系的第三者作出裁决，双方有义务执行的一种解决争议的办法，程序为：申请与受理→组成仲裁庭→仲裁审理→执行。房地产纠纷民事诉讼是指人民法院在房地产纠纷当事人和其他诉讼参与人的共同参加下，依照法定程序审理房地产民事纠纷案件过程中所进行的各种诉讼活动，以及通过这些活动所形成的各种诉讼法律关系的总称，房地产民事诉讼的第一审程序为：起诉→受理→开庭审理；房地产民事诉讼的第二审程序为：上诉的提起→上诉的受理→上诉案件的审理→上诉案件的裁判。

思考题

一、填空题

1. 承担刑事法律责任的刑罚种类主要有_____和_____两类。
2. 民事法律责任是指_____。
3. 经济法律责任是指_____。
4. 房地产行政诉讼是_____。
5. 房地产行政诉讼的第一审程序主要包括：_____等。

二、选择题

1. 主刑不包括（　　）。

A. 管制　　　　B. 拘役　　　　C. 死刑　　　　D. 罚金

2. 下列各项中，（　　）属于行政处分。

A. 罚款　　　　B. 警告　　　　C. 拘留　　　　D. 行政处分

3. 申请人应自知道该具体行政行为侵犯其合法权益之日起（　　）内提出行政复议申请。

A. 30日　　　　B. 60日　　　　C. 半年　　　　D. 1年

4. 行政复议机关收到行政复议申请后，应当在（　　）内进行审查。

A. 5日　　　　B. 10日　　　　C. 1个月　　　　D. 3个月

5. 行政复议机关应当自行政复议申请受理之日起（　　）内，将行政复议申请书副本或行政复议申请笔录复印件发送到被申请人。

A. 7日　　　　B. 15日　　　　C. 1个月　　　　D. 3个月

6. 行政复议机关应当在自受理行政复议申请之日起（　　）内作出行政复议决定。

A. 7日　　　　B. 15日　　　　C. 60日　　　　D. 3个月

7. 不服行政复议提起的房地产行政诉讼的期限一般为（　　）。

A. 7日　　　　B. 15日　　　　C. 60日　　　　D. 3个月

8. 人民法院审理对裁定的上诉案件，应当在第二审立案之日起（　　）内作出终审裁定。

A. 15日　　　　B. 30日　　　　C. 60日　　　　D. 3个月

三、判断题

1. 剥夺政治权利属于主刑。　　　　　　　　　　　　　　　　　　　　　　　（　　）
2. 申请人申请行政复议只能采用书面形式。　　　　　　　　　　　　　　　　（　　）
3. 开庭审理是行政诉讼的重要阶段。　　　　　　　　　　　　　　　　　　　（　　）
4. 判决是指人民法院对案件审理过程所发生的程序问题作出的处理决定。　　　（　　）
5. 仲裁委员会在收到申请书15日内，认为符合受理条件的，应当受理。　　　（　　）
6. 起诉不能采用口头起诉的方式。　　　　　　　　　　　　　　　　　　　　（　　）

四、问答题

1. 房地产纠纷具有哪些特点？
2. 房地产法律责人的一般特征是什么？
3. 房地产法律责任的构成要件是什么？
4. 民事法律责任与刑事法律责任、行政法律责任相比有哪些不同的法律特征？
5. 哪些情形下，行政相对人可以提出行政复议的申请？
6. 房地产行政诉讼的特点是什么？
7. 仲裁的特征是什么？

参 考 文 献

[1] 阮可，傅群，高园园. 房地产基本制度与政策[M]. 北京：化学工业出版社，2013.
[2] 邓郁松，刘卫民，邵挺. 中国住房市场趋势与政策研究[M]. 北京：科学出版社，2019.
[3] 中国法制出版社. 房地产法律政策全书[M]. 6版. 北京：中国法制出版社，2020.
[4] 杨明，李君. 房地产与建设工程纠纷案件胜诉策略/炜衡法律实务丛书[M]. 北京：中国法制出版社，2020.
[5] 何广涛. 建筑业增值税管理与会计实务[M]. 2版. 北京：中国财政经济出版社，2020.
[6] 胡细英. 房地产基本制度与政策[M]. 北京：化学工业出版社，2016.
[7] 王照雯，寿金宝. 房地产法规[M]. 3版. 北京：机械工业出版社，2013.
[8] 滕永健. 房地产基本制度[M]. 北京：中国建筑工业出版社，2010.
[9] 唐茂华. 房地产法律与制度[M]. 北京：电子工业出版社，2009.